Couvertures supérieure et inférieure
en couleur

BIBLIOTHÈQUE ROSE ILLUSTRÉE

# UN
# BON PETIT DIABLE

PAR

M<sup>me</sup> LA COMTESSE DE SÉGUR

NÉE ROSTOPCHINE

OUVRAGE ILLUSTRÉ DE 100 VIGNETTES SUR BOIS

PAR É. BAYARD

---

**PARIS**

LIBRAIRIE HACHETTE ET C<sup>ie</sup>

79, BOULEVARD SAINT-GERMAIN, 79

PRIX : 2 FRANCS 25

# LE JOURNAL DE LA JEUNESSE

### NOUVEAU RECUEIL HEBDOMADAIRE ILLUSTRÉ

#### POUR LES ENFANTS DE DOUZE A QUINZE ANS

## CONDITIONS DE VENTE ET D'ABONNEMENT

Un numéro comprenant 16 pages grand in-8 paraît le samedi de chaque semaine.

Prix de chaque année, brochée en 2 volumes : 20 fr.

Chaque semestre, formant un volume, se vend séparément : 10 fr.

Le cartonnage en percaline rouge, tranches dorées, se paye en sus par volume 3 fr.

Prix de l'abonnement pour Paris et les départements :
un an, 20 fr. ; six mois, 10 fr.

Prix de l'abonnement pour les pays étrangers qui font partie de l'Union générale des postes : un an, 23 fr. ; six mois, 11 fr.

Les abonnements se prennent du 1ᵉʳ décembre et du 1ᵉʳ juin de chaque année.

---

# MON JOURNAL

## NOUVEAU RECUEIL HEBDOMADAIRE

### ILLUSTRÉ DE NOMBREUSES GRAVURES EN COULEURS ET EN NOIR

## A L'USAGE DES ENFANTS DE HUIT A DOUZE ANS

MON JOURNAL, à partir du 1ᵉʳ octobre 1892, est devenu hebdomadaire de mensuel qu'il était, et convient à des enfants de 8 à 12 ans.

Il paraît un numéro le samedi de chaque semaine.
Prix du numéro, 15 centimes.

### ABONNEMENTS :

| FRANCE | | UNION POSTALE | |
|---|---|---|---|
| Six mois | 4 fr. 50 | Six mois | 5 fr. 50 |
| Un an | 8 fr. | Un an | 10 fr. |

Prix de chaque année de la 2ᵉ série : brochée, 8 fr. ; cartonnée avec couverture en couleurs, 10 fr.

---

Paris. — Imprimerie Lahure, rue de Fleurus, 9.

8° Y² 
1878⁴

# OUVRAGES DU MÊME AUTEUR

## PUBLIÉS DANS LA BIBLIOTHÈQUE ROSE ILLUSTRÉE

### PAR LA LIBRAIRIE HACHETTE ET C<sup>ie</sup>

**Un bon petit diable**; 1 vol. avec 100 gravures d'après H. Castelli.
**Quel amour d'enfant!** 1 vol. avec 79 grav. d'après É. Bayard.
**Pauvre Blaise**; 1 vol. avec 90 grav. d'après H. Castelli.
**Mémoires d'un Âne**; 1 vol. avec 75 grav. d'après H. Castelli.
**Les vacances**; 1 vol. avec 36 grav. d'après Bertall.
**Les petites filles modèles**; 1 vol. avec 21 grandes grav. d'après Bertall.
**Les malheurs de Sophie**; 1 vol. avec 48 grav. d'après H. Castelli.
**Les deux nigauds**; 1 vol. avec 76 grav. d'après H. Castelli.
**Les bons enfants**; 1 vol. avec 70 grav. d'après Ferogio.
**Le général Dourakine**; 1 vol. avec 100 grav. d'après É. Bayard.
**L'auberge de l'Ange-Gardien**; 1 vol. avec 75 grav. d'après Foulquier.
**La sœur de Gribouille**; 1 vol. avec 72 grav. d'après H. Castelli.
**La fortune de Gaspard**; 1 vol. avec 32 grav. d'après Gerlier.
**Jean qui grogne et Jean qui rit**; 1 vol. avec 70 grav. d'après H. Castelli.
**François le Bossu**; 1 vol. avec 114 grav. d'après É. Bayard.
**Diloy le Chemineau**; 1 vol. avec 90 grav. d'après H. Castelli.
**Comédies et proverbes**; 1 vol. avec 60 grav. d'après É. Bayard.
**Le mauvais génie**; 1 vol. avec 90 grav. d'après É. Bayard.
**Après la pluie le beau temps**; 1 vol. avec 128 grav. d'après É. Bayard.

Prix de chaque volume broché, 2 25.
Relié en percaline rouge, tranches dorées, 3 50

---

### Format in-8°, broché

| | |
|---|---|
| La Bible d'une grand'mère, avec 30 gravures.. | 10 » |
| Évangile d'une grand'mère, avec 30 gravures.. | 10 » |
| Les Actes des Apôtres, avec 10 gravures | 10 » |

| | |
|---|---|
| Évangile d'une grand'mère, édition classique, in-16, cart.. | 1 50 |
| La santé des enfants, in-16 broché................ | 0 50 |

---

37146. — Imprimerie LAHURE, 9, rue de Fleurus, à Paris

# UN
# BON PETIT DIABLE

# UN
# BON PETIT DIABLE

PAR

### Mme LA COMTESSE DE SÉGUR
NÉE ROSTOPCHINE

OUVRAGE ILLUSTRÉ DE 100 VIGNETTES SUR BOIS
PAR H. CASTELLI

NOUVELLE ÉDITION

PARIS
LIBRAIRIE HACHETTE ET Cie
79, BOULEVARD SAINT-GERMAIN, 79

1898

Droits de traduction et de reproduction réservés.

A MA PETITE-FILLE

# MADELEINE DE MALARET

*Ma bonne petite Madeleine, tu demandes une dédicace, en voici une. La Juliette dont tu vas lire l'histoire n'a pas comme toi l'avantage de beaux et bons yeux (puisqu'elle est aveugle), mais elle marche de pair avec toi pour la douceur, la bonté, la sagesse et toutes les qualités qui commandent l'estime et l'affection.*

*Je t'offre donc* LE BON PETIT DIABLE *escorté de sa Juliette, qui est parvenue à faire d'un vrai diable un jeune homme excellent et charmant, au moyen de cette douceur, de cette bonté chrétiennes qui touchent et qui ramènent. Emploie ces mêmes moyens contre le premier bon diable que tu rencontreras sur le chemin de la vie.*

*Ta grand'mère,*

COMTESSE DE SÉGUR,
née ROSTOPCHINE.

# UN
# BON PETIT DIABLE

## I

### LES FÉES

Dans une petite ville d'Ecosse, dans la petite *rue des Combats*, vivait une veuve d'une cinquantaine d'années, Mme Mac'Miche. Elle avait l'air dur et repoussant. Elle ne voyait personne, de peur de se trouver entraînée dans quelque dépense, car elle était d'une avarice extrême. Sa maison était vieille, sale et triste; elle tricotait un jour dans une chambre du premier étage, simplement, presque misérablement meublée. Elle jetait de temps en temps un coup d'œil à la fenêtre et paraissait attendre quelqu'un ; après avoir donné divers signes d'impatience, elle s'écria :

« Ce misérable enfant ! Toujours en retard ! Détestable sujet ! Il finira par la prison et la corde, si je ne parviens à le corriger ! »

A peine avait-elle achevé ces mots que la porte vitrée qui faisait face à la croisée s'ouvrit ; un jeune garçon de douze ans entra et s'arrêta devant le regard courroucé de la femme. Il y avait, dans la physionomie et dans toute l'attitude de l'enfant, un mélange prononcé de crainte et de décision.

MADAME MAC'MICHE.

D'où viens-tu ? Pourquoi rentres-tu si tard, paresseux ?

CHARLES.

Ma cousine, j'ai été retenu un quart d'heure par Juliette, qui m'a demandé de la ramener chez elle, parce qu'elle s'ennuyait chez M. le juge de paix.

MADAME MAC'MICHE.

Quel besoin avais-tu de la ramener ? Quelqu'un de chez le juge de paix ne pouvait-il s'en charger ? Tu fais toujours l'aimable, l'officieux ; tu sais pourtant que j'ai besoin de toi. Mais tu t'en repentiras, mauvais garnement !... Suis-moi. »

Charles, combattu entre le désir de résister à sa cousine et la crainte qu'elle lui inspirait, hésita un instant ; la cousine se retourna, et, le voyant encore immobile, elle le saisit par l'oreille et l'entraîna vers un cabinet noir dans lequel elle le poussa violemment.

« Une heure de cabinet et du pain et de l'eau

Elle le saisit par l'oreille et l'entraîne vers un cabinet noir.

pour dîner; et une autre fois ce sera bien autre chose.

— Méchante femme! Détestable femme! marmotta Charles dès qu'elle eut fermé la porte. Je la déteste! Elle me rend si malheureux, que j'aimerais mieux être aveugle comme Juliette que de vivre chez cette méchante créature.... Une heure!... C'est amusant!... Mais aussi je ne lui ferai pas la lecture pendant ce temps; elle s'ennuiera, elle n'aura pas la fin de *Nicolas Nickleby*, que je lui ai commencé ce matin! C'est bien fait! J'en suis très content. »

Charles passa un quart d'heure de satisfaction avec l'agréable pensée de l'ennui de sa cousine, mais il finit par s'ennuyer aussi.

« Si je pouvais m'échapper! pensa-t-il. Mais par où? comment? La porte est trop solidement fermée! Pas moyen de l'ouvrir.... Essayons pourtant.... »

Charles essaya, mais il eut beau pousser, il ne parvint seulement pas à l'ébranler. Pendant qu'il travaillait en vain à sa délivrance, la clef tourna dans la serrure; il sauta lestement en arrière, se réfugia au fond du cabinet, et vit apparaître, au lieu du visage dur et sévère de sa cousine, la figure enjouée de Betty, cuisinière, bonne et femme de chambre tout à la fois.

« Qu'est-ce qu'il y a? dit-elle à voix basse. Encore en pénitence!

CHARLES.

Toujours, Betty, toujours. Tu sais que ma cousine est heureuse quand elle me fait du mal.

BETTY.

Allons, allons, Charlot, pas d'imprudentes paroles! Je vais te délivrer, mais sois bon, sois sage!

CHARLES.

Sage! C'est impossible avec ma cousine; elle gronde toujours; elle n'est jamais contente! Ça m'ennuie à la fin.

BETTY.

Que veux-tu, mon pauvre Charlot. Elle est ta protectrice et la seule parente qui te reste! Il faut bien que tu continues à manger son pain.

CHARLES.

Elle me le reproche assez et me le rend bien amer! Je t'assure qu'un beau jour je la planterai là et j'irai bien loin.

BETTY.

Ce serait bien pis encore, pauvre enfant! Mais viens, sors de ce trou sale et noir.

CHARLES.

Et qu'est-ce qu'elle va dire?

BETTY.

Ma foi, elle dira ce qu'elle voudra; elle ne te battra toujours pas.

CHARLES.

Oh! pour ça non! Elle n'a plus osé depuis que je lui ai si bien tordu la main l'autre jour.... Te souviens-tu comme elle criait?

— Et toi, méchant, qui ne lâchais pas! dit Betty en souriant.

CHARLES.

Et après, quand j'ai dit que ce n'était pas exprès, que j'avais été pris de convulsions et que je sentais que ce serait toujours de même.

#### BETTY.

Tais-toi, Charlot ! Je crois que sa peur est passée ; et puis c'est très mal tout ça.

#### CHARLES.

Je le sais bien, mais elle me rend méchant ; méchant malgré moi, je t'assure. »

Betty fit sortir Charles, referma la porte, mit la clef dans sa poche, et recommanda à son protégé de se cacher bien loin pour que la cousine ne le vît pas.

#### CHARLES.

Je vais rejoindre Juliette.

#### BETTY.

C'est ça ; et comme c'est moi qui ai la clef du cabinet, ce sera moi qui l'ouvrirai dans trois quarts d'heure ; mais sois exact à revenir.

#### CHARLES.

Ah ! je crois bien ! Sois tranquille ! Cinq minutes avant l'heure, je serai dans ta chambre. »

Charles ne fit qu'un saut et se trouva dans le jardin, du côté opposé à la chambre où travaillait sa cousine. Betty le suivit des yeux en souriant.

« Mauvaise tête, dit-elle, mais bon cœur ! S'il était mené moins rudement, le bon l'emporterait sur le mauvais.... Pourvu qu'il revienne !... Ça me ferait une belle affaire !

— Betty ! cria la cousine d'une voix aigre.

— Madame ! répondit Betty en entrant.

#### MADAME MAC'MICHE.

N'oublie pas d'ouvrir la prison de ce mauvais

sujet dans une demi-heure, et qu'il apporte *Nicolas Nickleby*; il lira haut jusqu'au dîner pendant que je travaillerai.

BETTY.

Oui, Madame; je n'y manquerai pas. »

Au bout d'une demi-heure, Betty alla dans sa chambre; elle n'y trouva personne. Charles n'était pas rentré; elle regarda à la fenêtre,... personne!

« J'en étais sûre! Me voilà dans de beaux draps, à présent! Qu'est-ce que je dirai? Comment expliquer?... Ah! une idée! Elle est bonne pour Madame, qui croit aux fées et qui en a une peur effroyable. On lui fait croire tout ce qu'on veut en lui parlant fées. Je crois donc que mon idée est bonne; avec tout autre, ça n'irait pas.

— Betty, Betty! cria la voix aigre.

BETTY.

Voici, Madame.

MADAME MAC'MICHE.

Eh bien? Charles? envoie-le-moi.

BETTY.

Je l'aurais déjà envoyé à Madame, si j'avais la clef du cabinet; mais je ne peux pas la trouver.

MADAME MAC'MICHE.

Elle est à la porte, je l'y ai laissée.

BETTY.

Elle n'y est pas, Madame; j'y ai regardé.

MADAME MAC'MICHE.

C'est impossible; il ne pouvait pas ouvrir par dedans.

BETTY.

Que Madame vienne voir. »

Mme Mac'Miche se leva, alla voir et ne trouva pas la clef.

MADAME MAC'MICHE.

C'est incroyable! je suis sûre de l'avoir laissée à la porte. Charles!... Charles!... Veux-tu répondre, polisson! »

Pas de réponse. Le visage de Mme Mac'Miche commença à exprimer l'inquiétude.

MADAME MAC'MICHE.

Que vais-je faire? Je n'ai plus que lui pour me lire haut pendant que je tricote. Mais cherche donc, Betty! Tu restes là comme un constable, sans me venir en aide.

BETTY.

Et que puis-je faire pour venir en aide à Madame? Je ne suis pas en rapport avec les fées!

MADAME MAC'MICHE, *effrayée*.

Les fées? Comment, les fées? Est-ce que vous croyez... que... les fées...?

BETTY, *l'air inquiet*.

Je ne peux rien dire à Madame : mais c'est extraordinaire pourtant que cette clef... ait disparu... si... merveilleusement.... Et puis, ce Charlot qui ne répond pas! Les fées l'auront étranglé... ou fait sortir peut-être.

MADAME MAC'MICHE.

Mon Dieu! mon Dieu! Que dis-tu là, Betty? C'est horrible! effroyable!...

###### BETTY.

Madame ferait peut-être prudemment de ne pas rester ici.... Je n'ai jamais eu bonne opinion de cette chambre et de ce cabinet. »

Mme Mac'Miche tourna les talons sans répondre et se réfugia dans sa chambre.

« J'ai été obligée de mentir, se dit Betty ; c'est la faute de ma maîtresse et pas la mienne, certainement ; il fallait bien sauver Charles. Tiens ! je crois qu'elle appelle.

— Betty ! » appela une voix faible.

Betty entra et vit sa maîtresse terrifiée, qui lui montrait du doigt la clef placée bien en évidence sur son ouvrage.

###### BETTY.

Quand je disais ! Madame voit bien ! Qu'est-ce qui a placé cette clef sur l'ouvrage de Madame ? Ce n'est certainement pas moi, puisque j'étais avec Madame ! »

L'air épanoui et triomphant de Betty fit naître des soupçons dans l'esprit méfiant de Mme Mac'-Miche, qui ne pouvait comprendre qu'on n'eût pas peur des fées.

« Vous êtes sortie d'ici après moi, dit-elle en regardant Betty fixement et sévèrement.

###### BETTY.

Je suivais Madame ; bien certainement, je n'aurais pas passé devant Madame.

###### MADAME MAC'MICHE.

Allez ouvrir le cabinet et amenez-moi Charles, qui mérite une punition pour n'avoir pas répondu quand je l'ai appelé. »

Betty sortit, et, après quelques instants, rentra précipitamment en feignant une grande frayeur.

« Madame! Madame! Charlot est tué,... étendu mort sur le plancher! Quand je disais! les fées l'ont étranglé. »

Mme Mac'Miche se dirigea avec épouvante vers le cabinet, et aperçut en effet Charles étendu par terre sans mouvement, le visage blanc comme un marbre. Elle voulut l'approcher, le toucher; mais Charles, qui n'était pas tout à fait mort, fut pris de convulsions et détacha à sa cousine force coups de poing et coups de pied dans le visage et la poitrine. Betty, de son côté, fut prise d'un rire convulsif qui augmentait à chaque coup de pied que recevait la cousine et à chaque cri qu'elle poussait; la frayeur tenait Mme Mac'Miche clouée à sa place, et Charles avait beau jeu pour se laisser aller à ses mouvements désordonnés. Un coup de poing bien appliqué sur la bouche de sa cousine fit tomber ses fausses dents; avant qu'elle eût pu les saisir, et pendant qu'elle était encore baissée, Charles se roula, saisit les faux cheveux de Mme Mac'Miche, les arracha, toujours par des mouvements convulsifs, les chiffonna de ses doigts crispés, ouvrit les yeux, se roula vers Betty, et, lui saisissant les mains comme pour se relever, lui glissa les dents de sa cousine.

« Dans sa soupe », dit-il tout bas.

Les convulsions de Charles avaient cessé; son visage si blanc avait repris sa teinte rose accoutumée ; les sourcils seuls étaient restés pâles et comme imprégnés de poudre blanche, probablement celle que les fées avaient répandue sur son visage, et que l'agitation des convulsions avait fait partir. Betty, moins heureuse que Charles, ne pouvait encore dominer son rire nerveux. Mme Mac'Miche ne savait trop que penser de cette scène ; après avoir promené ses regards courroucés de Charles à la bonne, elle tira les cheveux du premier pour l'aider à se relever, et donna un coup de pied à Betty pour amener une détente nerveuse ; le moyen réussit : Charles sauta sur ses pieds et s'y maintint très ferme, Betty reprit son calme et une attitude plus digne.

MADAME MAC'MICHE.

Que veut dire tout cela, petit drôle?

CHARLES.

Ma cousine, ce sont les fées.

MADAME MAC'MICHE.

Tais-toi, insolent, mauvais garnement! Tu auras affaire à moi, avec tes f..., tu sais bien[1] !

---

1. Les personnes qui croient aux fées en Écosse pensent qu'il est dangereux d'en parler et de les nommer. Il y a en Écosse une multitude de personnes qui croient aux fées ; on dit qu'elles habitent surtout dans les vallées, près des fontaines, des ruisseaux et des rivières. Dans ces vallées et prairies, habitées, dit-on, par les fées, on voit souvent des ronds dépouillés d'herbe comme si elle avait été piétinée ; on les appelle *fairy's ring*, « anneau des fées », et on prétend que les fées viennent y danser en rond pendant la nuit, et que ce sont leurs petits pieds qui usent l'herbe. Les fées sont très petites, disent ceux qui prétendent les avoir vues.

Mais Charles qui n'était pas tout à fait mort, fut pris de convulsions. (Page 11.)

CHARLES.

Ma cousine, je vous assure... que je suis désolé pour vos dents....

MADAME MAC'MICHE.

C'est bon, rends-les-moi.

CHARLES.

Je ne les ai pas, ma cousine, dit Charles en ouvrant ses mains; je n'ai rien,... et puis, pour vos cheveux....

MADAME MAC'MICHE.

Tais-toi, je n'ai pas besoin de tes sottes excuses; rends-moi mes dents et mes boucles de cheveux.

CHARLES.

Vrai, je ne les ai pas, ma cousine; voyez vous-même. »

La cousine le fouilla, chercha partout, mais en vain.

BETTY.

Madame ne veut pas croire aux fées; c'est pourtant très probable que ce sont elles qui ont emporté les dents et les cheveux de Madame.

— Sotte! dit Mme Mac'Miche en s'éloignant précipitamment. Venez lire, Monsieur! et tout de suite. »

Charles aurait bien voulu s'esquiver, trouver un prétexte pour ne pas lire, mais la cousine le tenait par l'oreille; il fallut marcher, s'asseoir, prendre le livre et lire. Son supplice ne fut pas long, parce que le dîner fut annoncé une demi-heure après; les fées avaient donné une heure de bon temps à Charles. Les événements terribles qui venaient de se passer effacèrent du souvenir de Mme Mac'Miche la faute et la punition de Charles : elle le laissa dîner comme d'habitude.

A peine Mme Mac'Miche eut-elle mangé deux cuillerées de potage, qu'elle s'aperçut d'un corps dur contenu dans l'assiette; croyant que c'était un os, elle chercha à le retirer et vit... ses dents! la joie de les retrouver adoucit la colère qui cherchait à se faire jour; car, malgré sa crédulité aux fées et la frayeur qu'elle en avait, elle conservait ses doutes sur le rôle que leur avaient fait jouer Betty et Charles; elle se promit d'autant plus de redoubler de surveillance et de sévérité, mais elle n'osa pas en reparler, de peur d'éveiller la colère des fées.

Charles redemanda du bouilli.

MADAME MAC'MICHE.

Ne lui en donne pas, Betty; il mange comme quatre.

CHARLES.

Ma cousine, j'en ai eu un tout petit morceau, et j'ai encore bien faim.

MADAME MAC'MICHE.

Quand on est pauvre, quand on est élevé par charité et qu'on n'est bon à rien, on ne mange pas comme un ogre et on ne se permet pas de redemander d'un plat. Tâchez de vous corriger de votre gourmandise, Monsieur. »

Charles regarda Betty, qui lui fit signe de rester tranquille. Jusqu'à la fin du dîner, Mme Mac'Miche continua ses observations malveillantes et méchantes, comme c'était son habitude. Quand elle eut fini son café, elle appela Charles pour lui faire encore la lecture pendant une ou deux heures. Forcé d'obéir, il la suivit dans sa chambre, s'assit tristement et commença à lire. Au bout de dix minutes il entendit ronfler : il leva les yeux. Bonheur! la cousine dormait! Charles n'avait garde de laisser échapper une si belle occasion; il posa son livre, se leva doucement, vida le reste du café dans la tabatière de sa cousine, cacha son livre dans la boîte à thé, son ouvrage dans le foyer de la cheminée, et s'esquiva lestement sans l'avoir éveillée. Il alla rejoindre Betty, qui lui donna un supplément de dîner.

### BETTY.

Ne va pas faire comme tantôt et disparaître quand ta cousine te demandera. Elle se doute de quelque chose, va; nous ne réussirons pas une autre fois. Cette clef que j'avais si adroitement posée sur son ouvrage! Ton visage enfariné, tes convulsions, les miennes; tout ça n'est pas clair pour elle.

### CHARLES.

Je me suis pourtant trouvé bien à propos pour rentrer à temps dans ma prison!

### BETTY.

C'est égal, c'est trop fort! Elle croit bien aux fées, mais pas à ce point. Sois prudent, crois-moi. »

Charles sortit, mais, au lieu de rentrer chez sa cousine, il ouvrit comme le matin la porte du jardin et courut chez Juliette. Voilà trois fois qu'il y va ; nous allons le suivre et savoir ce que c'est que Juliette.

## II

### L'AVEUGLE

« Comment, te voilà encore, Charles? dit Juliette en entendant ouvrir la porte.

CHARLES.

Comment as-tu deviné que c'était moi?

JULIETTE.

Par la manière dont tu as ouvert; chacun ouvre différemment, c'est bien facile à reconnaître.

CHARLES.

Pour toi, qui es aveugle et qui as l'oreille si fine; moi, je ne vois aucune différence; il me semble que la porte fait le même bruit pour tous.

JULIETTE.

Qu'as-tu donc, pauvre Charles? Encore quelque démêlé avec ta cousine? Je le devine au son de ta voix.

CHARLES.

Eh! mon Dieu oui! Cette méchante, abominable

femme me rend méchant moi-même. C'est vrai, Juliette : avec toi, je suis bon et je n'ai jamais envie de te jouer un tour ou de me fâcher; avec ma cousine, je me sens mauvais et toujours prêt à m'emporter.

### JULIETTE.

C'est parce qu'elle n'est pas bonne, et que toi, tu n'as ni patience ni courage.

### CHARLES.

C'est facile à dire, patience; je voudrais bien t'y voir; toi qui es un ange de douceur et de bonté, tu te mettrais en fureur. »

Juliette sourit.

« J'espère que non, dit-elle.

### CHARLES.

Tu crois ça. Écoute ce qui m'arrive aujourd'hui depuis la première fois que je t'ai quittée; à ma seconde visite, je ne t'ai rien dit parce que j'avais peur que tu ne me fisses rentrer chez moi tout de suite; à présent j'ai le temps, puisque ma cousine dort, et tu vas tout savoir. »

Charles raconta fidèlement ce qui s'était passé entre lui, sa cousine et Betty.

« Comment veux-tu que je supporte ces reproches et ces injustices avec la patience d'un agneau qu'on égorge?

— Je ne t'en demande pas tant, dit Juliette en souriant; il y a trop loin de toi à l'agneau; mais, Charles, écoute-moi. Ta cousine n'est pas bonne, je le sais et je l'avoue; mais c'est une raison de plus pour la ménager et chercher à ne pas l'irriter.

Pourquoi es-tu inexact, quand tu sais que cinq minutes de retard la mettent en colère?

CHARLES.

Mais c'est pour rester quelques minutes de plus avec toi, pauvre Juliette; il n'y avait personne chez toi quand je t'ai ramenée.

JULIETTE.

Je te remercie, mon bon Charles; je sais que tu m'aimes, que tu es bon et soigneux pour moi; mais pourquoi ne l'es-tu pas un peu pour ta cousine?

CHARLES.

Pourquoi? Parce que je t'aime et que je la déteste; parce que, chaque fois qu'elle se fâche et me punit injustement, je veux me venger et la faire enrager.

— Charles, Charles! dit Juliette d'un ton de reproche.

CHARLES.

Oui, oui, c'est comme ça; elle a reçu des coups dans la poitrine, au visage; j'ai fait cacher par Betty (qui la déteste aussi) ses vilaines dents dans sa soupe; je lui ai arraché et déchiré sa perruque; et quand elle va s'éveiller, elle va trouver sa tabatière pleine de café, son livre et son ouvrage disparus; elle sera furieuse, et je serai enchanté, et je serai vengé!

JULIETTE.

Vois comme tu t'emportes! Tu tapes du pied, tu tapes les meubles, tu cries, tu es en colère, enfin; tu fais juste comme ta cousine, et tu dois avoir l'air méchant comme elle.

— Comme ma cousine! dit Charles en se calmant; je ne veux rien faire comme elle, ni lui ressembler en rien.

JULIETTE.

Alors sois bon et doux.

CHARLES.

Je ne peux pas; je te dis que je ne peux pas.

JULIETTE.

Oui, je vois que tu n'as pas de courage.

CHARLES.

Pas de courage! Mais j'en ai plus que personne, pour avoir supporté ma cousine depuis trois ans!

JULIETTE.

Tu la supportes en la faisant enrager sans cesse; et tu es de plus en plus malheureux, ce qui me fait de la peine, beaucoup de peine.

CHARLES.

Oh! Juliette, pardonne-moi! Je suis désolé, mais je ne peux pas faire autrement.

JULIETTE.

Essaye; tu n'as jamais essayé! Fais-le pour moi, puisque tu ne veux pas le faire pour le bon Dieu. Veux-tu? Me le promets-tu?

— Je le veux bien, dit Charles avec quelque hésitation, mais je ne te le promets pas.

JULIETTE.

Pourquoi, puisque tu le veux?

CHARLES.

Parce qu'une promesse, et à toi surtout, c'est autre chose, et je ne pourrais y manquer sans rougir, et..., et... je crois... que j'y manquerais.

#### JULIETTE.

Écoute, je ne te demande pas grand'chose pour commencer. Parle, crie, dis ce que tu voudras, mais ne fais pas d'acte de vengeance, comme les coups de pied, les dents, les cheveux, le tabac, le livre, l'ouvrage, etc.; et tu en as fait bien d'autres!

#### CHARLES.

J'essayerai, Juliette; je t'assure que j'essayerai. Pour commencer, je vais rentrer, de peur qu'elle ne s'éveille.

#### JULIETTE.

Et tu remettras le livre, l'ouvrage?

#### CHARLES.

Oui, oui, je te promets.... Ah! ah! et le tabac! ajouta Charles en se grattant la tête; il sentira le café.

#### JULIETTE.

Fais une belle action; avoue-lui la vérité, et demande-lui pardon.

#### CHARLES, *serrant les poings*.

Pardon? A elle, pardon? Jamais!

#### JULIETTE, *tristement*.

Alors fais comme tu voudras, mon pauvre Charles; que le bon Dieu te protège et te vienne en aide! Adieu.

— Adieu, Juliette, et au revoir, dit Charles en déposant un baiser sur son front. Adieu. Es-tu contente de moi?

— Pas tout à fait! Mais cela viendra... avec le temps... et la patience », dit-elle en souriant.

Charles sortit et soupira.

« Cette pauvre, bonne Juliette! Elle en a de la patience, elle! Comme elle est douce! Comme elle supporte son malheur,... car c'est un malheur,... un grand malheur d'être aveugle! Elle est bien plus malheureuse que moi! Demander pardon! m'a-t-elle dit.... A cette femme que je déteste!... C'est impossible; je ne peux pas! »

Charles rentra avec un sentiment d'irritation; il entra dans la chambre de sa cousine, qui dormait encore, heureusement pour lui; il retira le livre de la boîte à thé, et voulut prendre le tricot caché au fond du foyer : mais, en allongeant sa main pour l'atteindre, il accrocha la pincette, qui retomba avec bruit; la cousine s'éveilla.

« Que faites-vous à ma cheminée, mauvais sujet?

— Je ne fais pas de mal à la cheminée, ma cousine, répondit Charles, prenant courageusement son parti; je cherche à retirer votre ouvrage qui est au fond.

MADAME MAC'MICHE.

Mon ouvrage! au fond de la cheminée! Comment se trouve-t-il là dedans? Je l'avais près de moi.

CHARLES, *résolument*.

C'est moi qui l'y ai jeté, ma cousine.

MADAME MAC'MICHE.

Jeté mon ouvrage! Misérable! s'écria-t-elle se levant avec colère.

CHARLES.

J'ai eu tort, mais vous voyez que je cherche à le ravoir.

###### MADAME MAC'MICHE.

Et tu crois, mauvais garnement, que je supporterai tes scélératesses, toi, mendiant, que je nourris par charité! »

Charles devint rouge comme une pivoine; il sentait la colère s'emparer de lui, mais il se contint et répondit froidement :

« Ma nourriture ne vous coûte pas cher; ce n'est pas cela qui vous ruinera.

###### MADAME MAC'MICHE.

Insolent! Et tes habits, ton logement, ton coucher?

###### CHARLES.

Mes habits! ils sont râpés, usés comme ceux d'un pauvre! Trop courts, trop étroits avec cela. Quand je sors, j'en suis honteux....

— Tant mieux, interrompit la cousine avec un sourire méchant.

###### CHARLES.

Attendez donc! Je n'ai pas fini ma phrase! J'en suis honteux pour vous, car chacun me dit : « Il « faut que ta cousine soit joliment avare pour te « laisser vêtu comme tu es ».

###### MADAME MAC'MICHE.

Pour le coup, c'est trop fort! Attends, tu vas en avoir. »

La cousine courut chercher une baguette; pendant qu'elle la ramassait, Charles saisit les allumettes, en fit partir une, courut au rideau :

« Si vous approchez, je mets le feu aux rideaux, à la maison, à vos jupes, à tout! »

Mme Mac'Miche s'arrêta; l'allumette était à dix centimètres de la frange du rideau de mousseline. Pourpre de rage, tremblante de terreur, ne voulant pas renoncer à la rolée qu'elle s'était proposé de donner à Charles, n'osant pas le pousser à exécuter sa menace, ne sachant quel parti prendre, elle fit peur à Charles par l'expression menaçante et presque diabolique de toute sa personne. Voyant son allumette prête à s'éteindre, il en alluma une seconde avant de lâcher la première et résolut de conclure un arrangement avec sa cousine.

#### CHARLES.

Promettez que vous ne me toucherez pas, que vous ne me punirez en aucune façon, et j'éteins l'allumette.

— Misérable! dit la cousine écumant.

#### CHARLES.

Décidez-vous, ma cousine! Si j'allume une troisième allumette, je n'écoute plus rien, vos rideaux seront en feu!

#### MADAME MAC'MICHE.

Jette ton allumette, malheureux!

#### CHARLES.

Je la jetterai quand vous aurez jeté votre baguette (la Mac'Miche la jette); quand vous aurez promis de ne pas me battre, de ne pas me punir!... Dépêchez-vous, l'allumette se consume.

— Je promets, je promets! s'écria la cousine haletante.

###### CHARLES.

De me donner à manger à ma faim ?... Eh bien ?... Je tire la troisième allumette.

###### MADAME MAC'MICHE.

Je promets ! Fripon ! brigand !

###### CHARLES.

Des injures, ça m'est égal ! Et faites bien attention vos promesses, car, si vous y manquez, je mets le feu à votre maison sans seulement vous prévenir.... C'est dit ? Je souffle. »

Charles éteignit son allumette.

« Avez-vous besoin de moi ? dit-il.

###### MADAME MAC'MICHE.

Va-t'en ! Je ne veux pas te voir, drôle ! scélérat !

###### CHARLES.

Merci, ma cousine. Je cours chez Juliette.

###### MADAME MAC'MICHE.

Je te défends d'aller chez Juliette.

###### CHARLES.

Pourquoi ça ? Elle me donne de bons conseils pourtant.

###### MADAME MAC'MICHE.

Je ne veux pas que tu y ailles. »

Pendant que Charles restait indécis sur ce qu'il ferait, la cousine s'était avancée vers lui ; elle saisit la boîte d'allumettes que Charles avait posée sur une table, donna prestement deux soufflets et un coup de pied dans les jambes de Charles stupéfait, s'élança hors de sa chambre et ferma la porte à double tour.

« Amuse-toi, mon garçon, amuse-toi là jusqu'au souper ; je vais donner de tes nouvelles à Juliette ! » cria Mme Mac'Miche à travers la porte.

# III

## UNE AFFAIRE CRIMINELLE

Charles, furieux de se trouver pris comme un rat dans une ratière, se jeta sur la porte pour la défoncer; mais la porte était solide; trois fois il se lança dessus de toutes ses forces, mais il ne réussit qu'à se meurtrir l'épaule; après le troisième élan il y renonça.

« Méchante femme! Mon Dieu, que je la déteste! Et Juliette qui voulait que je lui demandasse pardon! Une pareille mégère!... Que puis-je faire pour me venger?... »

Charles regarda de tous côtés, ne trouva rien.

« Je pourrais bien déchirer son ouvrage qu'elle a laissé; mais à quoi cela servirait-il? elle en prendra un autre! Que je suis donc malheureux d'être obligé de vivre avec cette furie! »

Charles s'assit, appuya ses coudes sur ses genoux, sa tête dans ses mains et réfléchit. A mesure qu'il pensait, son visage perdait de son expression méchante, son regard s'adoucissait, ses yeux devenaient humides, et, enfin, une larme roula le long de ses joues.

« Je crois que Juliette a raison, dit-il; elle serait moins méchante si j'étais meilleur; je serais moins malheureux si j'étais plus patient, si je pouvais être doux et résigné comme Juliette!... Pauvre Juliette! Elle est aveugle! Elle est seule tout le temps que sa sœur Mary travaille! Elle s'ennuie toute la journée!... Et jamais elle ne se plaint, jamais elle ne se fâche! toujours bonne, toujours souriante!... il est vrai qu'elle est plus vieille que moi! Elle a quinze ans, et moi je n'en ai que treize.... C'est égal, à quinze ans je ne serai pas bon comme elle! Non, non, avec cette cousine abominable, je ne pourrai jamais m'empêcher d'être méchant....Tiens! qu'est-ce que j'entends? dit-il en se levant. Quel bruit!... Qu'est-ce que c'est donc?... Et cette maudite porte qui est fermée! Ah! une idée! Je brise un carreau et je passe. »

Charles saisit une pincette, donna un coup sec dans un des carreaux de la porte qui était vitrée, et engagea sa tête et ses épaules dans le carreau cassé; il passa après de grands efforts et en se faisant plusieurs petites coupures aux mains et aux épaules; une fois dehors, il descendit l'escalier, courut à la cuisine, où il n'y avait personne; puis à la porte de la rue, qu'il ouvrit. Il se trouva en face d'un groupe nombreux qui escortait et ramenait Mme Mac'Miche; un homme en blouse suivait,

Un homme en blouse suivait.

mené, tiré par ceux qui l'accompagnaient; Mme Mac'-Miche criait, l'homme jurait, l'escorte criait et jurait; à ce bruit se mêlaient les cris discordants de Betty, qui, pour complaire à Mme Mac'Miche, accablait d'injures et de reproches tous les gens de l'escorte. La porte se trouvant ouverte par Charles, tout le monde entra. On plaça Mme Mac'-Miche sur une chaise, Betty tira de l'eau fraîche de la fontaine et bassina les yeux de sa maîtresse qui ne cessait de crier :

« Le juge de paix, je veux le juge de paix, pour faire ma plainte contre ce monstre d'homme, qui m'a aveuglée. Qu'on aille me chercher le juge de paix!

BETTY.

On y est allé, Madame; M. le juge de paix sera ici dans un quart d'heure.

MADAME MAC'MICHE.

Qu'on garde bien le scélérat! Qu'on le garrotte! Qu'on ne le laisse pas échapper!

L'HOMME EN BLOUSE.

Est-ce que je cherche à m'échapper, la vieille? En voilà-t-il des cris et des embarras pour un coup de fouet! J'en ai donné je ne sais combien dans ma vie; c'est le premier qui amène tout ce tapage.

BETTY.

Je crois bien! Un coup de fouet que vous lui avez lancé dans les yeux, mauvais homme!

L'HOMME EN BLOUSE.

Et pourquoi qu'elle m'agonisait de sottises?

Sapristi! quelle langue! On dit que les femmes l'ont bien pendue! Jamais je n'en avais vu une pareille! Quel chapelet elle m'a défilé!

UN HOMME.

Ce n'était pas une raison pour frapper avec votre fouet.

L'HOMME EN BLOUSE.

Tiens! mais... c'est que la patience échappe à la fin; avec ça que je n'en ai jamais eu beaucoup.

AUTRE HOMME.

Une femme, ce n'est pas comme un homme; on rit, on ne tape pas.

L'HOMME EN BLOUSE.

Une femme comme ça! Tiens! ca vaut deux hommes, s'il vous plaît. »

Toute l'escorte se mit à rire, ce qui augmenta l'exaspération de Mme Mac'Micne. Betty voyait que sa maîtresse n'était pas sérieusement blessée; elle riait aussi tout bas, et employait toutes ses forces à la faire tenir tranquille. Elle continuait à lui bassiner les yeux, qui commençaient à se dégonfler. Charles s'était prudemment tenu éloigné de sa cousine, et avait demandé à un jeune homme de l'escorte ce qui s'était passé.

« Il paraîtrait que la dame a failli être renversée par ce charretier en blouse qui traversait la route pour faire boire ses chevaux. Elle s'est mise en colère, il faut voir! Elle lui en disait de toutes les couleurs; lui se moquait d'elle d'abord, puis il a riposté... il fallait voir comment! Ça marchait bien, allez! Avec ça que nous étions groupés autour d'eux et que nous ritons.... Vous savez,... tant que c'est la langue qui marche, il n'y a pas de mal. Mais c'est qu'elle lui a mis la main sur la figure! Alors le charretier est devenu de toutes les couleurs, et il lui a lancé un coup de fouet qui l'a malheureusement attrapée juste dans les yeux.... Elle est tombée sur le coup; elle a crié, elle s'est roulée; elle a demandé M. le juge de paix. Et puis, comme le monde s'arrêtait et commençait à s'attrouper, Mlle Betty est accourue, l'a emmenée, et nous avons forcé l'homme à nous suivre pour faire honneur à M. le juge, afin qu'il ne vienne pas pour rien. Et voilà. »

Charles, content du récit, s'approcha tout doucement de sa cousine pour voir de près ses yeux, toujours fermés et gonflés. Pendant qu'il regardait le gonflement et la rougeur extraordinaire des paupières, et qu'il cherchait à voir si elle avait réellement les yeux perdus comme elle le disait, Mme Mac'Miche les entr'ouvrit, vit Charles et allongea la main pour le saisir; Charles fit un saut en arrière et se réfugia instinctivement près de l'homme en blouse, ce qui fit rire tous les assistants, même le charretier.

« Elle ne dira toujours pas que je l'ai aveuglée, dit l'homme en riant. Je te remercie, mon garçon; je craignais, en vérité, de lui avoir crevé les yeux. C'est toi qui nous as démontré qu'elle y voyait.

MADAME MAC'MICHE.

Pourquoi est-il ici? Par où a-t-il passé? Betty, renferme-le.

###### BETTY.

Je ne peux pas quitter Madame dans l'état où elle est. Que Madame reste tranquille et ne s'inquiète de rien.

###### MADAME MAC'MICHE.

Mauvais garnement, va! Tu n'y perdras rien. »

Charles jeta un regard sur l'homme, comme pour lui demander sa protection.

###### L'HOMME.

Que veux-tu que j'y fasse, mon garçon? Je ne peux pas te venir en aide. Il faut que tu te soumettes; il n'y a pas à dire. »

Mais Charles n'entendait pas de cette oreille; il ne voulait pas se soumettre, et, se souvenant de la défense de sa cousine d'aller chez Juliette, il sortit en disant tout haut :

« Je vais chez Juliette.

###### MADAME MAC'MICHE.

Je ne veux pas; je te l'ai défendu. Empêchez-le, vous autres; arrêtez-le; amenez-le-moi. Charretier, je vous pardonnerai tout, je ne porterai pas plainte contre vous, si vous voulez saisir ce mauvais garnement et lui administrer une bonne correction avec ce même fouet qui a manqué m'aveugler.

###### L'HOMME.

Je ne le toucherai seulement pas du bout de mon fouet. Que vous a-t-il fait, cet enfant? Il vous regardait tranquillement quand vous avez voulu vous jeter sur lui; il s'est réfugié près de moi, et, ma foi, je le protégerai toutes les fois que je le pourrai.

MADAME MAC'MICHE.

Ah! c'est comme ça que vous me répondez. Voici M. le juge de paix qui vient tout justement; vous allez avoir une bonne amende à payer.

L'HOMME.

C'est ce que nous allons voir, ma bonne dame.

LE JUGE.

Qu'y a-t-il donc? Vous m'avez fait demander pour constater un délit, madame Mac'Miche?

MADAME MAC'MICHE.

Oui, Monsieur le juge, un délit énorme, qui demande une éclatante réparation, une punition exemplaire! Cet homme que voici, qu'on reconnaît à son air féroce (tout le monde rit, le charretier plus fort que les autres), oui, Monsieur le juge, à son air féroce; il se dissimule devant vous, il fait le bon apôtre; mais vous allez voir. Cet homme m'a jetée par terre au beau milieu de la rue, m'a injuriée, m'a appelée de toutes sortes de noms, et, enfin, m'a donné un coup de fouet à travers les yeux, que j'en suis aveugle. Et je demande cent francs de dommages et intérêts, plus une amende de cent francs dont je bénéficierai, comme c'est de toute justice. »

Le charretier et son escorte riaient de plus belle; leur gaieté n'était pas naturelle; elle donna au juge, qui était un homme de sens et de jugement, quelques soupçons sur l'exactitude du récit de Mme Mac'Miche. Il se tourna vers le charretier.

« La chose s'est-elle passée comme le raconte Madame?

L'HOMME.

Pour ça non, Monsieur le juge, tout l'opposé. Madame est venue se jeter contre moi sur la route, au moment où je me tournais pour voir à mes chevaux ; elle est tombée les quatre fers en l'air ; faut croire qu'elle n'était pas solide sur ses jambes ; mais ça, je n'en suis pas fautif. Voilà que je veux la relever ; elle me repousse,... bonne poigne, allez !... et me dit des sottises ; elle m'en dit, m'en défile un chapelet qui m'ennuie à la fin ; ma foi, j'ai pris la parole à mon tour, et je ne dis pas que je n'en aie dit de salées ; on n'est pas charretier pour rien. Monsieur le juge sait bien ; les chevaux,... ça n'a pas l'oreille tendre. Et quand je m'emporte, ma foi, je lâche tout mon répertoire. Mais voilà que Madame, qui n'était pas contente, à ce qu'il semblerait, me lance une claque en pleine figure. Ma foi, pour le coup, la moutarde m'a monté au nez et... je suis prompt, Monsieur le juge,... pas méchant, mais prompt.... Alors j'ai riposté... avec mon fouet.... On n'est pas charretier pour rien, Monsieur le juge.... Les chevaux, vous savez, ça se mène au fouet. Le malheur a voulu qu'elle présentât les yeux en face de mon fouet ; ma foi, il était lancé et il a touché là où il a trouvé de la résistance. Mais ça ne lui a pas fait grand mal, allez, Monsieur le juge ; elle a beuglé comme si je l'avais écorchée, mais elle y voit comme vous et moi ; la preuve, c'est qu'elle vous a vu entrer, et je me moque bien de ses dommages et intérêts ; je suis bien cer-

« La chose s'est-elle passée comme le raconte Madame? » (Page 37.)

tain que vous ne lui en accorderez pas un centime.

**LES TÉMOINS.**

Monsieur le juge, c'est la pure vérité qu'il dit; nous sommes tous témoins.

**MADAME MAC'MICHE.**

Comment, malheureux, vous prenez parti contre moi, une compatriote, pour favoriser la scélératesse d'un étranger, d'un misérable, d'un brigand!

**LE JUGE.**

Eh! eh! Madame Mac'Miche, vous allez me forcer à verbaliser contre vous. Restez tranquille, croyez-moi; si quelqu'un a tort, c'est vous, qui avez injurié et frappé la première; et si vous intentiez un procès, c'est vous qui payeriez l'amende, et non pas cet homme, qui me fait l'effet d'être un brave homme, quoique un peu prompt, comme il le dit. Je n'ai plus rien à faire; je me retire et je viendrai tantôt savoir de vos nouvelles et vous dire deux mots. »

Avant que Mme Mac'Miche fût revenue de sa surprise et eût pris le temps de riposter au juge de paix, celui-ci s'était empressé de disparaître; le charretier et l'escorte le suivirent, et Mme Mac'Miche resta seule avec Betty, qui riait sous cape et qui était assez satisfaite de l'échec subi par cette maîtresse violente, injuste et exigeante. A sa grande surprise, Mme Mac'Miche resta immobile et sans parole; Betty lui demanda si elle voulait monter dans sa chambre; elle se leva, repoussa Betty qui lui offrait le bras, monta lestement l'escalier comme quelqu'un qui y voit très clair, et s'aperçut, en ouvrant la porte de sa chambre, qu'un des carreaux était brisé.

MADAME MAC'MICHE.

Encore ce malfaiteur! Ce Charles de malheur! C'est par là qu'il s'est frayé un passage. Betty, va me le chercher; il m'a narguée en disant qu'il allait chez Juliette; tu l'y trouveras. »

# IV

### LE FOUET; LE PARAFOUET

Pendant que se passait ce que nous venons de raconter, Charles était allé chercher du calme près de sa cousine et amie Juliette; il l'avait trouvée seule comme il l'avait laissée; il lui raconta le peu de succès de son bon mouvement, et le moyen qu'il avait employé pour se préserver d'une rude correction.

**JULIETTE.**

Mon pauvre Charles, tu as eu très grand tort; il ne faut jamais faire à ta cousine des menaces si affreuses, et que tu sais bien ne pas pouvoir exécuter.

**CHARLES.**

Je l'aurais parfaitement exécutée; j'étais prêt à mettre le feu aux rideaux, et j'étais très décidé à le faire.

**JULIETTE.**

Oh! Charles, je ne te croyais pas si mauvais!

Et qu'en serait-il arrivé? On t'aurait mis dans une prison, où tu serais resté jusqu'à seize ou dix-huit ans.

CHARLES.

En prison! Quelle folie!

JULIETTE.

Oui, mon ami, en prison; on a condamné pour incendie volontaire des enfants plus jeunes que toi!

CHARLES.

Je ne savais pas cela! C'est bien heureux que tu me l'aies dit, car j'aurais recommencé à la première occasion.

JULIETTE.

Oh non! tu n'aurais pas recommencé, d'abord par amitié pour moi, et puis parce que Betty aurait caché toutes les allumettes et ne t'aurait pas laissé faire.

CHARLES.

Betty! Elle déteste ma cousine; elle est enchantée quand je lui joue des tours.

JULIETTE.

C'est bien mal à Betty de t'encourager à mal faire. »

Ils continuèrent à causer, Juliette cherchant toujours à calmer Charles, lorsque Betty entra.

« Je viens te chercher, Charlot, de la part de ta cousine qui est joliment en colère, va. Bonjour, Mam'selle Juliette; que dites-vous de notre mauvais sujet?

JULIETTE.

Je dis que vous pourriez lui faire du bien en

lui donnant de bons conseils, Betty; il doit à sa cousine du respect et de la soumission.

BETTY.

Elle est bien mauvaise, allez, Mam'selle!

JULIETTE.

C'est fort triste; mais elle est tout de même sa tutrice; c'est elle qui l'élève....

CHARLES.

Ah! ouiche! Elle m'élève joliment! Depuis que je sais lire, écrire et compter, elle ne me laisse plus aller à l'école parce qu'elle prétend avoir les yeux malades; elle me garde chez elle pour lire haut, pour écrire ses lettres, faire ses comptes, et toute la journée comme ça.

JULIETTE.

Cela t'apprend toujours quelque chose, et ce n'est pas déjà si ennuyeux.

CHARLES.

Quelquefois non; ainsi, elle me fait lire à présent *Nicolas Nickleby*; c'est amusant, je ne dis pas; mais quelquefois c'est le journal, qui est assommant, ou l'histoire de France, d'Angleterre; je m'endors en lisant; et sais-tu comment elle m'éveille? En me piquant la figure avec ses grandes aiguilles à tricoter. Crois-tu que ce soit amusant?

JULIETTE.

Non, ce n'est pas amusant, mais ce n'est pas une raison pour te mettre en colère et te venger, comme tu le fais sans cesse.

BETTY.

Je vous assure, Mam'selle, que si vous étiez

avec nous, vous n'aimeriez guère Mme Mac'Miche, quoiqu'elle soit votre cousine aussi, mais je crois que vous nous aideriez à..., à..., comment dire ça?...

**JULIETTE**, *souriant*.

A vous venger, Betty; mais en vous vengeant, vous l'irritez davantage et vous la rendez plus sévère.

**CHARLES.**

Plus méchante, tu veux dire.

**JULIETTE.**

Non; pas méchante, mais toujours en méfiance de toi et en colère, par conséquent. Essayez tous les deux de supporter ses maussaderies sans répondre, en vous soumettant : vous verrez qu'elle sera meilleure.... Tu ne réponds pas, Charles? Je t'en prie.

**CHARLES.**

Ma bonne Juliette, je ne peux rien te refuser; j'essayerai, je te le promets; mais si, au bout d'une semaine, elle reste la même, je recommencerai.

**JULIETTE.**

C'est bon; commence par obéir à ta cousine et par t'en aller; arrive bien gentiment en lui disant quelque chose d'aimable. »

Charles se leva, embrassa Juliette, soupira et s'en alla accompagné de Betty. Il ne dit rien tout le long du chemin; il cherchait à se donner du courage et de la douceur, en se rappelant tout ce que Juliette lui avait dit à ce sujet.

Il arriva et entra chez sa cousine.

### MADAME MAC'MICHE.

Ah ! te voilà enfin, petit scélérat ! Approche,... plus près.... »

A sa grande surprise, Charles obéit, les yeux baissés, l'air soumis. Quand il fut à sa portée, elle le saisit par l'oreille ; Charles ne lutta pas ; enhardie par sa soumission, elle prit une baguette et lui en donna un coup fortement appliqué, puis deux, puis trois, sans que Charles fît mine de résister ; elle profita de cette docilité si nouvelle pour abuser de sa force et de son autorité ; elle le jeta par terre et lui donna le fouet en règle, au point d'endommager sa culotte, déjà en mauvais état. Charles supporta cette rude correction sans proférer une plainte.

« Va-t'en, mauvais sujet, s'écria-t-elle quand elle se sentit le bras fatigué de frapper ; va-t'en, que je ne te voie pas ! »

Charles se releva et sortit sans mot dire, le cœur gonflé d'une colère qu'il comprimait difficilement. Il courut dans sa chambre pour donner un libre cours aux sanglots qui l'étouffaient. Il se roula sur son lit, mordant ses draps pour arrêter les cris d'humiliation et de rage qui s'échappaient de sa poitrine. Quand le premier accès de douleur fut passé, il se souvint de la douce Juliette, de ses bonnes paroles, de ses excellents conseils ; après quelques instants de réflexion, ses sentiments s'adoucirent ; à la colère furieuse succéda une grande satisfaction de conscience ; il se sentit heureux et fier d'avoir pu se contenir, de n'avoir pas fait usage de ses moyens habituels de défense contre sa cousine, d'avoir tenu la promesse que lui avait enfin arrachée Juliette, et qu'il résolut de tenir jusqu'au bout. Entièrement calmé par cette courageuse résolution, il descendit chez Betty, à la cuisine.

BETTY.

Eh bien! que t'a dit, que t'a fait ta cousine, mon pauvre Charlot? Je n'ai rien entendu; elle ne s'est donc pas fâchée?

CHARLES.

Elle l'était déjà quand je suis arrivé; et je t'assure qu'elle me l'a bien prouvé par les coups qu'elle m'a donnés.

BETTY.

Et toi?

CHARLES.

Je me suis laissé faire.

BETTY, *surprise*.

Le premier t'aura surpris, et tu ne t'es pas méfié du second. Mais après?

CHARLES.

Je l'ai laissée faire; elle m'a jeté par terre, m'a roulé, m'a battu avec une baguette qui n'était pas de paille ni de plume, je t'en réponds.

BETTY.

Et toi?

CHARLES.

J'ai attendu qu'elle eût fini; quand elle a été lasse de frapper, je me suis relevé, je suis allé dans ma chambre, où je m'en suis donné, par

Elle le jeta par terre et lui donna le fouet en règle. (Page 47.)

exemple, à sangloter et à crier, mais de rage plus que de douleur, je dois l'avouer; puis j'ai pensé à Juliette; le souvenir de sa douceur a fait passer ma colère, et je suis venu te demander si tu ne pourrais pas me donner quelque vieux morceau de quelque chose pour doubler le fond de ma culotte; elle a tapé si fort, que si la fantaisie lui prenait de recommencer, elle m'enlèverait la peau.

BETTY, *indignée.*

Pauvre garçon ! Mauvaise femme ! Faut-il être méchante ! Un malheureux orphelin ! qui n'a personne pour le défendre, pour le recueillir. »

Betty se laissa tomber sur une chaise et pleura amèrement. Cette preuve de tendresse émut si bien Charles, qu'il se mit à pleurer de son côté, assis près de Betty. Au bout d'un instant il se releva.

« Aïe, dit-il, je ne peux pas rester assis; je souffre trop. »

Betty se leva aussi, essuya ses yeux, étala sur un linge une couche de chandelle fondue, et, le présentant à Charles :

« Tiens, mon Charlot, mets ça sur ton mal, et demain tu n'y penseras plus. Attache la serviette avec une épingle, pour qu'elle tienne, et demain nous tâcherons de trouver quelque chose pour amortir les coups de cette méchante cousine. C'est qu'elle y prendra goût, voyant que tu te laisses faire ! Je crains, moi, que Mlle Juliette ne t'ait donné un triste conseil.

#### CHARLES.

Non, Betty, il est bon; je sens qu'il est bon; j'ai le cœur content, c'est bon signe. »

Charles appliqua le cataplasme de Betty, se sentit immédiatement soulagé, et retourna chez Juliette, sa consolatrice, son conseil et son soutien. En passant par la cuisine, il vit Betty occupée à coudre ensemble deux visières en cuir vernis provenant des vieilles casquettes de son cousin Mac'Miche; il lui demanda ce qu'elle faisait.

« Je te prépare une cuirasse pour demain, mon pauvre Charlot; quand tu seras couché, je te bâtirai cela dans ton pantalon. »

Charles rit de bon cœur de ce *parafouet*, fut enchanté de l'invention de Betty, et allait sortir, lorsqu'il s'entendit appeler par la voix aigre de sa cousine. Betty se signa; Charles soupira et monta de suite.

#### MADAME MAC'MICHE.

Venez lire, mauvais sujet; allons, vite, prenez votre livre.

Charles prit le livre, s'assit avec précaution sur le bord de sa chaise, et commença sa lecture. Mme Mac'Miche le regardait avec surprise et méfiance.

« Il y a quelque chose là-dessous, se disait-elle, quelque méchanceté qu'il prépare et qu'il dissimule sous une feinte douceur. Il n'a jamais été si docile; c'est la première fois qu'il se laisse battre sans résistance. Qu'est-ce? Je n'y comprends rien. Mais s'il continue de même, ce sera une bénédiction de lui administrer le fouet,.... et comme c'est le meilleur moyen d'éducation, je l'emploierai souvent.... Et pourtant.... »

Charles lisait toujours pendant que sa cousine réfléchissait au lieu d'écouter ; au moment où sa voix fatiguée commençait à faiblir, il fut interrompu par le juge de paix.

« Peut-on entrer, Madame Mac'Miche ? Êtes-vous visible ?

— Toujours pour vous, Monsieur le juge. Très flattée de votre visite. Charles, donne un fauteuil à M. le juge. »

Charles se leva, ne put retenir un geste de douleur et un *aïe!* étouffé.

« Qu'as-tu donc, mon ami ? tu marches péniblement comme si tu souffrais de quelque part », lui dit le juge.

Mme Mac'Miche devint pourpre, s'agita sur son fauteuil, et dit à Charles de se dépêcher et de s'en aller.

Mais Charles, qui n'était pas encore passé à l'état de douceur et de charité parfaite que lui prêchait Juliette, ne fut pas fâché d'avoir l'occasion de révéler au juge les mauvais traitements de sa cousine.

CHARLES.

Je crois bien, Monsieur le juge, que je souffre ; ma cousine m'a tant battu avec la baguette que voilà près d'elle, que j'en suis tout meurtri.

— Madame Mac'Miche ! dit le juge avec sévérité.

###### MADAME MAC'MICHE.

Ne l'écoutez pas, Monsieur le juge, ne le croyez pas. Il ment du matin au soir.

###### CHARLES.

Vous savez bien, ma cousine, que je ne mens pas, que vous m'avez battu comme je le dis; et c'est si vrai, que Betty m'a mis un cataplasme de chandelle; voulez-vous que je vous le fasse dire par elle? Cette pauvre Betty en pleurait.

— Madame Mac'Miche, reprit le juge, vous savez que les mauvais traitements sont interdits par la loi, et que vous vous exposez....

###### MADAME MAC'MICHE.

Soyez donc tranquille, Monsieur le juge; je l'ai fouetté, c'est vrai, parce qu'il voulait mettre le feu à la maison ce matin; vous ne savez pas ce que c'est que ce garçon! Méchant, colère, menteur, paresseux, entêté; enfin, tous les vices il les a.

###### LE JUGE.

Ce n'est pas une raison pour le battre au point de gêner ses mouvements. Prenez garde, Madame Mac'Miche, on m'a déjà dit quelque chose là-dessus, et si les plaintes se renouvellent, je serai obligé d'y donner suite. »

Mme Mac'Miche était vexée; Charles triomphait: ses bons sentiments s'étaient déjà évanouis, et il forma l'horrible résolution d'agacer sa cousine pour la mettre hors d'elle, se faire battre encore, et, au moyen de Betty, aposter des témoins qui iraient porter plainte au juge.

« Je n'en serai pas plus malade, pensa-t-il, grâce

aux visières de mon cousin défunt, et elle sera appelée devant le tribunal, qui la jugera et la condamnera. Si on pouvait la condamner à être fouettée à son tour, que je serais content, que je serais donc content!... Et Juliette! Que me dira-t-elle, que pensera-t-elle?... Ah bah! j'ai promis à Juliette de ne pas être insolent avec ma cousine, de ne pas lui résister, mais je n'ai pas promis de ne pas chercher à la corriger; puisque ma cousine trouve que me maltraiter c'est me corriger et me rendre meilleur, elle doit penser de même pour elle, qui est cent fois plus méchante que je ne le suis. »

# V

## DOCILITÉ MERVEILLEUSE DE CHARLES
## LES VISIÈRES

Charles, très content de son nouveau projet, sortit sans que sa cousine osât le rappeler en présence du juge; il descendit à la cuisine, fit part à Betty de ce qu'avait dit le juge de paix et de l'idée que lui-même avait conçue.

**BETTY.**

Non, Charlot, pas encore; attendons. Puisque les visières te garantiront des coups de ta cousine, tu ne pourras pas prouver que tu en portes les marques. Ils enverront un médecin pour t'examiner, et ce médecin ne trouvera rien; tu passeras pour un menteur, et ce sera encore elle qui triomphera. Attendons; je trouverai bien quelque chose pour te garantir quand les visières seront usées. »

Charles comprit la justesse du raisonnement de

Betty, mais il ne renonça pas pour cela à la douce espérance de mettre sa cousine en colère sans en souffrir lui-même.

« Seulement, pensa-t-il, j'attendrai à demain, quand ma culotte sera doublée. »

Il alla, suivant son habitude, chez Juliette, qui l'accueillit comme toujours avec un doux et aimable sourire.

#### JULIETTE.

Eh bien, Charles, quelles nouvelles apportes-tu?

#### CHARLES.

De très bonnes. A peine rentré, ma cousine m'a battu avec une telle fureur, que j'en suis tout meurtri, et que Betty m'a mis un cataplasme de chandelle.

#### JULIETTE, *interdite.*

C'est cela que tu appelles de bonnes nouvelles? Pauvre Charles! Tu as donc résisté avec insolence, tu lui as dit des injures?

#### CHARLES.

Je n'ai rien dit, je n'ai pas bougé; je l'ai laissée faire; elle m'a donné deux coups de baguette, et, voyant que je ne résistais pas, puisque je te l'avais promis, elle m'a battu comme une enragée qu'elle est.

#### JULIETTE, *les larmes aux yeux.*

Mon pauvre Charles! Mais c'est affreux! Je suis désolée! Et tu as été en colère contre moi et mon conseil?

#### CHARLES.

Contre toi, jamais! Je savais que c'était pour

mon bien que tu m'avais fait promettre ça.... Mais contre elle, j'étais d'une colère! oh! d'une colère! Dans ma chambre, je me suis roulé, j'ai sangloté, crié; et puis j'ai été mieux, je me suis senti content de t'avoir obéi.

JULIETTE, *attendrie*.

Bon Charles! Comme tu serais bon si tu voulais!

CHARLES.

Ça viendra, ça viendra! Donne-moi le temps. Il faut que tu me permettes de corriger ma cousine.

JULIETTE.

Comment la corrigeras-tu? Cela me semble impossible!

CHARLES.

Non, non; laisse-moi faire, tu verras!

JULIETTE.

Que veux-tu faire, Charles? Quelque sottise, bien sûr!

CHARLES.

Du tout, du tout; tu verras, je te dis; tu verras! »

Charles ne voulut pas expliquer à Juliette quels seraient les moyens de correction qu'il emploierait; il lui promit seulement de continuer à être docile et poli; il fallut que Juliette se contentât de cette promesse. Charles resta encore quelques instants; il sortit au moment où Marianne, sœur de Juliette, rentrait de son travail.

Marianne avait vingt-cinq ans; elle remplaçait, près de sa sœur aveugle, les parents qu'elles avaient perdus. Leur mère était morte depuis cinq ans dans la maison qu'elles habitaient ; leur fortune eût été plus que suffisante pour faire mener aux deux sœurs une existence agréable, mais leurs parents avaient laissé des dettes ; il fallait des années de travail et de privations pour les acquitter sans rien vendre de leur propriété. Juliette n'avait que dix ans à l'époque de la mort de leur mère ; Marianne prit la courageuse résolution de gagner, par son travail, sa vie et celle de sa sœur aveugle, jusqu'au jour où toutes leurs dettes seraient payées. Elle travaillait soit en journées, soit à la maison. Juliette, tout aveugle qu'elle était, contribuait un peu au bien-être de son petit ménage ; elle tricotait vite et bien et ne manquait pas de commandes ; chacun voulait avoir soit un jupon, soit une camisole, soit un châle ou des bas tricotés par la jeune aveugle. Tout le monde l'aimait dans ce petit bourg catholique ; sa bonté, sa douceur, sa résignation, son humeur toujours égale, et par-dessus tout sa grande piété, lui donnaient une heureuse influence, non seulement sur les enfants, mais encore sur les parents. Mme Mac'Miche était la seule qui n'eût pas subi cette influence : elle ne voyait presque jamais Juliette, et n'y venait que pour lui dire des choses insolentes, ou tout au moins désagréables. Mme Mac'Miche aurait pu facilement venir en aide à ses cousines, mais elle n'en avait garde et réservait pour elle-même les dix mille francs de revenu qu'elle avait amassés et qu'elle augmentait tous les ans à force de privations qu'elle s'imposait et qu'elle imposait à Charles et à Betty. Nous verrons plus tard qu'elle avait une autre source de richesses que personne ne lui connaissait; elle le croyait du moins. Il y avait trois ans qu'elle avait Charles à sa charge. Betty était dans la maison depuis quelque temps; elle s'était attachée à Charles, qui lui avait, dès l'origine, témoigné une vive reconnaissance de la protection qu'elle lui accordait; elle eût quitté Mme Mac'Miche depuis longtemps sans ce lien de cœur qu'elle s'était créé.

Charles laissa donc Juliette avec sa sœur Marianne, et il courut à la maison pour s'y trouver à l'appel de sa vieille cousine.

« Il ne faut pas que je la mette en colère aujourd'hui, dit-il; demain, à la bonne heure! »

Charles rentra à temps, écrivit pour Mme Mac'-Miche des lettres, qu'elle trouva mal écrites, pas lisibles.

###### CHARLES.
Voulez-vous que je les recopie, ma cousine?
###### MADAME MAC'MICHE, *rudement*.
Non, je ne veux pas. Pour gâcher du papier? Pour recommencer à écrire aussi mal et aussi salement? Toujours prêt à faire des dépenses inutiles! Il semblerait que Monsieur ait des rentes! Tu oublies donc que je te nourris par charité, que tu serais un mendiant des rues sans moi? Et au lieu de reconnaître mes bienfaits par une grande économie, tu pousses à la dépense, tu manges comme un loup, tu bois comme un puits, tu dé-

chires tes habits; en un mot, tu es le fléau de ma maison. »

Charles bouillait; il avait sur la langue des paroles poliment insolentes, doucement contrariantes, enfin de quoi la mettre en rage.

« Oh! si j'avais mes visières! » se disait-il.

Mais comme il ne les avait pas encore, il avala son humiliation et sa colère, ne répondit pas et ne bougea pas.

Mme Mac'Miche recommença à s'étonner de la douceur de Charles.

« Je verrai bien ce que cela veut dire, se dit-elle, et si ce n'est pas une préparation à quelque scélératesse;... il a un air... que je n'aime pas,... quelque chose comme de la rage contenue.... Par exemple, si cela dure, c'est autre chose.... Mais de qui ça vient-il?... Serait-ce Juliette? Cette petite *sainte n'y touche* se donne le genre de prêcher, de donner des avis.... Je n'aime pas cette petite; elle m'impatiente avec cette figure éternellement calme, douce, souriante. Elle veut nous faire croire qu'elle est heureuse quoique aveugle, qu'elle ne désire rien, qu'elle n'a besoin de rien. Je la crois sans peine! On fait tout pour elle! On la sert comme une princesse.... Paresseuse! Sotte! Et quant à ce drôle de Charles, je le fouetterai solidement, puisqu'il ne se défend plus. »

Elle ne s'aperçut pas qu'elle avait parlé haut à partir de : « Je n'aime pas cette petite », etc.; elle releva la tête et vit Charles, toujours immobile, qui la regardait avec surprise et indignation; elle s'écria :

« Eh bien! que fais-tu là à te tourner les pouces et à me regarder avec tes grands bêtes d'yeux effarés, comme si tu voulais me dévorer? Va-t'en à la cuisine pour aider Betty; dis-lui de servir le souper le plus tôt possible; j'ai faim. »

Charles ne se le fit pas dire deux fois et s'esquiva lestement; il raconta à Betty ce que venait de dire sa cousine sans se douter qu'elle eût parlé tout haut.

« Il faut avertir Juliette et te révolter ouvertement, dit Betty.

### CHARLES.

Non, j'ai promis à Juliette d'être poli et docile pendant une semaine; je ne manquerai pas à ma promesse; ce qui ne m'empêchera pas de la faire enrager... innocemment, sans cesser d'être respectueux à l'apparence... quand j'aurai mes visières.

### BETTY.

Tu les auras demain, mon pauvre Charlot; compte sur moi; je te préserverai tant que je pourrai.

### CHARLES.

Je le sais, ma bonne Betty, et c'est parce que tu m'as toujours protégé, consolé, témoigné de l'amitié, que je t'aime de tout mon cœur, comme j'aime Juliette; elle aussi m'a toujours aimé, encouragé et conseillé.... Seulement, je n'ai pas souvent suivi ses conseils, je l'avoue.

### BETTY.

Avec ça qu'ils sont faciles à suivre! Il faut toujours céder, toujours s'humilier, à l'entendre!

### CHARLES.

Il me semble, moi, qu'elle a raison au fond; mais je n'ai pas sa douceur ni sa patience; quand ma cousine m'agace, m'irrite, m'humilie, je m'emporte; je sens comme si tout bouillait au dedans de moi, et si je ne me retenais, je crois en vérité que, dans ces moments-là, j'aurais une force plus grande que la sienne, que ce serait elle qui recevrait la rossée, et moi qui l'administrerais.

### BETTY.

Mais il faut dire à Juliette ce que sa cousine pense d'elle.

### CHARLES.

A quoi bon? Ce que j'ai entendu ferait de la peine à la pauvre Juliette et ne servirait à rien; elle sait que ma cousine ne l'aime pas, ça suffit. »

Le souper ne tarda pas à être servi tout en causant; Mme Mac'Miche fut avertie, descendit dans la salle et mangea copieusement, après avoir maigrement servi Charles, qui n'en souffrit pas cette fois, parce que Betty avait eu soin de lui donner un bon acompte avant de servir sur table; il mangea donc sans empressement et ne redemanda de rien; la cousine n'en pouvait croire ses yeux et ses oreilles. Charles modeste et paisible, sobre et satisfait était pour Mme Mac'Miche un Charles nouveau, un Charles métamorphosé, un Charles commode.

Après son souper, Mme Mac'Miche, fatiguée de sa journée accidentée, donna congé à Charles, disant qu'elle allait se coucher. Charles, qui, lui aussi, avait soutenu plus d'une lutte, qui avait souffert dans son cœur et dans son corps, ne fut pas fâché de regagner sa couchette misérable, composée d'une paillasse, d'un vieux drap en loques, d'une vieille couverture de laine râpée et d'un oreiller en paille : mais quel est le lit assez mauvais pour avoir la faculté d'empêcher le sommeil, à l'âge heureux qu'avait Charles? A peine couché et la tête sur la paille, il s'endormit du sommeil, non du juste, car il était loin de mériter cette qualification, mais de l'enfance ou de la première jeunesse.

# VI

### AUDACE DE CHARLES. PRÉCIEUSE DÉCOUVERTE

Le lendemain, jour désiré et attendu par Charles, ce lendemain qui devait lui apporter la satisfaction d'une demi-vengeance, ce lendemain qui devait être suivi d'autres lendemains non moins pénibles, arriva enfin, et Charles revêtit avec bonheur la culotte doublée, cuirassée par Betty. C'était bien ! Un coup de massue eût été amorti par ce reste providentiel des casquettes du cousin Mac'Miche, mort victime de la contrainte perpétuelle que lui imposait l'humeur belliqueuse de sa moitié. Une maladie de foie s'était déclarée. Il y succomba après quelques semaines de rudes souffrances.

Charles entra rayonnant à la cuisine, où l'attendait son déjeuner, au moment où la cousine entrait par la porte opposée pour faire son inspection matinale. Charles salua poliment, prit sa tasse de lait et plongea la main dans le sucrier; la cousine se jeta dessus.

### MADAME MAC'MICHE.

Pourquoi du sucre? Qu'est-ce que cette nouvelle invention? Vous devriez vous trouver heureux d'avoir du lait au lieu de pain sec.

### CHARLES.

Ma cousine, je serais bien plus heureux d'y ajouter le morceau de sucre que je tiens dans la main.

### MADAME MAC'MICHE.

Dans la main? Lâchez-le, Monsieur! Lâchez vite! »

Charles lâcha, mais dans sa tasse.

« Voleur! brigand! s'écria la cousine. Vous mériteriez que je busse votre lait.

### CHARLES.

Comment donc! Mais j'en serais enchanté, ma cousine; voici ma tasse. »

Charles la présenta à sa cousine stupéfaite; la surprise lui ôta sa présence d'esprit accoutumée; elle prit machinalement la tasse et se mit à boire à petites gorgées en se tournant vers Betty. Charles, sans perdre de temps, saisit la tasse de café au lait qui chauffait tout doucement devant le feu pour sa cousine, mangea le pain mollet qui trempait dedans, se dépêcha d'avaler le café et finissait sa dernière gorgée, quand sa cousine, un peu honteuse, se retourna.

### MADAME MAC'MICHE.

Tu mangeras donc du pain sec pour déjeuner?

Elle prit machinalement la tasse et se mit à boire.

CHARLES.

Non, ma cousine, j'ai très bien déjeuné; c'est fini.

MADAME MAC'MICHE.

Déjeuné? Quand donc? Avec quoi?

CHARLES.

A l'instant, ma cousine; pendant que vous buviez mon lait, je prenais votre café au lait avec le petit pain qui mijotait devant le feu.

MADAME MAC'MICHE.

Mon café! mon pain mollet! Misérable! rends-les-moi! Tout de suite!

CHARLES.

Je suis bien fâché, ma cousine; c'est impossible! Mais je ne pouvais pas deviner que vous les demanderiez; je croyais que vous preniez mon déjeuner pour me laisser le vôtre. Vous êtes certainement trop bonne pour manger les deux déjeuners et me laisser l'estomac vide!

MADAME MAC'MICHE.

Voleur! gourmand! tu vas me le payer! »

La cousine saisit Charles par le bras, l'entraîna près du bûcher, prit une baguette, jeta Charles par terre comme la veille, et se mit à le battre sans qu'il fît un mouvement pour se défendre. De même que la veille, elle ne s'arrêta que lorsque son rhumatisme à l'épaule commença à se faire sentir. Charles se releva d'un air riant; les visières l'avaient parfaitement préservé; il n'avait rien senti. Il crut pouvoir s'en aller, mais non sans avoir lancé une phrase vengeresse.

« Je vais aller me faire panser chez M. le juge de paix, ma cousine.

### MADAME MAC'MICHE.

Imbécile ! Je te défends d'y aller.

### CHARLES.

Pardon, ma cousine, M. le juge me l'a recommandé : et vous savez qu'il faut se soumettre à l'autorité. Il m'a recommandé de venir me faire panser chez lui à la première occasion.

### MADAME MAC'MICHE.

Serpent ! vipère ! Je te défends d'y aller. »

Charles ne répondit pas et sortit, laissant sa cousine stupéfaite de tant d'audace.

« C'est qu'il ira ! s'écria-t-elle au bout de quelques instants après être rentrée dans sa chambre. Il est assez méchant pour le faire ! Quelle malédiction que ce garçon ! Quel serpent j'ai réchauffé dans mon sein ! Coquin ! Bandit ! Assassin ! Et tout juste, je l'ai battu tant que j'ai eu de bras ; il doit en avoir de rudes marques ; avec ça qu'hier je ne l'avais déjà pas ménagé et qu'il doit en rester quelque chose. Mon Dieu ! M. le juge ! que va-t-il dire ? lui qui n'était déjà pas trop content hier ! Il m'a dit des choses que je n'attendais pas de lui, que je ne lui pardonnerai jamais.... Et comment a-t-il su que ce petit gredin de Charles avait de l'argent placé chez moi par son père ? J'ai bien juré mes grands dieux que c'était une invention infernale, une atroce calomnie, mais il n'avait pas trop l'air de me croire. Pourvu qu'il n'aille pas lui en parler ! De vrai, il me coûte bien cent à cent

« Mon café ! mon pain mollet ! Misérable ! (Page 71.)

vingt francs par an! Mais je profite du reste; c'est une compensation des ennuis que me donne ce garçon que je déteste. »

Ce ne fut qu'au bout de quelques minutes qu'elle eut la pensée de courir après Charles et d'empêcher de vive force sa visite chez le juge de paix; mais il était trop tard : quand elle descendit à la cuisine, Charles n'y était plus.

### MADAME MAC'MICHE.

Où est-il? Où est ce brigand, cet assassin?

### BETTY.

Quel brigand, Madame, quel assassin? Je n'ai rien vu qui y ressemblât.

— Il est ici, il doit être ici! continua Mme Mac'-Miche hors d'elle.

— Au voleur! à l'assassin! cria Betty en ouvrant la porte de la rue. Au secours! on égorge ma maîtresse! »

Plusieurs têtes se montrèrent aux portes et aux fenêtres; Betty continua ses cris malgré ceux de Mme Mac'Miche, qui lui ordonnait de se taire. Betty riait sous cape, car elle avait bien compris que le voleur, l'assassin, était Charles. Quelques voisins arrivèrent, mais, au lieu de voleurs et d'assassins, ils trouvèrent Betty aux prises avec Mme Mac'Miche, qui l'agonisait de sottises et qui cherchait de temps en temps à donner une tape ou un coup de griffe, que Betty esquivait lestement; les voisins riaient et grommelaient tout à la fois pour avoir été dérangés sans nécessité.

« Ah çà! avez-vous bientôt fini, Madame Mac'-

Miche ? dit le boucher, qui prenait parti pour Betty. Voilà assez crier ! On n'entend pas autre chose chez vous ! C'est fatigant, parole d'honneur ! Mes veaux ne beuglent pas si fort quand ils s'y mettent. Faudra-t-il qu'on aille encore chercher M. le juge de paix ? »

Betty cacha sa figure dans son tablier pour rire à son aise ; Mme Mac'Miche lança un regard furieux au boucher et se retira sans ajouter une parole. Dans les circonstances difficiles où elle se trouvait, la menace de faire intervenir le juge de paix coupa court à sa colère et la laissa assez inquiète de ce qui allait arriver de la visite de Charles au juge.

Pendant qu'elle attendait, qu'elle avait peur, qu'elle tressaillait au moindre bruit, Charles avait couru chez Juliette, à laquelle il fit, comme la veille, le récit de ce qui était arrivé.

« Eh bien, Juliette, que me conseilles-tu à présent ? Faut-il toujours que je me laisse battre par cette femme sans cœur, qui n'est désarmée ni par ma patience, ni par ma docilité, ni par mon courage à supporter sans me plaindre les coups dont elle m'accable ?

JULIETTE, *émue*.

Non, Charles, non ! C'est trop ! Réellement, c'est trop ! Tu peux, tu dois éviter ces corrections injustes et cruelles.

CHARLES, *vivement*.

Mais, à moins de la battre, du moins de lui résister par la violence, comment puis-je me défendre? Elle n'a pas de cœur; rien ne la touche; et je ne consentirai jamais à la prier, la supplier, la flatter! Non, non, ce serait une bassesse; jamais je ne ferai rien de pareil.

### JULIETTE, *affectueusement.*

Voyons, Charles, ne te monte pas comme si je te poussais à faire une platitude; je ne te conseillerai rien de mauvais, je l'espère. Mais je ne peux pas t'encourager à la frapper, comme tu dis. Tâche de trouver des moyens innocents dans le genre des visières: tu as de l'invention, et Betty t'aidera.

— De quoi est-il question? demanda Marianne qui entrait. Par quel hasard es-tu ici dès le matin, Charles? »

Charles mit Marianne au courant des événements.

« Ce qui me désole, ajouta-t-il, c'est de lui devoir le pain que je mange, l'habit que je porte, le grabat sur lequel je dors.

### MARIANNE.

Tu ne lui dois rien du tout; c'est elle qui te doit. J'ai presque la certitude que ton père avait placé chez elle cinquante mille francs qui lui restaient et qui sont à toi depuis la mort de ton père? »

Charles bondit de dessus sa chaise.

### CHARLES.

Cinquante mille francs! j'ai cinquante mille francs!... Mais non, ce n'est pas possible! Elle me dit toujours que je suis un mendiant!

### MARIANNE.

Parce qu'elle te vole ta fortune. Mais sois tranquille, il faudra bien qu'elle te la rende un jour. Je ne l'ai découvert que depuis peu, et j'en ai parlé au juge de paix, en le priant d'avoir l'œil sur ma cousine par rapport à toi; ensuite, mon cousin, ton père, m'en a dit quelque chose plus d'une fois pendant sa dernière maladie, mais vaguement, parce que ta cousine Mac'Miche était toujours là; enfin, j'ai trouvé ces jours-ci, en fouillant dans un vieux portefeuille de ton père, qui me l'avait donné quand il était déjà bien mal, et que j'avais gardé en souvenir de lui, sans penser qu'il pût rien contenir d'important; j'ai trouvé le reçu de cinquante mille francs; ce reçu est écrit de la main de ta cousine, et je le conserve soigneusement.

### CHARLES.

O Marianne, donne-le-moi vite! que j'aille demander mon argent à ma cousine.

### MARIANNE.

Non, je ne te le donnerai pas, parce qu'elle te l'arracherait des mains et le mettrait en pièces, et tu n'aurais plus de preuves; et puis, parce que tu es trop jeune pour avoir ta fortune; il faut que tu attendes jusqu'à dix-huit ans, et ce sera M. le juge de paix qui te la fera rendre.

### JULIETTE.

Et puis, qu'as-tu besoin d'argent à présent? qu'en ferais-tu?

### CHARLES, *vivement*.

Ce que j'en ferais ? Je payerais de suite tout ce que vous devez, pour que vous puissiez vivre

« De quoi est-il question? » demande Marianne qui entrait. (Page 77.)

sans privations, et que tu ne sois pas toujours seule comme tu l'es depuis trois ans, pauvre Juliette!

JULIETTE, *touchée*.

Mon bon Charles, je te remercie de ta bonne volonté pour nous, mais je ne suis pas malheureuse; je ne m'ennuie pas; tu viens souvent me voir; nous causons, nous rions ensemble; et puis je tricote, je suis contente de gagner quelque argent pour notre ménage; et quand je suis fatiguée de tricoter, je pense, je réfléchis.

CHARLES.

A quoi penses-tu?

JULIETTE.

Je pense au bon Dieu, qui m'a fait la grâce de devenir aveugle....

CHARLES.

La grâce? Tu appelles grâce ce malheur qui fait trembler les plus courageux?

JULIETTE.

Oui, Charles, une grâce; si j'y voyais, je serais peut-être étourdie, légère, coquette. On dit que je suis jolie, j'en aurais de la vanité; je voudrais me faire voir, me faire admirer; le travail m'ennuierait; je n'obéirais pas à Marianne comme je le fais, je ne t'aimerais pas comme je t'aime; je n'aurais pas la consolation de penser à l'avenir que me prépare le bon Dieu après ma mort, et que chaque heure de la journée peut me faire gagner, en supportant avec douceur et patience les privations imposées aux pauvres aveugles.

CHARLES, *ému*.

Tu vois bien que tu as des privations?

JULIETTE.

Certainement! De grandes et de continuelles, mais je les aime, parce qu'elles me profitent près du bon Dieu; ainsi je voudrais bien voir ma chère Marianne, qui fait tant pour moi; je voudrais bien te voir, toi, mon bon Charles, qui me témoignes tant de confiance et d'amitié.... J'ai perdu la vue si jeune, que j'ai un bien vague souvenir d'elle, de toi, de tout ce que voient les yeux. Mais... j'attends... et je me résigne.

— O Juliette! Juliette! s'écria Charles en sanglotant et en se jetant à son cou. O Juliette, si je pouvais te rendre la vue! pauvre, pauvre Juliette! »

Juliette essuya une larme que laissaient échapper ses yeux privés de lumière; et, entendant les sanglots de sa sœur se joindre à ceux de Charles, elle l'appela.

« Marianne! ma sœur! ne pleure pas! Tu me rends la vie si douce, si bonne! Si tu savais combien je suis plus heureuse que si je voyais! »

Marianne s'approcha de Juliette, qu'elle serra contre son cœur.

« Juliette! je t'aime! Je ne puis faire grand chose pour toi, mais ce que je fais, c'est avec bonheur, avec amour, comme je le ferais pour ma fille, pour mon enfant. Tu es tout pour moi en ce monde, tout! Jamais je ne te quitterai; je prie Dieu qu'il me permette de te survivre, pour que j'adoucisse les misères de ta vie jusqu'à ton dernier soupir ! »

Charles ne disait plus rien; il pleurait tout bas et il réfléchissait; tous les bons sentiments de son cœur se réveillaient en lui, et il comparait ses emportements, ses désirs de vengeance, son orgueil, avec la douceur, la charité, l'humilité de Juliette.

« Juliette, dit-il en essuyant ses larmes, je veux devenir bon comme toi; tu m'aideras, n'est-ce pas? Je vais rentrer; je tâcherai de t'imiter.... Pourvu que cette méchante femme ne me force pas à redevenir méchant comme elle!

###### JULIETTE.

Demande au bon Dieu de te venir en aide, mon pauvre Charles; il t'exaucera. Au revoir, mon ami!

###### CHARLES.

Au revoir, Juliette; au revoir, Marianne. Cet après-midi, j'espère. »

Charles sortit tout ému et formant d'excellentes résolutions; nous allons voir si son naturel emporté, développé encore par la méchanceté de sa cousine Mac'Miche, put être contenu par la volonté forte et vraie qu'il manifestait à Juliette.

# VII

## NOUVELLE ET SUBLIME INVENTION DE CHARLES

Charles rentra.... Après avoir quitté l'intérieur doux et paisible de ses jeunes cousines, il rentra dans celui tout différent de Mme Mac'Miche. Betty le reçut d'un air effaré.

« Vite, vite, Charlot, ta cousine te cherche, t'attend; je l'entends aller, venir, ouvrir sa fenêtre; monte vite. »

Charles soupira et monta lentement, les yeux et la tête baissés, bien décidé à se contenir et à ne pas s'emporter. Au haut de l'escalier l'attendait Mme Mac'Miche, les yeux brillants de colère. Mais quand Charles leva la tête, quand elle vit la trace de ses larmes, sa physionomie exprima une joie féroce; et, au lieu de le gronder et de le battre, elle se borna à le pousser rudement en lui disant :

« Dépêche-toi donc; tu avances comme une

tortue. Ah! ah! monsieur a enfin les yeux rouges! Tu ne diras pas cette fois que tu n'as pas pleuré?

CHARLES.

Je suis fâché, ma cousine, de vous enlever la satisfaction de m'avoir fait pleurer, répondit Charles dont les yeux et le teint commençaient à s'animer; j'ai pleuré, il est vrai, mais ce n'est pas de la douleur que m'ont causée vos coups; j'ai pleuré d'attendrissement, de tendresse, d'admiration!

— Pour moi! s'écria Mme Mac'Miche fort surprise.

CHARLES.

Pour vous? Oh! ma cousine! »

Et Charles sourit ironiquement.

MADAME MAC'MICHE, *piquée*.

Je m'étonnais aussi qu'un mauvais garnement comme toi pût avoir un bon sentiment dans le cœur.

CHARLES, *ironiquement*.

Ma cousine, je suis juste, et il ne serait pas juste de vous ennuyer d'une tendresse que vous ne recherchez pas et qui n'a pas de raison d'exister.

MADAME MAC'MICHE.

Tu as bien dit! Je serais contrariée, mécontente de te voir de l'affection pour moi; et je te défends de jamais en avoir.

CHARLES, *de même*.

Vous êtes sûre d'être obéie, ma cousine.

MADAME MAC'MICHE.

Impertinent!

##### CHARLES.

Comment? C'est impertinent de vous obéir?

##### MADAME MAC'MICHE.

Tais-toi. Je ne veux pas que tu parles! Je ne veux plus entendre ta sotte voix.... Prends mon livre et assois-toi. »

Charles prit le livre d'un air malin, légèrement triomphant, et s'assit.

La cousine le regarda et fut surprise de n'apercevoir aucun symptôme de souffrance dans les allures de Charles.

« C'est singulier! pensa-t-elle; je l'ai pourtant fouetté d'importance.... Eh bien! Charles, commence donc! »

Charles tenait le livre ouvert et lisait, mais aucun son ne sortait de sa bouche.

##### MADAME MAC'MICHE.

Ah çà! vas-tu lire, petit drôle? Faut-il que je continue la schlague de ce matin? »

Pas de réponse; Charles restait immobile et muet.

##### MADAME MAC'MICHE.

Attends, attends; je vais té rendre la voix! »

La cousine prit sa baguette placée près d'elle; mais quand elle se leva, Charles en fit autant et courut à la porte. Mme Mac'Miche le poursuivit et l'attrapa par le fond de sa culotte pendant qu'il tournait la clef dans la serrure, difficile à ouvrir. Mme Mac'Miche le lâcha de suite en faisant un « Ah! » de surprise et resta immobile.

« Polisson! gredin! s'écria-t-elle. C'est comme ça que tu m'attrapes! C'est comme ça que tu me trompes! Ah! tu as du carton dans ta culotte! Et moi qui m'étonnais de te voir si leste et dégagé comme si tu n'avais pas reçu plus de coups que tu n'en pouvais porter! Ah! tu n'as rien reçu! Attends, je vais te payer capital et intérêts. »

Mais Charles avait réussi à ouvrir la porte; il courait déjà, et, avant de disparaître, il lui lança cette phrase foudroyante:

« Les intérêts de mes cinquante mille francs placés chez vous par mon père! Merci, ma cousine. Je vais en prévenir le juge de paix. »

Mme Mac'Miche resta pétrifiée; la baguette qu'elle tenait s'échappa de ses mains tremblantes; elle s'écria, en joignant les mains d'un geste de désespoir:

« Il le sait!... Il va le dire au juge de paix, qui a déjà entendu parler de ces cinquante mille francs.... Mais il n'a aucune preuve.... Et ce Charles de malédiction!... comment l'a-t-il su? qui a pu le lui apprendre?... Personne ne doit le savoir; je l'avais fait si secrètement, et mon cousin était déjà si malade, qu'il n'a pu le dire à personne. Il ne voyait que Marianne, et bien rarement encore,... et toujours en ma présence. Et le reçu! il l'a brûlé, il me l'a dit. Est-ce que Charles se serait emparé de ma clef? Aurait-il fouillé dans mes papiers?... Si je savais!... je l'enfermerais dans une cave dont j'aurais seule la clef!... personne que moi ne lui porterait sa nourriture!... et il y mourrait!... Il faut que je voie; il faut que je m'en assure. »

Mme Mac'Miche tira d'une poche placée sur son estomac une clef qui ouvrait une caisse masquée par une vieille armoire et scellée dans le mur; avec cette clef, d'une forme étrange et particulière, elle ouvrit la caisse, en tira une cassette dont la clef se trouvait dans un coin à part sous des papiers, ouvrit la cassette et trouva tout en ordre. Elle compta ce qu'elle avait de revenus, de capitaux.

« J'avais cent vingt mille francs, dit-elle; j'en ai deux cent mille à présent; plus, les cinquante mille francs de ce Charles, dont il n'aura jamais un sou, car personne n'a de preuve écrite de ce placement de son père; et l'argent a été depuis replacé en mon nom!... Voici encore les économies de l'année... en or, en belles pièces de vingt francs. »

Elle compta.

« Onze mille trois cent cinquante francs.... J'ai donc dépensé dans l'année mille cent cinquante francs. C'est beaucoup! beaucoup trop! C'est Charles qui me coûte cher! Sans lui, je n'aurais pas Betty! je vivrais seule!... C'est bien plus économique, et plus agréable, par conséquent.... Comment me débarrasser de ce Charles!... A qui le donner?... »

Pendant qu'elle réfléchissait, tout en maniant et contemplant son or, Charles était allé rejoindre Betty.

Après lui avoir raconté ce qui l'avait tant ému chez Juliette, et les bonnes résolutions qu'il avait formées :

« N'est-ce pas désolant, ma bonne Betty, dit-il, que ma cousine m'empêche d'être bon? Je le voudrais tant! Je suis si content quand j'ai pu retenir mes emportements, ou mes sentiments de haine et de vengeance!... Mais je ne peux pas! Avec elle, c'est impossible! Ah! si je pouvais vivre chez Juliette! comme je serais différent! comme je serais doux, obéissant!...

BETTY.

Doux! Ah! ah! Doux!... Jamais, mon pauvre Charlot! Tu es un vrai salpêtre! un torrent! un volcan!

CHARLES.

C'est elle qui me fait tout cela, Betty!... Ah! mais, une chose importante que j'oublie de te dire, c'est qu'elle a découvert que ma culotte était doublée.

BETTY.

Mon Dieu! mon Dieu! nous sommes perdus! A l'avenir, quand elle voudra te battre, elle t'arrachera ta pauvre culotte, qui ne tient déjà à rien. Que faire? Comment l'empêcher?

CHARLES.

Écoute, Betty, ne t'afflige pas; j'ai une bonne idée qui me vient! Tu sais comme ma cousine est crédule, comme elle croit aux fées, aux apparitions, à toutes sortes de choses du genre terrible et merveilleux?

BETTY.

Oui, je le sais; mais que veux-tu faire de ça? Nous ne pouvons recommencer la scène de l'autre jour.

CHARLES.

Non, pas tout à fait; mais voilà mon idée : nous allons découper deux têtes de diables dans du papier noir; nous ferons des cornes et une grande langue rouge; nous aurons de la colle, et tu colleras ces têtes sur ma peau à la place que couvraient les visières de mon cousin Mac'Miche; quand ma cousine voudra me battre, je la laisserai m'arracher ma culotte, et tu juges de sa frayeur quand elle verra ces deux têtes de diables qui auront l'air de la regarder. »

Betty, enchantée de l'invention, se mit à rire aux éclats; elle ne tarda pas à entendre le pas lourd de Mme Mac'Miche, qui, inquiète d'entendre rire si franchement, descendait *sans bruit*, croyait-elle, pour surprendre Betty en faute.

« La voilà! mon Dieu! la voilà! dit tout bas Betty.

CHARLES.

Tant mieux! je vais préparer les diables. »

Avant que Betty eût eu le temps de demander à Charles des explications, Mme Mac'Miche entra.

« De quoi riez-vous? Pourquoi Charles est-il ici? Est-ce une méchanceté que prépare ce petit scélérat?

CHARLES.

Oh non! ma cousine! soyez tranquille. Je riais parce que le juge de paix m'a dit : « Tu es un vrai
« diable! Je parie que tu en portes les marques. »
Et moi j'ai répondu : « Ce ne serait pas étonnant,
« car les fées m'ont promis tout à l'heure de me

« protéger ». Et le juge a eu si peur qu'il m'a mis à la porte, criant que j'attirais les fées dans sa maison. Et Betty me disait que si j'étais réellement protégé par les fées, tous ceux qui me toucheraient leur appartiendraient.

### MADAME MAC'MICHE, *effrayée*.

Il n'y a pas de quoi rire dans tout cela ; c'est très bête !... C'est une très mauvaise plaisanterie, et je vous prie de ne pas la recommencer avec moi. Et prenez garde que cela ne vous arrive tout de bon ! Vous êtes si méchants, que les fées pourraient bien s'emparer de vous....

### CHARLES.

Ce serait tant mieux, car à mon tour je m'emparerais de vous et je vous donnerais aux fées. »

Charles, en disant ces mots, regarda fixement sa cousine et s'efforça de prendre une physionomie si extraordinaire, que Mme Mac'Miche, de plus en plus alarmée, sentit tout son corps trembler et ses cheveux se dresser sur sa tête.

Charles fit une gambade, une culbute, un saut vers la porte et disparut. Mme Mac'Miche crut qu'il avait disparu sur place, tant elle était troublée des paroles de Charles.

### MADAME MAC'MICHE, *tremblante*.

Betty, Betty ! crois-tu réellement que ce mauvais sujet soit ami des fées ?

### BETTY, *faisant semblant de trembler aussi*.

Madame ! Madame ! Je crois..., je ne sais pas,... j'ai peur ! Ce serait terrible ! Qu'allons-nous devenir, bon Dieu ! Aussi, Madame l'a trop mis hors de lui! Madame l'a trop battu! Dans son désespoir, il se sera retourné du côté des fées.

MADAME MAC'MICHE, *tremblante*.

Mais il n'a rien senti, puisque j'ai découvert qu'il avait doublé le fond de sa culotte avec du carton.

BETTY.

Du carton! Et où aurait-il eu du carton? Qui est-ce qui lui en aurait donné? Madame voit : c'est quelque tour des fées.

MADAME MAC'MICHE.

Mon Dieu! mon Dieu! Betty, cours vite à la fontaine de Fairy-Ring, va me chercher de l'eau[1]; nous en jetterons partout; sur lui aussi, sur ce maudit, quand il viendra. »

Betty partit en courant.

1. L'eau de fontaine passe pour avoir la vertu de chasser les fées et de les empêcher de faire du mal.

# VIII

## SUCCÈS COMPLET

Charles avait été jusque chez Juliette; il entra comme un ouragan.

« Juliette, Marianne, donnez-moi quelques sous, de quoi acheter une feuille de papier noir.

MARIANNE.

Que veux-tu faire de papier noir, Charlot?

CHARLES.

C'est pour faire deux têtes de diable pour faire peur à ma cousine.

JULIETTE.

Charles, Charles, te voilà encore avec tes projets méchants! Pourquoi lui faire peur? C'est mal.

CHARLES, *affectueusement*.

Ne me gronde pas avant de savoir ce que je veux faire, Juliette. Ma cousine a découvert, en me saisissant pour me battre....

— Encore! s'écria douloureusement Juliette.

### CHARLES.

Encore et toujours, ma bonne Juliette; elle a donc découvert que le fond de ma culotte était doublé; elle croit que c'est du carton. Et déjà elle m'a menacé de m'enlever ma culotte la première fois qu'elle me battrait. Alors j'ai imaginé avec Betty de découper deux têtes de diables avec des langues rouges, que Betty me collera sur la peau pour remplacer les visières; et quand ma cousine m'enlèvera ma culotte et qu'elle verra ces diables, elle aura une peur épouvantable et elle n'osera plus me toucher. Tu vois que ce n'est pas bien méchant. »

Marianne et Juliette se mirent à rire de l'invention du pauvre Charles. Marianne fouilla dans sa poche, en retira quatre sous et les donna à Charles en disant :

« C'est le cas de légitime défense, mon pauvre Charlot. Tiens, voici quatre sous; s'il t'en faut encore, tu me le diras. »

Charles remercia Marianne et disparut aussi vite qu'il était entré.

### MARIANNE.

Ce pauvre Charles ! Il me fait pitié, en vérité ! Je ne comprends pas qu'il supporte avec tant de courage sa triste position.

### JULIETTE.

Pauvre garçon ! Oui, il a réellement du courage. Je le gronde souvent, mais bien souvent aussi j'admire sa gaieté et sa bonne volonté à bien faire.

MARIANNE.

Il faut dire que tout ça ne dure pas longtemps ; en cinq minutes il passe d'un extrême à l'autre : bon à attendrir, ou mauvais comme un diable.

JULIETTE, *riant.*

Oui, mais toujours bon diable. »

Charles acheta pour deux sous de papier noir, un sou de papier rouge et un sou de colle ; il rentra à la cuisine par la porte du jardin, avec précaution, regardant autour de lui s'il apercevait l'ombre de la tête de Mme Mac'Miche, écoutant s'il entendait son souffle bruyant. Tout était tranquille ; Betty était seule et travaillait près de la fenêtre.

« Betty, ma cousine est-elle chez elle? dit Charles à voix basse.

BETTY.

Oui ; elle a fait assez de tapage, je t'en réponds ; la voilà tranquille, maintenant ; prends garde qu'elle ne nous entende. »

Charles répondit par un sourire, fit voir à Betty son papier noir et rouge, sa colle, lui fit signe de n'y pas toucher et disparut. Il ne tarda pas à rentrer, tenant à la main un diable en papier pour ombres chinoises ; il le calqua, avec un morceau de charbon, au revers blanc de la feuille noire, et pria Betty de le découper en ployant la feuille double pour en avoir deux d'un coup. Puis il traça sur le papier rouge une grande langue qu'il eut double par le même moyen. Quand Betty eut terminé les découpures, elle mit un peu d'eau chaude dans la colle, l'étendit sur l'envers des diables et les colla sur la peau de Charles, qui riait sous cape de la peur qu'aurait sa cousine. Il était bien décidé à la provoquer, à l'agacer, jusqu'à ce qu'elle cédât à l'instinct méchant qui la portait sans cesse à le maltraiter.

Betty lui recommanda de bien laisser sécher la colle, de ne pas marcher, de ne pas s'asseoir surtout, jusqu'à ce que ce fût bien sec. Charles resta donc immobile pendant un quart d'heure environ. Au bout de ce temps, ils entendirent remuer, s'agiter dans la chambre de Mme Mac'Miche; puis elle appela :

« Betty ! Betty ! »

Betty monta, mais lentement, car elle craignait que les diables de Charles ne fussent pas encore bien collés, et il ne fallait pas surtout les laisser monter dans le dos ou descendre le long des jambes. Elle recommanda à Charles de tourner le dos au feu et de s'en approcher le plus près possible.

« Madame me demande? dit Betty entr'ouvrant la porte.

MADAME MAC'MICHE.

Certainement, puisque je t'appelle. »

Betty attendit les ordres de Mme Mac'Miche, qui la regardait, mais ne disait rien.

BETTY.

Est-ce que Madame est souffrante

MADAME MAC'MICHE.

Non, mais... je suis mal à mon aise; je suis inquiète... Où est Charles? Est-il rentré?

BETTY.

Il est en bas, Madame; il est rentré depuis longtemps.

MADAME MAC'MICHE.

Et... quel air a-t-il?

BETTY.

L'air gai et résolu; je crois bien que nous nous sommes trompées, et qu'il n'y a rien en lui... de..., des..., enfin Madame sait ce que je veux dire.

MADAME MAC'MICHE.

Oui, oui, je comprends; il vaut mieux, en effet, ne pas trop parler de..., des..., tu sais?

BETTY.

Madame a raison. Madame demande-t-elle autre chose?

MADAME MAC'MICHE.

Non..., oui,... c'est que je m'ennuie, et je voudrais avoir Charles pour qu'il écrivît une lettre que je vais lui dicter.

BETTY.

Je vais l'envoyer à Madame.

MADAME MAC'MICHE.

Tu es sûre qu'il n'y a pas de danger, qu'il a une figure... ordinaire?

BETTY.

Pour ça, oui, Madame, comme d'habitude.... Madame sait.

MADAME MAC'MICHE.

Oui, une sotte, méchante, détestable figure.... Envoie-le-moi de suite. »

Avant de partir, Betty secoua les oreillers du canapé, arrangea les tabourets, en mit un sous les pieds de sa maîtresse, essuya la table, tira les plis des rideaux, etc.

MADAME MAC'MICHE.

Que fais-tu donc? Va me chercher Charles; je te l'ai déjà dit. »

Betty poussa encore quelques meubles et descendit enfin à la cuisine, où elle trouva Charles se rôtissant de son mieux.

BETTY.

Est-ce sec, mon pauvre Charlot? Ta cousine te demande pour écrire une lettre.

CHARLES.

Sec, sec comme du parchemin; j'y vais. Nous allons avoir une scène terrible; laisse la porte ouverte, et si tu m'entends crier, arrive vite : c'est qu'elle aura deviné la farce et qu'elle me battrait pour de bon. »

Charles monta.

« Vous me demandez pour écrire, ma cousine? dit-il d'un air patelin; me voici à vos ordres. »

La cousine le regardait d'un air méfiant.

« Tiens, tiens, comme il est doux!... N'y aurait-il pas de féerie là-dessous?... pensa-t-elle. Écris, dit-elle tout haut, et prends garde que ce soit bien propre et lisible. »

Charles s'assit devant la table, prit une plume et attendit. Voici ce que dicta la cousine :

« Monsieur et cher ami, j'ai quelques petites éco-

« Misérable ! » s'écria-t-elle. (Page 103.)

nomies à placer; bien peu de chose, car mon neveu m'occasionne une dépense terrible; mais en me privant de tout, je parviens encore à mettre quelques sous de côté. Faites-moi savoir comment je puis vous envoyer cet argent; la poste est trop chère. Je vous salue très amicalement.

« CÉLESTE MAC'MICHE. »

La cousine prit la lettre, la signa; mais avant de la ployer et de la cacheter, elle voulut la relire. Charles ne la quittait pas des yeux et souriait en voyant le visage de Mme Mac'Miche s'empourprer et ses yeux s'enflammer.

« Misérable! s'écria-t-elle.

— Pourquoi cela, ma cousine? dit Charles naïvement.

#### MADAME MAC'MICHE.

Comment, petit scélérat, tu oses dénaturer, changer ma pensée! Tu oses encore redire ce mensonge infâme que tu as inventé ce matin!

#### CHARLES.

Je n'ai écrit que la vérité, ma cousine.

#### MADAME MAC'MICHE.

La vérité! Attends, je vais te faire voir ce que te vaut ta vérité. »

Et Mme Mac'Miche se jeta sur sa baguette.

Voici ce qu'avait écrit Charles :

« Monsieur et cher ami, j'ai beaucoup d'argent à placer; beaucoup, parce que mon neveu Charles ne me coûte presque rien; je le prive de tout, et je parviens ainsi à mettre de côté les intérêts presque entiers des cinquante mille francs que son père a placés chez moi avant sa mort au nom de son fils », etc., etc.

Mme Mac'Miche, se souvenant du carton qu'elle avait découvert le matin, arracha les boutons qui maintenaient la culotte de Charles ; elle allait commencer son exécution, quand elle aperçut les diables qui lui présentaient les cornes et qui lui tiraient la langue ; en même temps elle vit de la fumée s'élever et tourner autour de Charles, et elle se sentit suffoquée par une forte odeur de soufre. Les bras tendus, les yeux hagards, les cheveux hérissés, elle resta un instant immobile ; puis elle poussa un cri qui ressemblait à un rugissement plus qu'à un cri humain, et tomba tout de son long par terre. Ce cri épouvantable attira Betty, qui resta ébahie devant le spectacle qui s'offrit à sa vue : Mme Mac'Miche étendue à terre, tenant encore la baguette dont elle voulait frapper le malheureux Charles ; et celui-ci, tournant le dos à la porte, n'ayant pas encore rattaché sa culotte ni rabattu sa chemise, penché vers sa cousine qu'il cherchait à relever. Mais chaque fois qu'elle se sentait touchée par Charles, elle se roulait en poussant des cris ; Charles la poursuivait, elle roulant pour lui échapper, lui suivant pour la secourir, et présentant toujours à Betty les diables qui avaient eu un si brillant succès.

Betty parvint enfin à approcher Mme Mac'Miche et à dire à l'oreille de Charles :

En même temps elle vit de la fumée.

« Va-t'en, disparais ; j'arrangerai ça. »

Charles ne se le fit pas dire deux fois et s'échappa en maintenant à deux mains sa culotte qu'il reboutonna promptement ; il remit sur la cheminée la boîte d'allumettes, diminuée de six, qu'il avait adroitement fait partir au moment même où Mme Mac'Miche le déshabillait, et qui avaient si heureusement contribué à augmenter l'effroi de la cousine.

« Qu'est-il arrivé à Madame? s'écria hypocritement Betty, qui avait compris toute la scène et qui avait peine à dissimuler un sourire. Madame était donc seule? Je la croyais avec Charles.

MADAME MAC'MICHE.

Chasse-le, chasse-le! Il est possédé! Le juge avait raison ; je ne veux pas qu'il me touche! Chasse-le!

BETTY.

Mais Madame accuse Charles à tort ; il n'est pas ici ; il n'y était pas.

MADAME MAC'MICHE.

Il y est! Je suis sûre qu'il y est! Ce sont ces fées qui le cachent. Cherche-le ; chasse-le!

BETTY.

Mon Dieu! Madame me fait peur. Il n'y a ni Charles, ni fées.

MADAME MAC'MICHE.

Si fait, si fait! Il a le diable dans sa culotte! Deux diables!

BETTY.

Oh! Madame! les diables n'auraient pas le mauvais goût de se loger dans une place pareille! Ça leur ferait une demeure pas trop propre, avec ça que la culotte de ce pauvre Charles est si vieille, en si mauvais état.

MADAME MAC'MICHE.

Je te dis que je les ai vus, de mes yeux vus! Ils m'ont fait les cornes et ils m'ont tiré la langue. Et Charles était tout en feu et enveloppé de fumée.

BETTY.

C'est donc ça qu'on sent un drôle de goût chez Madame?

MADAME MAC'MICHE.

Je crois bien! ça sent le soufre! le parfum favori des fées et du diable.

BETTY.

Ah! mon Dieu! c'est pourtant vrai! Mais Charles, où est-il?

MADAME MAC'MICHE.

Les fées l'auront emporté! Il n'y a pas de mal! Pourvu qu'elles ne le lâchent pas.

BETTY.

Oh! Madame! C'est pourtant terrible! Ce pauvre garçon! Jugez donc! en société des fées! C'est ça qui est mauvaise compagnie! Dieu sait ce qu'il y apprendrait!... Mais... je crois que je l'entends à la cuisine; je vais voir. »

Et avant que Mme Mac'Miche eût pu l'arrêter, Betty courut à la cuisine pour prévenir Charles de ce qui venait de se passer, pour lui expliquer le rôle qu'il allait avoir à jouer, et pour lui dire de ne pas la démentir quand elle soutiendrait à

Betty parvint enfin à approcher Mac Niche.

Mme Mac'Miche qu'il n'y avait ni fées ni diables empreints sur sa peau. Elle remonta, amenant Charles par la main. Mme Mac'Miche poussa un cri d'effroi.

BETTY.

Madame n'a pas besoin d'avoir peur. Tout ça, c'est quelque chose qui a passé devant les yeux de Madame. Que Madame le regarde; il n'a rien du tout, ni feu ni fumée.

MADAME MAC'MICHE, *avec terreur*.

Oui! mais les diables! les diables!

BETTY, *hypocritement*.

Il n'y a rien du tout; pas plus de diables que sur ma main. Que Madame voie elle-même! Défais ta culotte, mon garçon! N'aie pas peur, c'est pour rassurer ta pauvre cousine! »

Charles obéit et se retourna vers sa cousine au moment où Betty disait :

« Madame voit! Il n'y a rien, que quelques marques des coups déjà anciens. »

Mme Mac'Miche regarda, poussa un nouveau cri de terreur, et, d'un geste désespéré, indiqua à Betty de faire sortir Charles. Betty obéit et resta en bas, où elle donna un libre cours à sa gaieté; Charles rit aussi de bon cœur, et triompha du succès de son stratagème. Il avait fait bien mieux encore! Le traître avait saisi la lettre dictée, signée par Mme Mac'Miche et l'enveloppe préparée d'avance; il apprit ainsi l'adresse de l'ami de Mme Mac'Miche, qu'il avait ignorée jusqu'alors. Betty riait et s'occupait du dîner, pendant que Charles pliait, cachetait la lettre et complétait ainsi le tour qu'il venait de jouer à sa cousine.

Quand le dîner fut prêt, Mme Mac'Miche refusa de descendre, de peur de se trouver en présence de Charles, qu'elle croyait toujours en rapport avec les fées. Betty eut beaucoup de peine à la rassurer et à lui persuader qu'elle n'aurait rien à craindre de Charles en ne le touchant pas et en ne se laissant pas toucher par lui. Ce dernier raisonnement convainquit Mme Mac'Miche ; quand elle entra, elle se hâta de jeter quelques gouttes d'eau de la fontaine des fées sur elle-même, et, en se mettant à table, elle en lança une si forte dose à la figure de Charles, qui ne s'attendait pas à cette aspersion, qu'il en fut aveuglé ; il fit un mouvement involontaire accompagné d'un « Ah ! » bien accentué.

### MADAME MAC'MICHE.

Tu vois, tu vois, Betty, l'effet de l'eau de fontaine sur ce protégé des fées.

### CHARLES.

Mais vous m'en avez jeté dans les yeux, ma cousine ! Comment voulez-vous que j'aie réprimé un premier mouvement de surprise ?

### BETTY.

Mon Dieu oui ! Ce n'est pas l'eau des fées qui l'a fait tressaillir, c'est l'eau dans les yeux. »

Mme Mac'Miche ne dit plus rien ; elle se mit à table et mangea silencieusement, en ayant bien soin de ne laisser Charles toucher à aucun des objets dont elle faisait usage. Après dîner elle examina la physionomie de Charles ; elle n'aperçut rien de suspect, sinon une violente envie de rire qu'il comprimait difficilement.

MADAME MAC'MICHE.

De quoi ris-tu, petit Satan?

CHARLES.

De la frayeur que je vous inspire, ma cousine; vous venez de me regarder d'un air terrifié que je ne vous avais pas vu encore.

MADAME MAC'MICHE.

Si j'avais su plus tôt faire société avec un ami des fées, tu m'aurais vue te regarder ainsi toutes les fois que je te voyais.

CHARLES.

Mais je ne comprends pas, ma cousine, pourquoi vous me comptez parmi les camarades des fées. Je crains, moi, que ce ne soit vous qui soyez en faveur près d'elles, puisque vous voyez des choses que Betty ne voit pas.

MADAME MAC'MICHE, *hors d'elle.*

Tais-toi! tais-toi!... Horreur!... Moi amie des fées!... Et tu oses dire un pareil blasphème! Ah! si je ne craignais de te toucher, tu me le payerais cher!

CHARLES.

Je remercie bien vos amies les fées de la terreur qu'elles vous inspirent.

MADAME MAC'MICHE.

Betty, Betty, ôte-le! Mets-le où tu voudras; je ne veux plus le voir, l'entendre! »

Et Mme Mac'Miche monta dans sa chambre, prit son châle, son chapeau, et sortit en menaçant

Charles du poing. Celui-ci était enchanté du bon service que lui avaient rendu ses diables en papier.

# IX

## MADAME MAC'MICHE SE VENGE

Au lieu d'aller faire la lecture à sa cousine, Charles se trouvait libre; il profita de son loisir pour aider Betty à ôter le couvert, à laver la vaisselle, à récurer les casseroles; Betty voulut en vain l'en empêcher.

**CHARLES.**

Laisse, laisse, Betty, je ne trouve pas souvent l'occasion de te rendre de petits services; ne m'enlève pas cette satisfaction; je t'aime et je ne peux jamais te le prouver.

**BETTY.**

Je t'aime bien aussi, mon pauvre Charlot, quoique tu sois un peu diable quelquefois.

**CHARLES.**

Oh! mais pas avec toi, Betty?

**BETTY.**

Avec moi, jamais. Et que vas-tu faire quand

nous aurons fini? Moi, j'ai mon linge à raccommoder.

### CHARLES.

Et moi, j'irai chez Juliette; j'aiderai là-bas à leur ménage; j'y trouve toujours à faire. »

Charles continua son travail, qu'il ne laissa pas inachevé. Quand tout fut nettoyé, rangé, mis en ordre, il embrassa Betty et courut chez Juliette; elle pleurait.

Charles lui saisit les mains et les baisa.

« Juliette, ma bonne Juliette, qu'as-tu? Pourquoi pleures-tu?

### JULIETTE.

Oh! Charles, Charles! Je viens de voir ma cousine Mac'Miche; j'ai bien du chagrin!

### CHARLES.

La méchante! la misérable! Que t'a-t-elle dit? Qu'a-t-elle fait? Dis-moi vite, Juliette, que je tâche de te venger!

### JULIETTE.

Hélas! mon pauvre Charles, si j'ai du chagrin, c'est par rapport à toi. Ma cousine m'a dit qu'elle allait te mettre dès ce soir chez les frères Old Nick, ces deux messieurs nouvellement établis à une demi-lieue du bourg, dans le Fairy's Hall, où ils prennent les enfants détestés de leurs parents, ou bien les pauvres abandonnés. Ces deux frères ont une espèce de pension particulière où les enfants sont, dit-on, si terriblement traités....

### CHARLES.

Comment? on m'enfermera là, dans ces vieilles

ruines du vieux château, où il revient, dit-on, des esprits? On m'enfermera, et je ne te verrai plus, toi, Juliette, qui es ma providence? toi qui fais près de moi l'office de mon ange gardien? toi qui as conservé en moi le peu de bon que j'avais?

### JULIETTE.

Oui, mon ami, oui ; elle te mettra là-bas, et je ne t'entendrai plus, je ne pourrai plus te conseiller, te consoler, te faire du bien, te calmer, t'adoucir, te témoigner l'amitié que j'ai pour toi. Oh! Charles, si tu es malheureux, je suis bien malheureuse aussi. Toi et Marianne, vous êtes les seuls que j'entende avec plaisir près de moi, avec lesquels je ne me gêne pas pour demander un service, pour dire ma pensée, que j'attends avec impatience, que je vois partir avec regret. »

Juliette pleura plus fort. Charles se jeta à son cou, l'embrassant, maugréant contre sa cousine, rassurant Juliette.

### CHARLES.

Ne t'afflige pas, Juliette, ne t'afflige pas; je n'y resterai pas; je te promets que je n'y resterai pas; si la vieille mégère m'y fait entrer aujourd'hui, avant quinze jours je serai près de toi; je te soignerai comme avant. Je te le promets.

### JULIETTE.

C'est impossible, mon pauvre Charles; une fois que tu seras là, il faudra bien que tu y restes.

### CHARLES.

Je m'en ferai chasser, tu verras.

**JULIETTE.**

Comment feras-tu ? Ne va pas commettre quelque mauvaise action.

**CHARLES.**

Non, non, seulement des farces.... Mais avant de me laisser coffrer, je vais jouer un tour à ma cousine, et un fameux, dont elle ne se relèvera pas.

— Charles ! s'écria Juliette effrayée, je te le défends ! Je t'en prie, ajouta-t-elle doucement et tristement.

**CHARLES.**

Mais, ma bonne Juliette, je ne veux ni la battre ni la tuer ; je veux seulement écrire à M. Blackday, qui fait ses affaires, pour le supplier de venir à mon secours, de me défendre contre ma cousine, et de me débarrasser de sa tutelle, afin que je puisse loger ailleurs que chez elle. Il n'y a pas de mal à cela, n'est-ce pas ?

**JULIETTE.**

Non, mon ami, aucun, et tu feras bien d'écrire à ce monsieur.

**CHARLES.**

Puisque tu approuves, je vais écrire tout de suite.

**JULIETTE.**

Oui, mets-toi à la table de ma sœur ; dans le tiroir à droite, tu trouveras ce qu'il faut pour écrire ; je ne te dérangerai pas, je tricoterai. »

Charles s'assit près de la table et se mit à l'ouvrage. Il écrivit longtemps. Quand il eut fini, il poussa un soupir de satisfaction.

« C'est fait ! Veux-tu que je te lise ma lettre, Juliette ?

JULIETTE.

Certainement, je serai charmée de l'entendre.

CHARLES, *lit*.

« Monsieur, je ne vous connais pas du tout, et je crains que vous me connaissiez beaucoup et mal par ma cousine Mac'Miche. Je suis si malheureux chez elle que je ne peux plus y tenir ; elle me bat tellement, malgré toutes mes inventions pour moins sentir mes coups, que j'en ai sans cesse des meurtrissures sur le corps ; Betty, la servante, et Marianne et Juliette Daikins, mes cousines, certifieront que je dis la vérité. Je voudrais être bon, et cela m'est impossible avec ma cousine Mac'Miche. Voilà qu'elle veut m'enfermer dans le château de MM. Old Nick, où on ne reçoit que les scélérats. Et puis, elle me dit toujours que je suis un mendiant, et je sais qu'elle a cinquante mille francs qui sont à moi, puisque c'est mon père qui les a placés chez elle ; vous n'avez qu'à en parler à M. le juge de paix, il vous dira comment il le sait. Je vous en prie, mon bon Monsieur, faites-moi changer de maison, placez-moi chez mes cousines Daikins, qui sont si bonnes pour moi, qui me donnent de si bons conseils, et qui cherchent à me rendre sage. Chez elles, je pourrai le devenir ; chez ma cousine Mac'Miche, jamais.

« Adieu, Monsieur ; ayez pitié de moi, qui suis votre reconnaissant serviteur,

« CHARLES MAC'LANGE. »

— C'est bien, dit Juliette; seulement, avant de demander à venir demeurer chez nous, tu aurais dû en parler à ma sœur. Je ne sais pas si elle voudra se charger de ton éducation.

#### CHARLES.

Et toi, Juliette, voudras-tu me laisser demeurer avec toi?

#### JULIETTE.

Oh! moi, tu sais bien que j'en serais enchantée; je te ferais prier le bon Dieu avec moi; tu me lirais de bons livres; tu me conduirais à la messe, puis chez des pauvres. Je serais bien heureuse, moi!

#### CHARLES.

Eh bien, Juliette, si tu le veux, tu le demanderas à Marianne qui t'aime tant, et qui ne te refusera pas. Tu le demanderas, n'est-ce pas?

#### JULIETTE.

Mais, mon pauvre Charles, nous ne savons pas si ce monsieur t'écoutera, s'il fera ce que tu lui demandes. Attendons qu'il t'ait répondu.

#### CHARLES.

A propos, moi qui oublie de lui donner mon adresse chez toi! »

Charles ajouta au bas de sa lettre :

« Rue du Baume-Tranquille, n° 3, chez Mlles Dai-
« kins. » Ça fait que lorsque la réponse arrivera, Marianne l'ouvrira, te la lira, et me la remettra quand je viendrai. Je vais aller porter ma lettre à la poste avec celles de ma cousine; elles sont dans ma poche. »

Charles mit les lettres dans le post-office, et, avant de rentrer chez Juliette, il passa à la maison pour raconter à Betty ce qu'il venait d'apprendre des méchantes intentions de Mme Mac'-Miche.

Mme Mac'Miche n'était pas rentrée. En sortant de chez Juliette, elle avait été chez M. Old Nick et lui avait proposé de prendre Charles en pension.

« A-t-il père et mère? demanda Old Nick d'un ton bourru.

#### MADAME MAC'MICHE.

Ni père, ni mère, ni oncle, ni tante. Je suis sa seule parente, et c'est pour cela que je l'ai pris chez moi et que je dispose de lui sans que personne ait à s'en mêler. C'est un garçon insupportable, odieux, qui a tous les vices, ce qui n'est pas étonnant, car... je crois..., je soupçonne... qu'il est aidé,... soutenu par..., par... les fées, ajouta-t-elle en parlant très bas et regardant autour d'elle avec crainte.

#### OLD NICK.

Hum! Je n'aime pas ça.... Je n'aime pas à avoir affaire à..., à... ces dames. Il faudra augmenter sa pension d'après cela.

— Comment! s'écria Mme Mac'Miche avec effroi. Augmenter... la pension?... Mais je me trompe peut-être; ce n'est qu'une supposition,... une idée.

#### OLD NICK.

Idée ou non, vous l'avez dit, ma bonne dame. Ce sera six cents francs au lieu de quatre cents. »

Mme Mac'Miche voulut en vain prouver à Old Nick qu'il avait tort d'ajouter foi à des paroles dites en l'air. Il tint bon et refusa de la débarrasser de Charles à moins de six cents. Elle consentit enfin en soupirant et en formant le projet de ne rien payer du tout.

#### MADAME MAC'MICHE.

Vous voulez donc bien à ces conditions, Monsieur Old Nick, vous charger de mon vaurien? Il est difficile; je vous ai prévenu; on n'en vient à bout qu'en le rouant de coups.

#### OLD NICK.

Soyez tranquille, Madame; nous connaissons ça. Nous en viendrons à bout; j'en ai déjà une douzaine qui m'ont été confiés pour les réduire; ils ne résistent plus, je vous en réponds. Nous vous rendrons le vôtre docile comme un agneau.

#### MADAME MAC'MICHE.

Je ne vous le redemanderai pas; gardez-le tant qu'il vivra; je n'y tiens pas.

#### OLD NICK.

Et nous convenons que j'en ferai ce que je voudrai, que personne ne viendra le visiter, que sa pension sera payée régulièrement tous les trois mois, et toujours d'avance, sans quoi je ne le garde pas un jour.... Je n'aime pas, ajouta Old Nick en se grattant l'oreille, qu'il soit soupçonné d'être en rapport avec... les dames[1].... Mais puisqu'il paye

---

1. En Écosse on nomme les *fées* le moins souvent possible, de peur de les attirer; en parlant d'elles on dit : *the ladies*, *les dames*.

deux cents francs de plus... je le prends tout de même. Quand me l'enverrez-vous ?

MADAME MAC'MICHE.

Demain matin ; ce soir, si vous voulez.

OLD NICK.

Va pour ce soir ; je l'attends.

MADAME MAC'MICHE.

Bon ! C'est convenu pour ce soir. »

Mme Mac'Miche allait sortir ; Old Nick la retint et dit :

« Nous n'avons pas réglé le payement de la pension ; trois mois d'avance, payés ce soir en amenant le garçon.

MADAME MAC'MICHE.

C'est bien, c'est bien, je vous enverrai ça.

OLD NICK.

Avec l'enfant ?

MADAME MAC'MICHE.

Oui, oui, vous me l'avez déjà dit. »

Et Mme Mac'Miche, qui n'aimait pas qu'on lui parlât argent, s'éloigna précipitamment. Elle rentra chez elle au moment où Charles sortait pour retrouver Juliette, après avoir mis Betty au courant des projets de sa cousine et de sa résolution à lui bien arrêtée de les contrarier par tous les moyens possibles.

MADAME MAC'MICHE.

Restez là, Monsieur ; Betty, fais un paquet des effets de ce vaurien, et mène-le de suite chez M. Old Nick, à Fairy's Hall. »

Betty consternée ne bougea pas.

MADAME MAC'MICHE.

Tu n'entends pas ce que je te dis ?

BETTY.

Madame n'aura pas le cœur de placer ce pauvre Charles chez M. Old Nick ? Madame sait que cette maison, c'est pis que les galères ; l'on y bat les enfants, que c'est une pitié.

MADAME MAC'MICHE.

Il ira chez M. Old Nick.

BETTY.

Si Charles quitte la maison, je n'y resterai certainement pas sans lui.

MADAME MAC'MICHE.

Tant mieux, va-t'en de suite ; je voulais tout juste te dire de chercher une condition. »

Betty ne dit rien ; elle monta dans sa chambre, fit sa petite malle, alla faire le paquet de Charles, auquel elle ajouta quelques effets à elle, comme mouchoirs, bas, gilets tricotés, et descendit tenant sa malle d'une main, et de l'autre le petit paquet du pauvre Charles.

« Viens, mon ami, lui dit-elle, tu ne seras pas plus malheureux ni plus battu chez le méchant Old Nick que tu ne l'as été ici ; il n'y a pas de regret à avoir en cette maison.

— Je ne te verrai plus, Betty ? dit tristement Charles.

BETTY.

Qui sait ? Je vais tâcher de me placer chez M. Old Nick ; il cherche toujours des servantes. Peut-être y a-t-il place pour moi dès aujourd'hui.

CHARLES.

Quel bonheur, Betty ! Je ne serai pas tout à fait malheureux, te sachant si près de moi. »

Avant de franchir le seuil de la porte, il se retourna vers Mme Mac'Miche, qui voyait échapper sa proie avec satisfaction et colère : d'une part, la joie du gain qu'elle ferait ne payant pas la pension de Charles et n'ayant plus à l'entretenir; d'autre part, la rage de n'avoir plus personne à tourmenter, et de les voir partir heureux de la quitter.

« Adieu, ma cousine, dit Charles; quand je serai grand, je viendrai vous redemander mes cinquante mille francs, intérêts et capital, comme vous disiez. »

Mme Mac'Miche prit un balai pour faire ses derniers adieux à Charles, mais d'un bond il avait déjà rejoint Betty quand le balai retomba et brisa un carreau de la porte. Ils se sauvèrent, laissant Mme Mac'Miche crier et pleurer sur son carreau cassé; elle ne voulut pas faire la dépense d'un carreau neuf et boucha l'ouverture avec une feuille de papier qu'elle fit tenir avec le reste de la colle de Charles.

# X

## DERNIER EXPLOIT DE CHARLES

**CHARLES.**

Betty, laisse-moi faire mes adieux à Marianne et à Juliette avant d'entrer dans cette maison. Je n'y resterai pas longtemps; dans peu de jours, j'espère être revenu chez Juliette.

**BETTY.**

Et moi, donc! Tu me laisseras chez ce vieux Old Nick?

**CHARLES.**

Je t'avertis, précisément pour que tu ne t'engages pas pour longtemps.

**BETTY.**

Bien mieux; j'entrerai à l'essai, à la journée.

**CHARLES.**

Très bien; et en sortant de là, nous irons chez Juliette.

**BETTY**

Mais tu parles d'en sortir comme si tu en étais

certain. Ils voudront te garder une fois qu'ils te tiendront.

### CHARLES.

Pas de danger, va; je leur rendrai la vie dure, et puis ma cousine ne payera pas; je ne leur serai pas profitable.

### BETTY.

Toujours le même! Tu ne rêves que tours à jouer.

### CHARLES.

Puisqu'on m'oblige toujours à la vengeance!

### BETTY.

Juliette va te prêcher, va! Nous voici justement arrivés; reste avec elle pendant que j'irai voir à Fairy's Hall si je peux m'y caser le temps que tu y seras. »

Betty déposa sa malle et le paquet de Charles chez les Daikins, et partit pour arranger son affaire.

« Eh bien, Charles, quelles nouvelles? demanda Juliette avec plus de vivacité qu'elle n'en mettait ordinairement.

### CHARLES.

Elle t'avait bien dit; Betty va me mener ce soir à Fairy's Hall.

### JULIETTE.

Pauvre, pauvre Charles! J'espérais encore qu'elle n'aurait pas le cœur de le faire.

### CHARLES.

Cœur! Si elle en avait un, oui; on pourrait espérer. Mais où est-il son cœur? Dans son coffre-fort.

#### JULIETTE.

Et quand on met son cœur avec son argent, la malédiction de Dieu est dans la maison.

#### CHARLES.

Aussi je suis bien aise d'en être sorti; j'aurai quelques mauvais jours à passer, je le sais; mais après je serai ici avec vous. As-tu vu Marianne? Lui as-tu parlé?

#### JULIETTE.

Non, pas encore; mais elle ne tardera pas à rentrer pour souper. Je voudrais bien que tu fusses délivré de M. Old Nick dans quelques jours, comme tu dis; mais....

#### CHARLES.

Mais tu ne le crois pas. Tu verras. En attendant, Juliette, il faut que j'aille faire une visite au juge de paix.

#### JULIETTE.

Pour quoi faire? Il ne peut rien pour toi.

#### CHARLES.

Si fait; je vais le prévenir de ce que fait ma cousine et de la lettre que j'ai écrite à l'ami de ma cousine Mac'Miche; et puis je lui demanderai de me protéger et de me faire demeurer chez vous. Au revoir, Juliette. »

Charles sortit et revint une demi-heure après; il avait l'air enchanté.

« J'ai bien fait d'y aller, Juliette; M. le juge a été très bon pour moi; il m'a demandé l'adresse de l'ami de ma cousine Mac'Miche; il m'a promis de venir voir Marianne pour les cinquante mille francs de mon père; il m'a donné en riant la permission de me faire renvoyer de Fairy's Hall et de venir demeurer chez toi, si Marianne veut bien le permettre; et comme je lui disais que vous étiez pauvres, il m'a dit qu'il retirerait mon argent de chez ma cousine, et qu'il le confierait à Marianne, qui sera ma tutrice. Je serai bien content de tout ça, et que Marianne soit ma tutrice! »

Juliette partagea le bonheur de Charles, et tous deux firent des projets d'avenir, dans lesquels Charles devait mener la vie d'un saint. Quand Betty rentra, elle les trouva heureux de ce prochain espoir.

#### BETTY.

J'entre ce soir chez le vieux Old Nick, moyennant qu'il ne me paye pas les journées d'essai que j'y passerai.

#### JULIETTE.

Comment vous a semblé la maison, Betty?

#### BETTY.

Pas belle, pas bonne; sale, triste; les enfants ont l'air misérable; les maîtres ont l'air mauvais; les domestiques ont l'air malheureux.

#### CHARLES.

Mais... alors... toi, ma bonne Betty, tu seras malheureuse?

#### BETTY.

Ah bah! Quelques jours seront bien vite passés. Et puis, je saurai me défendre: j'ai bec et ongles, et tant que tu seras là, j'y serai aussi.

#### JULIETTE.

Merci, Betty, merci pour mon pauvre Charles. »
Charles sauta au cou de Betty.

« Et moi aussi, ma bonne, ma chère Betty, je te remercie du fond du cœur. Et quand je serai ici, tu viendras aussi, et je payerai tout avec mon argent.

#### BETTY.

Ha! ha! ha! Comme tu arranges ça, toi! Nous verrons, nous verrons; en attendant, faisons nos adieux à Juliette et marchons à la victoire, car nous en viendrons à bout, à nous deux. »

Marianne entra au moment où Charles demandait à l'attendre; il lui raconta tout ce qui venait d'arriver, sa lettre à l'ami de sa cousine Mac'Miche, sa visite au juge, son vif désir de venir demeurer chez elles, etc.

Marianne écouta attentivement, réfléchit un instant, parla bas à Juliette, qui commença par pleurer, ensuite elle parla vivement, et finit par baiser les mains de Marianne et par l'embrasser tendrement.

#### MARIANNE

Juliette me le demande; je veux bien te prendre, Charles; mais à la condition que si tu tourmentes Juliette, si tu me désobéis, si tu te mets en colère....

#### CHARLES.

Jamais, jamais, Marianne; jamais, je le jure! Je serai votre esclave; je ferai tout ce que voudra Juliette, j'embrasserai ma cousine Mac'Miche si Juliette me l'ordonne; je serai doux, doux comme Juliette.

**BETTY,** *riant.*

Veux-tu te taire, vif-argent! Tu en dis trop! La bonne volonté y est, mais le naturel aussi. Tu seras aussi bon, aussi obéissant, aussi doux que tu pourras l'être; mais tu seras toujours salpêtre. »

Charles regarda d'un air inquiet Marianne qui paraissait ébranlée, et Juliette qui semblait mécontente.

**JULIETTE,** *vivement.*

Puisque Charles promet, nous pouvons le croire, Betty; il n'a jamais manqué à sa parole. D'ailleurs il serait cruel et coupable de lui refuser son dernier asile; il n'a de parents, après Mme Mac'Miche, que Marianne et moi; et si nous le refusons, il sera à la merci du premier venu. N'est-ce pas, Marianne?... Réponds, Marianne, je t'en conjure.

**MARIANNE,** *avec hésitation.*

Je crois comme toi que c'est un devoir pour nous; il dépend de Charles de le rendre agréable ou pénible.

**CHARLES.**

Croyez-en ma parole, Marianne; vous n'aurez pas à regretter votre acte de condescendance envers Juliette et de charité envers moi.

**JULIETTE.**

Oh! Charles! charité! Pourquoi dis-tu cela?

**CHARLES,** *ému.*

Parce que c'est réellement une charité que vous me faites; tu le sens bien, quoique tu ne veuilles pas l'avouer, de peur de me blesser. Mais ce qui est vrai ne me blesse jamais, Juliette; le mensonge et l'injustice seuls m'irritent.

**MARIANNE.**

Allons, allons, tout ça est la vérité vraie; c'est superbe, c'est touchant; mais il faut partir, pour arriver avant le coucher de M. Old Nick. »

Charles embrassa affectueusement Marianne, très tendrement Juliette, courut à la porte, et sortit sans tourner la tête, de peur de voir Juliette pleurer son départ. »

Ni lui ni Betty ne dirent mot jusqu'à la porte de Fairy's Hall. Betty frappa, on ouvrit, et ils franchirent le seuil de leur prison. Un homme de la maison fut chargé de les conduire au concierge. Betty lui adressa quelques questions qui n'obtinrent aucune réponse : l'homme était sourd à ne pas entendre le tonnerre; c'était lui qui était sonneur de la maison, concierge et fouetteur.

« Du monde, monsieur, dit l'homme sourd en introduisant Betty et Charles dans le cabinet de M. Old Nick.

**OLD NICK.**

C'est vous qui entrez à mon service et qui m'amenez ce garçon?

**BETTY.**

C'est moi, Monsieur, qui entre chez vous gratis, à l'essai, et qui vous amène Charles Mac'Lance dans les mêmes conditions.

**OLD NICK.**

Hé quoi! gratis? J'ai demandé trois mois payés d'avance. Où sont-ils? donnez-les-moi.

BETTY.

Mme Mac'Miche ne m'a rien donné, Monsieur, qu'un petit paquet des effets de Charles.

OLD NICK, *sèchement*.

Je ne reçois jamais un élève sans être payé d'avance. Va-t'en, mon garçon; je n'ai pas besoin de toi.

BETTY.

Monsieur ne veut pas de Charles?

OLD NICK.

Sans argent, non.

BETTY.

Allons, nous allons nous en retourner. Bien le bonsoir, Monsieur.

OLD NICK, *vivement*.

Pas vous, pas vous! Je vous garde; j'ai besoin de vous.

BETTY.

Je n'entrerai pas ici sans Charles, Monsieur.

OLD NICK.

Ah çà! mais qu'est-ce qui vous prend, la fille? Je vous ai prise gratis; mais lui doit payer.

BETTY.

C'est Mme Mac'Miche que ça regarde; moi, je ne quitte pas mon élève.

OLD NICK.

Ah! c'est votre élève! Ecoutez, je veux bien le garder huit jours; mais au bout de ce temps, si je ne suis pas payé du trimestre, je le flanque à la porte (elle m'aura toujours servi huit jours pour rien: ça payera plus que la nourriture de ce

« C'est vous qui entrez à mon service ? » (Page 122.)

garçon, se dit-il). Toi, va à l'étude, mon garçon; et vous, allez à la cuisine; ma femme y est seule; il faut l'aider. »

Betty mena Charles jusqu'à la porte qu'on lui indiqua, et alla elle-même à la recherche de la cuisine.

Lorsque Charles entra à l'étude, tous les yeux se portèrent sur lui : le surveillant le regardait d'un œil sournois et méfiant; les enfants examinaient le nouveau venu avec surprise; son air décidé et espiègle semblait annoncer des événements inaccoutumés et intéressants.

Cette première soirée n'offrit pourtant aucun épisode extraordinaire. Charles n'avait pas de devoirs à faire; il s'assit sur l'extrémité d'un banc et s'y endormit. Il fut réveillé en sursaut par un gros chat noir qui lui laboura la main d'un coup de griffe; Charles riposta par un coup de poing qui fit dégringoler par terre ce nouvel ennemi du repos et de la douceur de Charles. Le chat se réfugia en miaulant sous le banc du surveillant. Celui-ci lança au nouveau venu un regard foudroyant et sembla indécis entre la paix ou la guerre. Après un instant de réflexion il se décida pour une paix... provisoire.

Deux jours se passèrent assez paisiblement pour Charles; il employait utilement son temps à faire connaissance avec les usages de la maison et avec les enfants, dont il observa les caractères divers; il eut bientôt reconnu ceux, très nombreux, auxquels il pouvait se fier et ceux, très rares, qui le trahiraient à l'occasion. Il les interrogea sur les bruits qui couraient dans le bourg, de fées qui troublaient le repos des nuits, d'apparitions de fantômes, d'hommes noirs, etc. Tous en avaient connaissance, mais jamais personne n'avait vu ni entendu rien de semblable; ce qui n'empêcha pas Charles de concevoir des projets dont les fées devaient être la base principale.

Charles voyait souvent Betty, car c'était elle qui aidait à la cuisine, qui faisait les chambres, qui balayait les salles d'étude, etc. Il la tenait au courant de tout, et Betty devait lui venir en aide pour divers tours qu'il projetait.

Pendant ces deux jours, Charles n'avait pas encore travaillé avec ses camarades; on l'avait laissé prendre connaissance des études et de la discipline sévère de la maison; il avait été témoin de plusieurs punitions, lesquelles se réduisaient toutes au fouet plus ou moins sévèrement appliqué. Il n'avait eu aucun démêlé avec les surveillants, ne s'étant pas encore trouvé en rapport de travail avec eux; mais il avait eu quelques discussions avec le protégé des surveillants, un gros chat noir qui semblait l'avoir pris en haine et qui ne perdait aucune occasion de le lui témoigner. Charles lui rendait, avec usure, ses sentiments d'antipathie et ses mauvais procédés; ainsi, dès les premiers jours de son arrivée, il se trouva en tête-à-tête avec son ennemi dans un cabinet retiré; tous deux se précipitèrent l'un sur l'autre. Charles attrapa un coup de griffe formidable, qu'il paya d'un bon coup de

« Est-ce la place d'un élève, près de moi, sur une estrade? » (Page 142.)

poing. Le chat sauta à la poitrine de Charles, qui le saisit à la gorge, maintint avec son genou la tête et le corps de son antagoniste, tira de sa poche une ficelle, qu'il attacha à la queue du chat après avoir attaché à l'autre bout une boule de papier; puis il ouvrit la porte et lâcha l'animal, qui disparut en un clin d'œil, traînant après lui ce papier dont le bruit et les bonds lui causaient une frayeur épouvantable. Charles était rentré dans l'étude lorsque le chat s'y précipita à la suite d'un élève qui arrivait; chacun tourna la tête à ce bruit. Le maître appela son favori, le délivra de son instrument de torture et promena un regard furieux et scrutateur sur tous les élèves; mais il ne put découvrir aucun symptôme de culpabilité sur ces physionomies animées par la curiosité et par une satisfaction contenue. Tous avaient à se plaindre de la méchanceté de ce chat, et tous triomphaient de sa première défaite. Le maître interrogea les élèves et n'obtint que des réponses insignifiantes; Charles parut innocent comme les autres; son premier mot fut : « Pauvre bête! comme c'est méchant! » L'affaire resta donc à l'état de mystère, et le coupable demeura impuni.

C'était la première fois que chose pareille arrivait; les élèves, plus fins que le surveillant, flairèrent le savoir-faire du nouveau venu, et lui accordèrent une part plus grande dans leur estime et leur confiance.

Il fallut pourtant que Charles commençât à travailler comme les autres. Le troisième jour, après une série d'exécutions auxquelles assistèrent les enfants comme d'habitude, Boxear, le surveillant, signifia à Charles qu'il allait désormais assister aux leçons et faire ses devoirs comme ses camarades. Charles en fut satisfait. C'était du nouveau pour lui ; il avait le désir d'apprendre et il écouta avec une attention soutenue.

Après la leçon on commença l'étude ; les élèves se placèrent devant leurs pupitres ; Charles n'en avait pas encore, il demanda où il devait travailler.

BOXEAR.

A votre pupitre, Monsieur.

CHARLES.

Lequel, Monsieur ?

BOXEAR.

Le premier vacant. »

Charles en aperçut un inoccupé près du surveillant ; c'était celui du remplaçant. Charles alla s'y placer.

Boxear se retourna vers lui, croisa ses bras et le regarda d'un air indigné :

« Avez-vous perdu la tête, petit drôle ? dit-il. Est-ce la place d'un élève, près de moi, sur une estrade ?

CHARLES.

Ma foi ! Monsieur, est-ce que je sais, moi ? Est-ce que je peux deviner, moi ? Vous me dites : le premier vacant ; j'aperçois celui-ci, je le prends.

BOXEAR.

Ah !... Monsieur est beau parleur ! Monsieur est raisonneur ! Monsieur est insubordonné, révolu-

Il le fit tournoyer en l'air et le lança sur le pupitre du surveillant. (Page 146.)

tionnaire, etc. Voilà comme nous venons à bout des beaux parleurs (il lui tire les cheveux); des raisonneurs (il lui donne des claques); des insubordonnés (il lui donne des coups de règle); des révolutionnaires (il lui donne des coups de fouet). Allez, Monsieur, chercher un pupitre vacant. »

Charles n'avait pas poussé un cri, pas laissé échapper un soupir; les visières du cousin Mac'-Miche, qui occupaient toujours leur poste de préservation, avaient été pour beaucoup dans ce courage héroïque; il jeta un coup d'œil dans la salle et alla prendre place près d'un garçon de son âge à peu près et qui avait des larmes dans les yeux. « Celui-ci est bon, se dit-il; il ne me trahira pas à l'occasion. »

Le maître l'examinait avec attention ; « il ne sera pas facile à réduire, pensa-t-il ; pas une larme, pas une plainte ! Il faudra bien pourtant en venir à bout. »

« Minet! » appela le maître. Le chat noir à l'air féroce répondit par un miaulement enroué qui ressemblait plutôt à un rugissement, et sauta sur la table de son maître. Celui-ci fit une grosse boulette de papier, la fit voir au chat, qui fit gros dos, leva la queue, dressa les oreilles, et suivit de l'œil tous les mouvements du maître, jusqu'à ce que la boulette lancée fût retombée sur la tête de Charles. Il poussa un second miaulement rauque et d'un bond fut sur la tête et sur les épaules de son ennemi, qu'il se mit à mordre et à griffer, tout en poursuivant la boulette qui roulait sous ses griffes et ses dents.

Charles se défendit de son mieux, lui tira les pattes à les lui briser, lui serra le cou à l'étrangler ; le chat se sentit vaincu et voulut sauter à bas, mais Charles ne lui en donna pas le temps ; il l'empoigna par les pattes de derrière, et, malgré les cris désespérés de l'animal, malgré les cris furieux du maître, il le fit tournoyer en l'air et le lança sur le pupitre du surveillant, qui reçut dans ses bras son chat étourdi et presque inanimé. Les yeux du maître lançaient des éclairs. Il descendit de son estrade, se dirigea vers Charles, le fit rudement avancer jusqu'au milieu de la salle, le força à se coucher à terre, et commença à le déshabiller pour lui faire sentir la dureté du fouet qu'il tenait à la main. Mais à peine eut-il enlevé à Charles son vêtement inférieur, qu'il recula épouvanté comme l'avait fait Mme Mac'Miche : les diables étaient encore à leur poste, frais et menaçants.

Charles devina et se releva triomphant.

« Je suis un protégé des fées, dit-il, j'en porte les armes ; malheur à qui me touche ! trois fois malheur à qui me frappe ! »

Boxear ne savait trop que penser ; il commença pourtant par reculer ; le hasard voulut qu'en reculant il trébuchât sur un tabouret, qui le fit tomber en avant ; il se trouva avoir le pied foulé et le nez très endommagé ; les enfants, voyant qu'il ne pouvait se relever, quittèrent leurs bancs, et,

Ils lui tirèrent les bras. (Page 149.)

sous prétexte de lui porter secours, ils lui tirèrent les bras, les jambes, la tête, le faisant retomber après l'avoir enlevé et le tourmentant de toutes les façons, toujours pour lui venir en aide.

« Laissez-moi ! criait-il ; ne me touchez pas, petits gredins ! Allez chercher quelqu'un pour me relever. »

Mais les enfants n'en continuaient pas moins leurs bons offices, malgré les hurlements du blessé.

Charles trouva moyen, dans le tumulte, de glisser à l'oreille de quelques camarades l'origine des diables qui les avaient tous effrayés ; la nouvelle courut bien vite dans la salle, et Charles devint dès ce moment l'objet de leur admiration et de leurs espérances.

# XI

## MÉFAITS DE L'HOMME NOIR

Quand le tumulte fut apaisé, que des hommes du dehors furent accourus, attirés par le bruit, et que le surveillant fut emporté, les enfants entourèrent Charles, le félicitèrent de son courage et le supplièrent de se mettre à leur tête pour les venger des rigueurs cruelles de leurs maîtres. Il le leur promit; la cloche sonna le souper; après avoir mangé à sa faim, quoique le repas ne fût composé que de haricots au beurre rance et de salade à l'eau et au sel, Charles passa une récréation agréable en se faisant donner de nouveaux détails par ses camarades et en cherchant les moyens de tirer parti de l'homme noir et des croyances populaires sur les fées et apparitions dans ce vieux château. Il leur recommanda de tâcher de faire parvenir aux oreilles des maîs es des histoires de fantômes, et feindre des terreurs, afin de donner quelque probabilité aux tours qu'il se préparait à jouer, et pour lesquels Betty devait lui être d'une grande utilité. Tous jurèrent de ne pas le trahir et s'étonnèrent de n'avoir pas reçu la visite de M. Old Nick à la suite de l'accident arrivé au surveillant; ils ignoraient que Boxear avait une grande terreur des fées, et qu'il n'avait osé parler à M. Old Nick de rien de ce qui eût rapport à son accident. Ils restèrent inquiets jusqu'à la fin de la journée, mais personne ne les avait interrogés ni grondés. Le sonneur sourd n'avait pas paru, c'était lui qui était chargé d'administrer le fouet aux enfants. Ne pouvant être attendri par les cris qu'il n'entendait pas, ni corrompu par les promesses, ni effrayé par les menaces, il s'acquittait de son ministère avec une dureté et même une cruauté qui le faisaient haïr des élèves et apprécier des maîtres, dont il était le premier soutien. La journée s'acheva assez paisiblement; l'heure du coucher sonna; Charles avait observé que la cloche se trouvait entre deux fenêtres du dortoir et qu'on pouvait l'atteindre très facilement.

« Demain, dit-il, nous ne nous lèverons pas à quatre heures et demie.

— Il le faudra bien, répondit un des enfants; à quatre heures et demie, le sourd sonne la cloche du réveil.

CHARLES.

Il ne la sonnera pas demain.

UN CAMARADE.

Comment? Pourquoi?

CHARLES.

Vous le saurez demain. Dormez, dormez votre content. »

Les enfants ne purent rien arracher de Charles; ils se couchèrent pleins de curiosité et ils s'endormirent promptement. Charles veilla longtemps. Quand il vit tout le monde profondément endormi, il se leva, ouvrit sans bruit la fenêtre qui donnait sur la cloche, décrocha le battant, ferma la croisée et alla cacher le battant dans le tas aux ordures. Puis il se recoucha content de son expédition et s'endormit comme ses camarades.

Charles décrocha le battant de la cloche.

Le lendemain, à quatre heures et demie moins une minute, le sonneur était à son poste; il prit la corde, la tira en cadence, comme il en avait l'habitude, et la raccrocha sans se douter qu'il n'avait produit aucun son. Cinq heures, six heures sonnèrent; tout dormait encore à Fairy's Hall. Le sonneur s'étonna enfin de ce calme inaccoutumé; il monta dans le dortoir : tout le monde dormait ; chez les surveillants, même silence ; chez M. Old Nick, un œil chassieux entr'ouvert donna au sonneur la hardiesse de demander pourquoi il ne trouvait personne de levé à six heures.

« Six heures, malheureux ! s'écria M. Old Nick sautant à bas de son lit. Six heures ! et tu n'as pas encore sonné ? »

Le sonneur n'entendait pas, mais il comprit que le maître était mécontent.

« Ce n'est pas ma faute, répondit-il au hasard ; j'ai sonné comme à l'ordinaire, bien exactement, et personne ne s'est levé. »

Il prit la corde et la tira en cadence.

M. Old Nick lui fit comprendre par signes qu'il allait être puni pour n'avoir pas sonné. Le sonneur eut beau protester de son innocence et de son exactitude, M. Old Nick lui fit comprendre qu'il aurait à payer une amende de deux francs, somme considérable pour le sonneur, qui ne gagnait que soixante francs par an.

Charles s'était éveillé à quatre heures et demie au bruit léger qu'avait fait le sonneur en décrochant et en accrochant la corde; il se posta à la fenêtre, et dès que le sonneur fut rentré dans sa loge, il raccrocha le battant; de sorte que lorsque M. Old Nick alla examiner la cloche, il la trouva en bon état et sonna lui-même, à tours de bras, pour éveiller les dormeurs. Les élèves furent ravis de se sentir reposés et d'apprendre qu'ils avaient dormi jusqu'à six heures; et les surveillants, tout en feignant un grand mécontentement de cette heure et demie perdue pour le travail, s'en réjouirent intérieurement et se sentirent plus disposés à l'indulgence. Quand on se réunit et que M. Old Nick interrogea maîtres et élèves, personne ne put lui rien dire sur le retard de la cloche. Charles seul dit qu'il avait vu un homme noir traverser le dortoir et disparaître par la fenêtre.

M. OLD NICK.

Ah! ah! c'est un indice, ça! Cet homme noir, quelle taille avait-il? N'était-ce pas un de tes camarades?

CHARLES.

Oh! Monsieur! il était énorme; je n'avais jamais vu un homme aussi grand.

M. OLD NICK.

Comment était-il vêtu?

CHARLES.

Il avait une grande robe noire qui flottait autour de lui.

###### M. OLD NICK.

Et par où a-t-il passé?

###### CHARLES.

Ah! Monsieur, je ne sais pas; j'ai eu peur quand je l'ai vu passer à moitié dans la fenêtre, j'ai fermé les yeux, et quand je les ai ouverts il n'y était plus.

###### M. OLD NICK.

Est-ce vrai, ce que tu dis là, polisson?

###### CHARLES.

Oh! Monsieur, c'est si vrai que j'ai eu du mal à me rendormir et que j'ai peur encore en y pensant. »

Old Nick le regarda quelque temps, hocha la tête et dit à mi-voix :

« Je ne sais que croire.... L'homme noir!... Comment l'aurait-il su?... C'est singulier!... très singulier! » Et il s'en alla.

Charles expliqua l'affaire à ses camarades, en récréation; il avait trouvé aussi moyen de voir Betty, de la mettre au courant des événements et de lui recommander le méchant chat.

« Sois tranquille, lui avait répondu Betty, il ne l'emportera pas en paradis et il ne recommencera pas, je t'en réponds; ne t'effraye pas si tu m'entends crier : ce sera une attrape. »

Le déjeuner sonna, les frères Old Nick et les maîtres mangeaient à part, pour faire un meilleur repas que les élèves, auxquels on servit des haricots, comme la veille, et du fromage à la pie. Mais le repas ne se passa pas sans incident. C'était

Chacun poussa un cri d'horreur. (Page 160).

Betty qui devait apporter la soupe à la table des *oppresseurs* (c'est ainsi que les avaient surnommés les enfants). Dans le corridor qui précédait la salle à manger et que devait suivre Betty, on entendit un grand cri, puis un second. Un des maîtres allait se lever pour voir d'où provenaient ces cris, lorsque Betty entra, tremblante, haletante : elle tenait dans les mains la soupière destinée à assouvir la faim des maîtres, mais elle tremblait si fort, qu'en la passant au-dessus de M. Old Nick aîné, elle en répandit sur sa tête et sur son visage. Old Nick cria à son tour ; il avait la figure échaudée ; il tempêtait, menaçait.

« Pardon, Monsieur, pardon, mon respectable maître, dit Betty d'une voix chevrotante en plaçant la soupière sur la table ; j'ai eu si peur dans le corridor !

— Peur de quoi, sotte ? répliqua Old Nick. Quand même vous auriez vu le diable, ce n'est pas une raison pour m'échauder la tête et la figure ! Je ne suis pas une tête de veau, je suppose !

BETTY.

Oh ! Monsieur ne croit pas si bien dire !

M. OLD NICK.

Comment, insolente ? Vous osez me traiter de tête de veau ?

BETTY, *avec indignation*.

Jamais, Monsieur ! jamais un veau et Monsieur ne se sont accordés dans ma pensée. Non, non, je répondais à ce que Monsieur me disait du diable. C'est que c'est tout juste lui que j'ai vu. Un grand homme noir, énorme, qui m'a barré le passage; j'ai crié, comme Monsieur peut bien penser. Puis il a enlevé le couvercle de ma soupière, il a enfoncé dedans quelque chose de noir comme lui, et il a disparu. C'est alors que j'ai jeté mon second cri. Et il y avait de quoi, comme Monsieur peut bien penser. »

Old Nick enleva le couvercle et vit flotter réellement quelque chose de noir dans la soupière; il piqua avec sa fourchette et retira avec grande peine un chat, un énorme chat, le chat noir du surveillant. Chacun poussa un cri d'horreur et de terreur : horreur pour la fin prématurée et cruelle de leur complice; terreur, à cause de l'homme noir qui faisait sa seconde apparition dans la maison. Personne ne parla; M. Old Nick fit emporter la soupe, que tous regrettaient, mais à laquelle personne n'osa goûter. Betty alla chercher le second plat, qui arriva sain et sauf et qui fut adroitement placé sur la table sans perdre une goutte de son jus. C'était un bon morceau de bœuf braisé dont Betty avait enlevé un bout, qu'elle trouva moyen de glisser à Charles dans la récréation qui suivit le dîner. Elle lui raconta qu'elle avait trouvé le chat mort dans le bûcher, probablement par suite de sa chute, et qu'elle s'en était servie pour faire croire à une seconde apparition de l'homme noir.

La récréation fut troublée par cinq ou six exécutions ordonnées par les frères Old Nick. Le sonneur se vengea sur les malheureux enfants de la punition injuste qu'il avait subie. Charles eut soin de n'exciter la colère d'aucun des maîtres; il se réservait pour les grands coups.

# XII

### DE CHARYBDE EN SCYLLA
### ÉVÉNEMENTS TRAGIQUES

A la fin de la journée, les élèves regrettèrent de ne pouvoir, le lendemain, prolonger leur nuit comme la précédente.

« Soyez tranquilles, dit Charles, vous dormirez demain comme aujourd'hui.

— Comment feras-tu?

— Vous verrez, dit Charles; en attendant, dormez. »

On avait déjà confiance dans le génie inventif de Charles; personne ne l'interrogea.

Quand tout le monde fut endormi, il se leva, ouvrit la fenêtre, fixa la corde à un crochet qui se trouvait dans le mur, à un pied au-dessus de la cloche, referma la fenêtre, se recoucha et dormit jusqu'à ce qu'un petit bruit qui se fit sous la fenêtre l'éveilla, il passa la tête à la croisée, vit le sourd qui sonnait tant qu'il pouvait sans amener aucun son; attendit comme la veille que le sonneur fût rentré, et décrocha la corde.

Cinq heures, six heures! et, comme la veille, silence général!

« C'est singulier! se dit le sourd. Comme hier! Personne ne bouge! Qu'est-ce qui leur arrive donc? Et c'est à moi que s'en prend le maître! Comme si j'étais fautif de ce qu'ils sont un tas de paresseux... Ma foi, aujourd'hui je ne monte pas, quand ils dormiraient jusqu'à midi! tant pis pour eux! et si on veut me faire payer une nouvelle amende, je me fâche et je m'en vais. C'est qu'ils seraient bien embarrassés sans moi! Je leur suis commode... et pas cher, ma foi! »

Le sonneur sourd fut tiré de ses réflexions par un grand coup de poing dans le dos; il se retourna brusquement : c'était M. Old Nick qui annonçait ainsi une nouvelle explosion de colère. Le sonneur ne lui donna pas le temps de s'exprimer; il cria lui-même contre les maîtres, les élèves, les frères Old Nick, contre tout l'établissement, menaça de s'en aller, de les dénoncer au juge de paix, et termina ce flux de paroles que rien ne put arrêter, en exigeant qu'on lui rendît ses deux francs de la veille, sans quoi il s'en irait de suite et ruinerait la maison, racontant ce qui s'y passait et qu'on y frayait avec les fées.

Old Nick jeta au vent un flot d'injures des plus éloquentes, mais le sonneur ne pouvait en apprécier la valeur puisqu'il n'en avait rien entendu; et finalement Old Nick fut obligé de céder, de tirer deux francs de sa poche et de les mettre dans la main du sourd. Celui-ci se radoucit et fit valoir sa délicatesse de ne réclamer aucune indemnité pour l'accusation injuste dont il avait été l'objet.

Pourtant on avait fini par s'éveiller au son de la cloche sonnée par M. Old Nick en personne; comme la veille, la surprise et la satisfaction furent grandes; on parla beaucoup de l'homme noir et de ses tours; Charles en réservait encore un pour le dîner. Il s'était assuré de l'heure à laquelle le sourd allait à la cave chercher le breuvage. Ce breuvage était un affreux mélange de cidre frelaté, coupé de neuf dixièmes d'eau; il demanda une permission de cabinet, se cacha dans un renfoncement noir à l'entrée de la cave, attendit le passage du sonneur sourd, le suivit hardiment, mais de loin; et quand le breuvage coula à pleins bords dans le pot, Charles s'élança sur le sonneur, et du même bond le jeta par terre, éteignit la chandelle et renversa le pot. Le sourd cria de toute la force de ses poumons; Charles se cacha dans son coin noir; un camarade du sonneur arriva, portant aussi une chandelle; Charles profita du moment où il se baissait et tâchait de savoir ce qui était advenu à son camarade, pour sauter sur lui comme sur le sonneur, le renverser, éteindre la chandelle, et lui souffler dans l'oreille : *L'homme noir!* Le camarade poussa des cris plus perçants encore que ceux du sourd; M. Old Nick arriva lui-même pour savoir d'où provenait ce tapage. Et lui comme les autres fut renversé, roulé, plongé dans l'obscurité et dans la boue de la boisson. Et lui aussi joignit ses cris à ceux de ses domestiques.

Aussitôt l'expédition terminée, Charles avait prestement fermé la porte, tiré la clef, qu'il lança par-dessus les toits, et s'était dépêché de rentrer à l'étude, pour y reprendre sa place et son travail.

L'heure du souper était passée ; personne ne sonnait ; dans les études, à la cuisine, on s'étonnait, on s'impatientait ; enfin, mistress Old Nick, inquiète de ne pas entendre la cloche et de ne pas voir son mari, appela, chercha et entendit du bruit venant de la cave ; elle se dirigea de ce côté et entendit en effet un bruit formidable ; les trois prisonniers appelaient, criaient, battaient la porte, des poings et des pieds ; mistress Old Nick joignit ses cris à ceux de son mari et de ses compagnons d'infortune ; elle appela M. Old Nick junior, Betty, les maîtres, les élèves ; tous accoururent, et ce fut alors un vacarme épouvantable : les maîtres donnaient leur avis, les prisonniers demandaient leur délivrance, mistress Old Nick et Betty déploraient cette inconcevable aventure ; les élèves accusaient les fées, l'homme noir, et les invoquaient tour à tour. Après une demi-heure de vociférations, Charles eut l'heureuse et intelligente pensée de faire ouvrir la porte par un serrurier ; Old Nick junior courut en chercher un, et l'amena non sans difficulté, car il était tard ; la journée de travail était finie. Le serrurier eut beaucoup de peine à ouvrir ; la serrure était solide et il fallut la faire sauter ; enfin la porte céda,

Aussitôt l'expédition terminée, Charles avait prestement fermé la porte.

et les prisonniers revirent la lumière; elle ne leur fut pas favorable; ils étaient inondés de boisson jaunâtre, couverts de la boue dans laquelle ils s'étaient roulés; elle s'était formée par le liquide qui coulait toujours et qui détrempait la terre de la cave. Mistress Old Nick se jeta dans les bras de son mari, qui se jeta dans ceux de Betty, qui se jeta dans ceux de Old Nick junior, mais avec une telle expansion de joie que le frère Old Nick trébucha et roula sur l'escalier de la cave; les cris recommencèrent, mais moins aigus, moins assourdissants; les élèves n'y étaient plus. On les retrouva plus tard au réfectoire, où ils attendaient leur souper. Tout le monde avait si faim, que M. Old Nick remit au lendemain l'enquête sur l'événement. Betty servit les enfants, qui mangèrent à peine, tant la triste position de M. Old Nick, du sonneur et de son camarade les avait péniblement impressionnés, dirent-ils.

Quand les victimes de Charles furent essuyées, lavées, changées de vêtements, elles vinrent se mettre à table.

Les maîtres mouraient de faim; Betty s'empressa de servir la soupe.

« Pouah! que votre soupe est mauvaise, Betty! dit Old Nick. C'est de l'eau et du sel.

BETTY.

C'est Madame qui l'a faite, monsieur.

— Allez nous chercher le plat de viande », dit Old Nick avec humeur.

Le plat de viande fut apporté.

« Horreur! s'écria-t-il. C'est affreux! des nerfs à la chandelle!

BETTY.

Ah! je vois! Madame se sera sans doute trompée; elle aura versé dans les plats de ces Messieurs le ragoût des enfants.

OLD NICK.

Va voir ça! C'est détestable! Je meurs de faim! »

Betty revint d'un air consterné.

« Il n'y a plus rien, Monsieur; Madame dit que c'est bien le plat des maîtres qu'elle a servi. »

M. Old Nick n'osa pas se laisser aller à sa colère; sa femme avait fait le dîner; c'était elle qui avait versé dans le plat.... Il ne disait rien. Betty s'écria :

« C'est l'homme noir, Monsieur; bien sûr, c'est l'homme noir!

OLD NICK.

Tais-toi! Ne m'ennuie pas de tes sornettes! L'homme noir a bon dos. Je finirai bien par découvrir cet affreux homme noir. »

Betty riait sous cape; elle savait bien où avait passé le dîner des maîtres. Il était dans les estomacs des enfants. Profitant des cris poussés à la porte de la cave, Betty avait donné à Charles ses instructions; il les avait mises à profit; les enfants s'étaient éclipsés sans bruit, et l'avaient suivi à la cuisine abandonnée; ils prirent, d'après les indications de Betty, la soupe, la viande, les légumes des maîtres, et mangèrent tout avec délices; ensuite Charles versa dans les casseroles vidées la soupe, la viande, les légumes destinés aux enfants, et remit le tout au feu comme l'avait laissé Mme Old Nick. Ils allèrent au réfectoire après avoir fini leur repas, et ils y étaient installés depuis peu d'instants quand les maîtres firent leur entrée. Personne ne devina le tour; et pourtant Old Nick avait des soupçons; trop de choses merveilleuses se passaient depuis quelques jours dans sa maison; il ne croyait que vaguement aux fées et à l'homme noir, et il résolut de surveiller plus que jamais les démarches des enfants, surtout celles de Charles, qu'il soupçonnait plus particulièrement. Les surveillants partageaient la méfiance de Old Nick, de sorte qu'à tout hasard ils donnaient à Charles, pour le plus léger manquement, des coups de fouet, des coups de pied, des coups de poing qui le mettaient hors de lui et l'excitaient à la vengeance.

« Nous voici déjà à lundi, pensa Charles en s'éveillant le lendemain à six heures. Aujourd'hui M. Old Nick doit faire une enquête sur les événements; personne des camarades ne me trahira; je suis maître de la position, et demain, mardi, je me ferai renvoyer de cette affreuse maison. »

Ce matin encore, la cloche n'avait pas sonné; Charles avait cette fois détaché la cloche elle-même. Quand il fut éveillé à quatre heures et demie par le petit bruit accoutumé, il voulut, comme les jours précédents, remettre la cloche; mais, au moment où il approchait de la fenêtre, il aperçut M. Old Nick qui s'était embusqué au pied du mur pour prendre le malfaiteur; il rentra bien vite la tête, referma sans bruit la fenêtre et se trouva possesseur de la cloche.

« Qu'en ferai-je? pensa-t-il. La cacher dans ma paillasse est impossible; on la trouverait de suite; elle est trop grosse.... Ah! une idée! »

Charles prit la cloche, la porta dans un cabinet attenant au dortoir et l'y laissa. Tranquille de ce côté, il se recoucha et se rendormit.

# XIII

### ENQUÊTE
### DERNIERS TERRIBLES PROCÉDÉS DE CHARLES

On se réveilla pourtant, on se leva, on s'habilla, on déjeuna, et, en guise de récréation, l'enquête de M. Old Nick en personne fut annoncée, et les enfants furent tous rangés autour de la grande salle d'étude. M. Old Nick entra, grimpa sur l'estrade, parcourut d'un regard majestueux toute l'assemblée, et commença son discours :

« Messieurs! Vous êtes des polissons, des sacripants, des gueux, des filous, des scélérats, du gibier de potence! Vous vous soutenez tous entre vous, contre vos estimables maîtres! Vous leur rendez la vie insupportable! (Un sourire de satisfaction se manifeste dans tout l'auditoire.) Je voudrais pouvoir vous fouetter tous, vous enfermer tous au cachot. C'est malheureusement impossible! Il faut donc que celui ou ceux d'entre vous qui est ou qui sont l'auteur ou les auteurs des scélératesses récemment commises se déclarent; que si leur lâcheté les fait reculer devant la punition exemplaire, terrible, inouïe, qui leur est préparée, j'adjure leurs amis et leurs camarades de les dévoiler, de les nommer, de les abandonner à ma juste colère!... Eh bien! Messieurs, j'attends!... Personne ne dit mot?... Retenue générale jusqu'à ce que le coupable soit nommé et livré. Il y aura punition séparée pour chacun des méfaits, que j'appelle crimes, commis depuis quelques jours :

« Trois prétendus maléfices jetés sur la cloche du réveil.

« Deux atrocités commises contre le chat du respectable M. Boxear. (Rires étouffés.)

« Silence, scélérats!... Je continue. Première atrocité, papier fixé à la queue de l'innocente bête. (Sourires.) Silence! Si l'un de vous rit ou sourit, il sera considéré comme un des coupables!... Je continue.... Seconde atrocité, supplice épouvantable de l'innocente bête... (Old Nick parcourt des yeux toute la salle; personne n'a bougé, n'a ri, n'a souri) qu'un monstre cruel a plongée dans la soupe, dans *ma soupe*, Messieurs. Double punition, parce qu'il y a double crime : contre la bête et contre l'autorité la plus sacrée, la mienne!... Je continue....

« Trois attaques nocturnes (puisqu'il faisait nuit dans la cave, nuit éternelle!) : l'une contre l'infortuné sonneur, faisant les fonctions de sommelier; l'autre contre son généreux camarade qui, bravant le danger, accourait pour le partager; la

N. Old Nick enters. (Page 179.)

troisième, plus épouvantable, plus criminelle, plus satanique que les deux premières, contre le chef de la maison, le maître des maîtres, contre moi-même qui vous parle, moi votre protecteur, votre père, votre ami. Oui, moi ici présent, j'ai été assailli, culbuté renversé, écrasé, battu, inondé, crotté, enfermé par le scélérat que je cherche et que vous m'aiderez à découvrir.... (Les élèves se regardent d'un air moqueur.) Oui, je vois enfin une honnête et juste indignation se manifester dans vos regards et dans vos gestes.... (Les élèves crient, sifflent, trépignent.) Assez, assez, Messieurs!... Silence!... Trois punitions pour les trois méfaits; total, neuf punitions terribles, surtout la dernière; neuf jours de cachot, neuf jours d'abstinence, neuf jours de fouet. J'ai fini. A partir de demain, pas de récréations, travail incessant, etc., jusqu'à découverte du ou des coupables. De plus, il y aura tous les jours, à partir de demain midi, trois exécutions jusqu'à ce que toute la la maison y passe, pour punir le silence. Vous avez vingt-quatre heures pour réfléchir! »

Old Nick descendit de la chaire, passa devant les élèves et disparut; les surveillants le suivirent. Quand les élèves furent seuls, Charles s'écria :

« Vite, vite, un dernier tour, une dernière punition à maître Boxear, qui porte si bien son nom! »

Charles sortit de la poche de sa veste un petit pot que lui avait procuré Betty; il sauta sur l'estrade de Boxear, et enduisit le siège avec la glu que contenait ce pot, puis il courut au cabinet attenant à la salle d'étude, et jeta dans la fosse le pot et la petite pelle en bois qui avait servi à étaler la glu, rentra dans l'étude, et expliqua à ses camarades ce qu'il venait de préparer.

**UN CAMARADE.**

Tout cela est bel et bon! Avec tes inventions tu rends les maîtres et M. Old Nick plus méchants que jamais, et on nous maltraite plus qu'avant ton entrée.

**UN AUTRE ENFANT.**

Et puis, parce que tu ne veux pas te découvrir, tu vas nous faire tous mettre en retenue et nous faire fouetter impitoyablement.

**CHARLES.**

Soyez donc tranquilles, mes amis! Est-ce que vous croyez bonnement que je vous laisserai porter la punition de mes *crimes*, comme dit Old Nick? Soyez bien tranquilles! Demain, avant le dîner, avant la série promise de retenues et de fouet, je me déclarerai.

**LE PREMIER CAMARADE.**

Mais tu vas être écorché vif par ces méchants maîtres! C'est terrible à penser!

**CHARLES.**

Je ne serai pas écorché, ils ne me toucheront pas, et je m'en irai tranquillement, à leur grande satisfaction, et à la mienne surtout.

**DEUXIÈME CAMARADE.**

Comment feras-tu?

**CHARLES.**

Je vous le dirai demain quand ce sera fait. Mais

je tiens à vous rappeler les agréments que vous a procurés mon séjour ici :

« Trois jours de sommeil prolongé,

« La fin des persécutions du méchant chat,

« Plusieurs interruptions générales de l'étude,

« Enfin un bon dîner et le spectacle des fureurs du vieux Old Nick et de ses amis.

— C'est vrai, c'est vrai! s'écria toute la classe.

BOXEAR, *entrant.*

Hé bien! qu'est-ce qu'il y a? Encore des cris, des vociférations!

CHARLES.

C'est nous, M'sieur, qui obligeons les mauvais à se déclarer, et nous pensons bien que demain ils le feront. Et s'ils ne veulent pas, je parlerai pour eux, M'sieur, c'est décidé. Je dirai ce que je sais.

BOXEAR.

A la bonne heure! C'est enfin un bon sentiment que je vous vois manifester. En attendant, à vos bancs tous! A l'étude! »

Les élèves se précipitèrent à leurs places; le maître prit la sienne, et chacun se mit à l'œuvre.

Une demi-heure après, le maître voulut se lever pour prendre un livre hors de sa portée. Vains efforts! Il semblait cloué sur son siège.

« Qu'est-ce donc? s'écria-t-il d'une voix tonnante. Que m'ont-ils fait, ces scélérats? (Il recommence ses efforts pour se lever.) Je ne peux pas.... Je suis donc ficelé sur cette estrade? Mais par où? Comment?... Mais venez donc, vous autres! Aidez-moi, tirez-moi de là. »

Les enfants, enchantés, accoururent, tirèrent, poussèrent; mais Boxear ne bougeait pas. Sérieusement effrayé, il poussa des cris, auxquels répondirent d'autres cris, partant de différents points de la maison. Il attendit, mais personne n'arrivait; il recommença son appel et entendit les mêmes cris qui avaient déjà répondu aux premiers. Nouveau silence, vaine attente, effroi toujours croissant.

Les élèves feignaient de partager sa frayeur.

« Les fées! criaient-ils. Les fées! Ce sont elles qui jettent leurs maléfices sur vous! Qu'allons-nous devenir? Maître Boxear est fixé sur son estrade, pour la vie peut-être! Hélas! hélas!

BOXEAR.

Taisez-vous, polissons! Au lieu de me venir en aide, vous me découragez, vous me terrifiez. Allez chercher du monde, des maîtres, M. Old Nick, n'importe qui. »

Les enfants, de plus en plus enchantés, coururent au sonneur, qu'ils trouvèrent fixé sur son banc, comme Boxear. Des rires immodérés insultèrent à son malheur. L'immobilité forcée du père fouetteur les rendait hardis, de sorte qu'ils ne se hâtèrent pas de lui porter secours. Ils se contentèrent de gambader autour de lui avant de disparaître. Ils coururent dans les chambres des deux autres, qu'ils trouvèrent seuls, criant comme maître Boxear, et comme lui retenus sur leurs sièges.

Restait M. Old Nick; quelles ne furent pas la terreur apparente et la jouissance intérieure des enfants, quand ils trouvèrent Old Nick aussi incapable de quitter son fauteuil que les surveillants et le sonneur ! La fureur de M. Old Nick était à son comble ; mais quand il sut que ses pions et son exécuteur des hautes œuvres étaient dans l'affreuse position où il se trouvait lui-même, il fut tellement saisi, tellement suffoqué de rage, que les enfants eurent peur ; ils crurent (peut-être espérèrent-ils) qu'il allait mourir. Ils coururent à la pompe, remplirent les pots, les cruches qui leur tombèrent sous la main, et commencèrent un arrosement si copieux, si prolongé, que Old Nick perdit réellement la respiration et le sentiment, c'est-à-dire qu'il s'évanouit.

« Il est mort ! disaient les uns à mi-voix.

— Il respire encore ! disaient les autres. Versez, versez toujours !

— Il faut avertir Mme Old Nick et Betty », dit Charles.

Et, laissant Old Nick aux mains des camarades, il courut chercher l'une et l'autre.

Mme Old Nick alla chez son mari, mais sans empressement, car elle ne l'aimait guère et désapprouvait son système dur et cruel envers les enfants. Betty la suivit à pas plus mesurés encore, pour pouvoir dire quelques mots à l'oreille de Charles.

« Parfait ! dit-elle. Tout a réussi comme nous le voulions. En faisant les études, j'ai *englué* leurs sièges et le fauteuil de canne du vieux Old Nick. Quand je les ai tous entendus crier, j'ai vu que c'était bien et que les cris du premier avaient provoqué ceux des autres qui voulaient aller voir. J'ai eu de la peine avec le sourd; il était toujours là; enfin, j'ai saisi le bon moment et il s'est pris comme les autres. Comment vont-ils se tirer de là, c'est ça que je ne devine pas.

**CHARLES.**

Va vite les engager à se débarrasser de leur pantalon et à se faire une jupe de leur chemise; je me charge du vieux Old Nick. »

Aussitôt dit, aussitôt fait; chacun suivit le conseil et pensa pouvoir s'échapper sans être vu, en passant par la grande cour, toujours déserte à cette heure. La fatalité voulut qu'ils débouchassent en même temps sur la place, et ils se rencontrèrent tous, honteux de leurs costumes écossais, et talonnés par la crainte d'être vus des élèves qui regardaient par les portes et les fenêtres, et dont les rires étouffés arrivaient jusqu'à eux.

M. Old Nick arrêta les surveillants pour les questionner; il espérait avoir quelque renseignement, quelque indice pour arriver à la découverte d'une aventure qui lui paraissait incompréhensible; M. Boxear mit très sérieusement en avant les fées, auxquelles n'avaient pas cru les autres jusqu'ici; mais l'étrangeté de ce dernier événement ébranla leur incrédulité, et jusqu'à M. Old Nick, tous crurent en elles.

Après cette délibération, en costume aussi étrange que l'aventure qui la motivait, les *conseillers extraordinaires* se tournèrent le dos, et chacun rentra chez soi pour retrouver sa dignité avec un

La fatalité voulut qu'ils débouchassent en même temps sur la place.

pantalon. Betty ne perdit pas son temps : aidée de Charles et des enfants, elle arracha les pantalons et la glu, lava les estrades et les fauteuils, emporta les pantalons qui pouvaient la trahir, les lava à l'eau chaude et les remporta à la place qu'ils avaient occupée.

Quand M. Old Nick et les surveillants rentrèrent, l'un dans son cabinet de travail, les autres dans leurs études, leur étonnement fut grand de retrouver leur vêtement mouillé et ne tenant plus au siège auquel il était si bien collé une heure auparavant. Le vieux Old Nick appela sa femme pour lui faire contempler cette nouvelle merveille. Maître Boxear parcourut de l'œil tous ses élèves, studieusement inclinés sur leurs pupitres; M. Old Nick junior et les deux autres surveillants interrogèrent leurs élèves et n'obtinrent que des exclamations de surprise, des accusations contre les fées, l'homme noir, etc. Il fallut bien attendre jusqu'au lendemain.

L'étude fut troublée par quelques cris sourds et lointains, dont les maîtres ne se rendirent pas compte, et auxquels ils ne firent guère attention.

Les enfants riaient sous cape et se complaisaient dans leur vengeance, car ils avaient deviné que c'était le sourd, le sonneur, le fouetteur, dont ils entendaient l'appel réitéré. Bientôt un mouvement inaccoutumé se fit entendre dans la cour; Boxear mit la tête à la fenêtre, fit un geste de surprise et sortit immédiatement.

A peine fut-il dehors, que les enfants se précipitèrent aux fenêtres; un spectacle étrange excita leur gaieté. Le sourd était dans la cour, assis sur un banc, le traînant ou plutôt le portant avec lui quand il changeait de place. MM. Old Nick et les trois maîtres d'étude étaient groupés près de lui, et, moitié riant, moitié en colère, Old Nick junior s'efforçait de lui faire comprendre le moyen qu'ils avaient eux-mêmes employé pour sortir d'une situation semblable. Le sourd faisait la sourde oreille; il ne voulait pas comprendre ni employer un moyen qu'il trouvait humiliant. Les frères Old Nick finirent par couper, malgré son opposition, la partie du vêtement qui adhérait au banc, et délivrèrent ainsi leur sonneur, qu'ils envoyèrent de suite à la cloche, fort en retard. Les enfants riaient à l'envi l'un de l'autre; quand ils virent l'opération terminée et chaque surveillant reprendre le chemin de son étude respective, ils se rejetèrent sur leurs bancs; Boxear les retrouva tous travaillant avec la même ardeur silencieuse qu'il avait presque admirée avant de sortir.

« Ils n'ont rien vu; ils ne se sont aperçus de rien, se dit-il. Je ne sais ce qu'il leur prend d'être si attentifs à leur travail! »

# XIV

### CHARLES FAIT SES CONDITIONS
### IL EST DÉLIVRÉ

La journée se termina sans accidents et sans nouveaux méfaits de l'*homme noir* ni des fées. Le lendemain, grand jour des révélations de Charles, Old Nick prévint les enfants que si les coupables n'étaient pas nommés à midi, les retenues et les exécutions commenceraient. Pendant l'étude de neuf heures, Charles demanda la permission de sortir. Boxear, devinant le projet de Charles, accorda la permission. Les élèves, qui le connaissaient mieux encore que Boxear, se montraient agités; ils tremblaient pour le malheureux Charles, et ils éprouvaient une certaine reconnaissance du sentiment généreux qui le portait à s'accuser pour disculper ses camarades.

Charles se dirigea vers le cabinet de M. Old Nick.

« M'sieur? dit-il en entrant.

OLD NICK.

Qu'est-ce que c'est? Que veux-tu?

CHARLES.

M'sieur, aucun des élèves ne veut parler, personne ne veut vous indiquer les coupables; alors j'ai pensé que ce n'était pas bien, que vous deviez, comme chef de la maison, connaître les noms de ceux qui troublent l'ordre ici. Je me suis donc décidé à tout vous dire, M'sieur, mais à une condition.

OLD NICK.

Comment? Des conditions, à moi?

CHARLES.

Oui, M'sieur, à vous; une condition, une seule, sans laquelle je ne dirai rien.

OLD NICK.

Je saurai bien te faire parler, petit drôle.

CHARLES.

Oh! Monsieur, si je ne veux rien dire, personne ne me fera parler; vous me tueriez avant d'obtenir de moi une parole. »

Old Nick regarda Charles avec surprise; son air calme et décidé lui fit comprendre qu'avec un caractère de cette trempe on n'arriverait à rien par la violence. Il réfléchit un instant.

OLD NICK.

Et quelle est cette condition?

CHARLES.

Il faut, Monsieur, que vous juriez de par les fées, et *sur le salut de votre maison*, que vous n'infligerez aux coupables aucune pénitence corporelle, aucune autre punition que de les chasser immédiatement de votre maison. Cette dernière clause est indispensable pour la sécurité de votre intérieur, car les coupables ont bien d'autres tours dans la tête dont les résultats pourraient être très fâcheux. »

Old Nick était embarrassé ; renoncer à la punition de faits aussi énormes, était déroger à la discipline terrifiante de sa maison et ébranler la soumission si péniblement obtenue. Ignorer l'auteur des dernières abominations qui s'étaient commises, garder des êtres aussi entreprenants et aussi irrespectueux, c'était prêter les mains à la décadence, à la honte de sa maison ; viendrait un jour où les enfants, perdant toute crainte, toute retenue, exerceraient des représailles terribles, maltraiteraient peut-être les surveillants et lui-même. Il perdrait alors le profit qu'il tirait des pensions payées pour ces enfants qu'il ne pourrait garder. Il se décida donc à accorder à Charles ce qu'il demandait, quelque répugnance que lui inspirât cette concession.

« Je t'accorde ce que tu exiges de moi, dit-il enfin.

#### CHARLES.

Voulez-vous l'écrire, M'sieur ?
— Insolent ! s'écria Old Nick, poussé à bout.

#### CHARLES.

Ce n'est pas par insolence, M'sieur, c'est pour les camarades ce que j'en fais. Vous comprenez, M'sieur, que vis-à-vis d'eux ma position est délicate, et que je leur dois de les tranquilliser pour les coupables sur les suites de ma révélation.

OLD NICK.

C'est bon! donne-moi une feuille de papier.

CHARLES.

Voilà, M'sieur.... N'oubliez pas, M'sieur, s'il vous plaît, que vous devez mettre : *Je jure de par les fées et sur le salut de ma maison.*

OLD NICK, *avec humeur.*

Je le sais; tu me l'as déjà dit. »

Et il écrivit :

« Je jure de par les fées et sur le salut de ma maison de n'infliger d'autre punition aux élèves coupables que doit me dénoncer Charles Mac'-Lance, que celle d'une expulsion immédiate, m'engageant à ne faire grâce à aucun prix et à opérer l'expulsion dans les deux heures qui suivront la révélation.

« Fait à Fairy's Hall, ce 9 août, fête de saint Amour, à neuf heures et demie du matin, par moi,

« *Pancrace-Babolin-Zéphir-Rustique* OLD NICK. »

— Tiens; tu es satisfait, je pense. Et maintenant, le nom des coupables.

CHARLES.

Pardon, Monsieur; encore cinq minutes; je vais porter ce papier à qui de droit et je reviens. »

Old Nick voulut s'y opposer, mais il réfléchit que Charles n'avait aucun intérêt à ne pas achever sa révélation, et que ce papier ne pouvait servir qu'à ceux pour lesquels il était écrit. D'ailleurs Charles était parti si lestement qu'il eût été impossible de l'arrêter. Il fut exact; cinq minutes après il était de retour, après avoir remis le papier à Betty en lui expliquant que c'était sa garantie contre les mauvais traitements cruels dont avaient été menacés les coupables.

« Je te le donne, dit-il, pour qu'il ne prenne pas fantaisie au vieux Old Nick de le détruire en me l'arrachant des mains.

— Eh bien! dit Old Nick avec humeur, parleras-tu enfin?

CHARLES.

Oui, Monsieur, je suis prêt.... Le coupable de tout ce qui s'est fait depuis quelques jours, c'est... moi, Monsieur.

— Toi! toi! s'écria M. Old Nick en sautant de dessus son fauteuil et en regardant Charles avec une stupéfaction profonde. Toi!

CHARLES.

Oui, Monsieur, moi seul.

OLD NICK.

C'est impossible! tu mens.

CHARLES.

Non, Monsieur, je dis vrai, très vrai! Moi seul ai tout inventé et tout exécuté.

OLD NICK.

Comment, c'est-il possible?

CHARLES.

Je vais tout vous expliquer, Monsieur, à commencer par la cloche.

OLD NICK.

La cloche! C'était toi qui empêchais de sonner? Mais je te répète que c'est impossible; on t'aurait vu, entendu; d'ailleurs comment empêcher une cloche de sonner? »

Charles sourit et commença ses explications. L'audace de la conception, de l'exécution, la simplicité des moyens, surprirent tellement le vieux Old Nick, que, malgré son indignation, sa colère, il n'interrompit pas une fois le récit de Charles; ses narines gonflées, son visage empourpré, indiquaient la colère toujours croissante, la rage qui bouillonnait dans sa tête. et dans toute sa personne.

Quand Charles eut fini, Old Nick lui dit avec fureur :

« Je crois, en vérité, brigand! scélérat! que si tu ne m'avais extorqué la promesse que j'ai signée, je t'aurais mis en pièces moi-même, de ma main. Mais j'ai signé, tu as mis le papier en sûreté; je m'abstiens. Quant à te faire partir d'ici et ta Betty avec toi, le plus tôt sera le mieux; tu es trop dangereux dans ma maison! Tu as trop d'invention, d'imagination, de volonté, d'audace! D'ailleurs, ta pension n'étant pas payée d'avance, j'y perds au lieu de gagner. Tiens, drôle, voici un billet de sortie!... Et un autre pour ta gueuse de Betty! Partez, et à ne jamais nous revoir; j'espère bien!

— *Amen*, Monsieur, sans revoir. »

Charles salua, sortit et courut avertir Betty, qui partagea sa joie; elle abandonna ses casseroles, jeta son tablier, alla à la lingerie, fit en dix minutes son petit paquet et celui de Charles, et tous deux se dirigèrent vers la porte à laquelle veillait le sonneur. Il ne les voyait pas, puisqu'il leur tournait le dos, et il les entendait encore moins, puisque sa surdité était complète.

Charles, s'approchant, lui tapa sur l'épaule.

### LE SONNEUR.

Quoi? Qu'est-ce? Comment osez-vous me toucher, mauvais sujet? Attendez un peu! Vous verrez aujourd'hui même comment je touche, moi! A midi la première exécution! Vous êtes le numéro 1, rien que ça! le meilleur! Avant que le bras soit fatigué, on tape plus ferme et on fait plus de besogne à la minute. C'est aujourd'hui *à la minute* qu'on fouette! Grande exécution! M. Boxear, qui a réparti le temps, vous a désigné pour cinq minutes. Je les emploierai bien, allez.

### CHARLES.

Eh bien, Betty, je l'ai échappé belle! Fais voir nos billets de sortie à ce méchant homme. »

Betty fit voir les billets au sonneur stupéfait, qui ne put faire autrement que d'ouvrir la porte. Avant qu'elle ne fût refermée, Charles fit au portier un salut moqueur, y ajouta les cornes, un pied de nez et lui tourna le dos.

Les élèves attendirent vainement le retour de Charles, dont ils étaient fort inquiets. Au dîner, ne le voyant pas paraître, ils pensèrent que M. Old Nick l'avait enfermé dans un cachot souterrain, et pendant la récréation ils firent des suppositions plus terribles les unes que les autres sur les tortures que subissait certainement leur malheureux camarade. A la rentrée de l'étude, Boxear, qui avait été mis au courant par M. Old Nick, fit aux élèves un discours énergique qui les impressionna vivement.

« Il y a aujourd'hui une place vacante parmi vous, tas de polissons! Celui qui l'occupait a été honteusement chassé par notre père, notre juge, M. Old Nick. (Boxear enlève sa calotte et la remet.) Ce vaurien, ce malfaiteur a eu l'audace de déclarer à votre maître vénérable que tous les méfaits, les crimes de ces derniers jours provenaient de lui, Charles Mac'Lance, qu'ils avaient été conçus par lui, exécutés par lui. La présence parmi vous d'un être aussi corrompu, de ce véritable MÉPHISTOPHÉLÈS (c'est-à-dire DIABLE), ne pouvait être tolérée; il a été chassé! Il avait une complice, BETTY, qui a subi la même ignominie! Nous voici donc rentrés dans l'ordre, dans le régime salutaire du fouet, qui va être appliqué avec plus de rigueur que jamais, au moindre symptôme d'insubordination, de négligence. Vous êtes avertis! Il dépend de vous que les sévérités paternelles, exécutées par la main vigoureuse du sonneur, vous atteignent ou vous épargnent. »

Boxear s'assit; les malheureux élèves, tremblants, mais ruminant la vengeance à l'imitation de Charles, se mirent au travail en songeant aux moyens de s'en affranchir. Nous allons les laisser continuer leur vie de misère pour suivre Charles,

M. Boxear fit aux élèves un discours qui les impressionna vivement.

qui n'oubliera pas ses malheureux camarades, et qui terminera promptement leurs souffrances en leur faisant à tous quitter, sous peu de jours, la maison de Fairy's Hall par ordre du juge de paix.

Mais il songea d'abord à lui-même, et, avant d'aller chez Marianne et chez Juliette, il alla chez le juge de paix solliciter sa protection pour ne pas être remis sous la tutelle de la cousine Mac'Miche, et pour être confié à la direction de Marianne.

# XV

## MADAME MAC'MICHE DÉGORGE ET S'ÉVANOUIT

**LE JUGE DE PAIX,** *voyant entrer Charles.*

Comment, te voilà, mon garçon ? Eh bien ! tu n'as pas fait une longue station à Fairy's Hall. Comment t'en es-tu tiré ? Est-ce pour longtemps ?

**CHARLES.**

Pour toujours, monsieur le juge ! Et je viens vous demander votre appui pour ne pas rentrer chez ma cousine Mac'Miche, qui, d'ailleurs, ne veut pas de moi ; et puis, pour me permettre de vivre chez mes cousines Daikins.

**LE JUGE.**

Ecoute, mon ami ; pour moi, ça m'est égal ; mais tu ne dépends pas de moi seul. Tes cousines Daikins ne sont pas riches, tu le sais bien ; peut-être ne voudront-elles pas de toi. Elles n'auront pas de quoi t'entretenir.

### CHARLES.

Mais moi, je suis riche, Monsieur le juge, et je leur abandonne volontiers tout ce que j'ai.

### LE JUGE.

Tu m'en as déjà touché un mot; tu m'as dit que tu avais cinquante mille francs; ta cousine Marianne m'en a parlé aussi; mais la cousine Mac'-Miche jure ses grands dieux que ce n'est pas vrai, que tu n'as rien.

### CHARLES.

Elle ment; elle ment, Monsieur le juge. Demandez à Marianne qu'elle vous fasse voir ses preuves; vous saurez de quel côté est la vérité.

### LE JUGE.

Je verrai, je m'en occuperai, mon ami; en attendant, je t'accorde volontiers l'autorisation de vivre chez tes cousines Daikins; voilà deux braves filles, et qui ne ressemblent pas à la cousine Mac'Miche!

### CHARLES.

Merci, merci, mon bon Monsieur le juge. Juliette va-t-elle être contente aussi contente que moi!

### LE JUGE, *riant*.

Juliette aime un petit diable comme toi? Allons donc! quelle plaisanterie!

### CHARLES.

Elle m'aime si bien, qu'elle pleurait quand j'ai dû entrer chez M. Old Nick. Ainsi ce n'est pas de la petite affection, ça! pleurer! C'est qu'on ne pleure que lorsque le cœur est bien touché? Je sais ça, moi!

LE JUGE, *riant.*

Bon! Tant mieux pour toi si Juliette t'aime; cela prouve que tu vaux mieux que je ne pensais. Va, mon ami, va chez tes cousines. Je m'occuperai de ton affaire. Justement j'entends Marianne.

CHARLES.

Et vous donnerez ce qui m'appartient à mes cousines Daikins, Monsieur le juge, n'est-ce pas?

LE JUGE.

Ceci ne dépend pas de moi, je te l'ai déjà dit. Je ferai seulement de mon mieux pour éclaircir l'affaire. »

Charles sortit à moitié content; il craignait d'être à charge à ses cousines, et que Juliette surtout ne souffrît de leur position gênée. Il alla du côté de la *rue du Baume-Tranquille*, et il dut passer devant la maison de Mme Mac'Miche, *rue des Combats*; elle était dans sa cuisine. Charles mit le nez à la fenêtre et vit Mme Mac'Miche avec un monsieur qui lui était inconnu; tous deux tournaient le dos à la fenêtre, et causaient avec animation, surtout Mme Mac'Miche. Son bonnet de travers, ses mouvements désordonnés dénotaient une vive agitation et un grand mécontentement. Charles se retira prudemment et continua son chemin.

Son cœur battit plus vivement quand il tourna le bouton de la porte et quand il se trouva en présence de Juliette, qui tricotait comme de coutume. Au léger bruit qu'il fit en ouvrant la porte,

Juliette se retourna vivement, écouta avec attention.

« Qui est là? » dit-elle d'une voix légèrement émue.

Charles sourit, mais ne répondit pas.

« C'est toi, Charles?... Mais réponds donc? Je suis sûre que c'est toi!

— Juliette, Juliette, ma bonne Juliette! s'écria Charles, C'est moi, oui, c'est moi! Je reviens pour ne plus te quitter; le juge l'a permis. Je vivrai avec toi! »

Charles s'élança au cou de Juliette avec une telle impétuosité, qu'il manqua de la jeter par terre; elle l'embrassa avec une grande joie.

### JULIETTE.

Mon bon Charles, que je suis contente de te savoir hors de cette horrible maison!

### CHARLES.

Horrible! tu as bien raison! horrible! c'est bien le mot! J'ai eu du mal pour en sortir, va.

### JULIETTE.

As-tu été bien malheureux, mon pauvre Charles?

### CHARLES.

Malheureux, non! j'étais trop occupé. Pense donc quel travail pour inventer des choses affreuses, inouïes, et pour les exécuter tout seul, sans autre aide que celle, très rare et difficile, de Betty; il fallait arriver à me faire chasser, et pourtant à ne jamais être découvert. Je n'avais pas le temps d'être triste et malheureux.

JULIETTE.

Ainsi, tu n'as pas du tout pensé à Marianne ni à moi?

CHARLES.

Au contraire, toujours. Tout ce que je faisais, ce que j'inventais, c'était pour vous rejoindre. Et toi, Juliette, pensais-tu à moi?

JULIETTE.

Oh! moi, toujours. J'étais inquiète, j'étais triste. Mes journées ont été bien pénibles en ton absence, mon pauvre Charles! J'avais si peur que tu ne fisses quelque chose de mal, de réellement mal!... Tu sais que tu as toujours l'idée de te venger quand on a mal agi envers toi; et c'est un si mauvais sentiment, si contraire à la charité que nous commande le bon Dieu! Et quand tu offenses le bon Dieu, mon pauvre Charles, j'en éprouve une telle peine que je te ferais pitié si tu voyais le fond de mon cœur!

CHARLES.

Juliette, chère Juliette, pardonne-moi. Je t'assure que ce n'est pas exprès que je suis méchant....

JULIETTE.

Je le sais, mon ami; mais tu te laisses trop aller, tu ne pries pas le bon Dieu de te venir en aide, et alors... tu n'as pas de soutien et tu tombes!

CHARLES.

Sois tranquille, Juliette; à présent que je serai avec vous deux, tu verras comme tu seras contente de moi, et comme je t'écouterai docilement, sagement. »

Juliette sourit, se tut et reprit son tricot.

#### CHARLES.

Sais-tu que j'ai bien faim, Juliette; j'ai mangé un morceau de pain sec à huit heures, et il est midi passé.

#### JULIETTE.

J'attends Marianne pour dîner; mais si tu veux manger une tranche de pain, tu sais où il est, prends-en un morceau.

#### CHARLES.

Je vais manger une bouchée en attendant; je craignais que tu n'eusses dîné. »

Comme il achevait son morceau de pain, Marianne entra.

« Ah! te voilà, Charlot, dit-elle en l'embrassant, tu t'es donc fait chasser? Cela ne m'étonne pas, je l'avoue. Prends garde de te faire chasser aussi par Juliette, qui va t'avoir toute la journée sur le dos.

#### CHARLES.

Non, Marianne, je travaillerai : j'irai chez M. le curé, chez le maître d'école; ils me feront travailler, et je ne vous ennuierai pas, je ne ferai aucune sottise. Je deviens raisonnable à présent.

#### MARIANNE, *souriant.*

Ah!... Depuis quand, Monsieur Charlot, êtes-vous passé dans les rangs des gens sages?

#### CHARLES.

Depuis longtemps; depuis que je suis malheureux.

**MARIANNE**, *riant*.

C'est singulier que je ne m'en sois pas aperçue, ni Juliette non plus.

**CHARLES.**

Vous, Marianne, vous ne me connaissez pas; mais, pour Juliette, je suis sûr qu'elle me trouve de plus en plus sage. »

Juliette sourit, Charles la pressa de répondre; elle finit par dire :

« Ne parlons pas du passé et songeons à l'avenir; je parie que Charles va être tout autre avec nous qu'avec ma cousine Mac'Miche.

**CHARLES.**

Je ressemblerai aussi peu à ce que j'étais que vous ressemblez peu à la vieille cousine.

**MARIANNE.**

Allons! que Dieu t'entende, Charlot! Je ne demande qu'à te rendre service et à trouver en toi un second saint Charles. »

Au même instant, la porte s'ouvrit avec violence, et Mme Mac'Miche parut sur le seuil, à la grande terreur de Juliette, qui la devina à son souffle bruyant et au cri étouffé de Charles. Tout le monde garda le silence. Mme Mac'Miche, pâle et tremblante, s'approcha de Marianne, qui l'attendit de pied ferme.

« Marianne, dit-elle d'une voix adoucie par l'émotion, qu'avez-vous dit au juge relativement à moi?

— Au juge! répondit Marianne très surprise, je ne sais ce que vous voulez dire. Je ne me souviens pas d'avoir parlé au juge.

— Vrai? reprit la Mac'Miche en se remettant de son émotion. Il a donc inventé, menti; pour me faire parler sans doute?

— M. le juge n'est pas capable de mentir », dit Charles, qui était dans un recoin sombre de la salle, et que Mme Mac'Miche n'avait pas encore aperçu.

En entendant la voix de Charles, Mme Mac'Miche se retourna vivement et poussa un cri d'effroi.

#### MADAME MAC'MICHE.

Le voilà!... Le voilà revenu, ce cauchemar de ma pauvre vie! Comment s'est-il échappé? Remettez-le là-bas! En le recevant, vous recevez une légion de fées. Chassez-le! Vite, vite! Je ne veux pas de lui, d'abord.

#### MARIANNE.

Soyez tranquille, ma cousine; vous ne l'aurez pas, quand même vous le voudriez. M. le juge me l'a confié, je le garde, il est sous ma tutelle.

#### MADAME MAC'MICHE.

Et avec quoi le nourrirez-vous?

#### MARIANNE.

Ceci est mon affaire, ce n'est plus la vôtre.

#### CHARLES.

Vous savez bien, ma cousine, que vous avez cinquante mille francs qui sont à moi; vous les rendrez à Marianne, qui est ma gardienne, et nous vivrons tous là-dessus.

— Scélérat! menteur! s'écria la Mac'Miche d'une voix étranglée. Marianne, ne le crois pas; ma fille, ne l'écoute pas.

### MARIANNE.

Pardon, ma cousine, je sais qu'il dit vrai; c'est moi qui le lui ai appris; et maintenant que vous m'y faites penser, je me souviens d'en avoir parlé au juge; c'est peut-être ce que vous me demandiez en entrant.

### MADAME MAC'MICHE.

Malheureuse! tu m'assassines! Je ne puis rien rendre; je n'ai rien.

### MARIANNE.

Tout cela ne me regarde pas; c'est M. le juge qui en sera chargé par l'attorney.

### MADAME MAC'MICHE.

L'attorney! Mais c'est une infamie que ces attorneys! Ils condamnent toujours! Dans toutes les affaires ils condamnent quelqu'un! Je n'ai rien! Croyez-moi, mes chères, mes bonnes cousines. Ayez pitié de moi, pauvre veuve.... Charles, mon bon Charles, intercède pour moi. Songe que je t'ai logé, nourri, habillé pendant trois ans.

### CHARLES.

Quant à ça, ma cousine, je ne vous en ai pas grande obligation; logé comme un chien, nourri comme au workhouse, habillé comme un pauvre, battu tous les jours, abreuvé d'humiliations et d'injures. Et pendant que vous me reprochiez le pain que je mangeais, que vous m'appeliez *mendiant*, vous aviez ma fortune que vous me dissimuliez, et qui payait et au delà la dépense de la maison. Mes cousines Daikins sont pauvres, elles ne peuvent pas me garder pour rien : il est juste que ma fortune passe entre les mains de ma nouvelle tutrice.

MADAME MAC'MICHE, *joignant les mains.*

Mais je te dis, je te répète que je n'ai rien; rien à rendre, puisque je n'ai rien! »

Charles leva les épaules et ne répondit pas. Marianne contemplait avec dégoût cette vieille avare, tombée à genoux au milieu de la chambre, et continuant à implorer leur pitié à tous.

La scène se compliqua par l'arrivée du juge de paix, accompagné du vieux monsieur que Charles avait vu à travers la croisée chez Mme Mac'-Miche.

« Qu'est-ce, Madame Mac'Miche? dit le juge avec ironie; à genoux devant vos cousines? Quel méfait, quel crime avez-vous donc commis? »

Mme Mac'Miche resta atterrée; elle comprit que l'attitude de suppliante dans laquelle l'avaient surprise son correspondant et le juge, déposait contre elle et la faisait préjuger coupable de quelque grande faute. Elle ne trouva pas une parole pour s'excuser.

« Madame Mac'Miche, continua le juge, je suis fâché de vous dire que, malgré vos dénégations et vos serments répétés, il paraît certain que vous avez réellement détenu à votre profit la somme de cinquante mille francs appartenant à votre cousin et pupille Charles Mac'Lance, lesquels cinquante mille francs vous avaient été confiés par le père de Charles au profit de son fils.

Elle ferma les yeux et perdit connaissance. (Page 215.)

MADAME MAC'MICHE, *avec une force toujours croissante.*

C'est faux! c'est faux! c'est faux! c'est faux! Je n'ai rien à ce garçon et je ne lui dois rien.

LE JUGE.

Prenez garde, Madame Mac'Miche. Il y a des preuves contre vous, des preuves écrites.

MADAME MAC'MICHE.

C'est impossible! Il n'y a rien d'écrit; j'en suis certaine.

LE JUGE.

Si vous persistez à nier, il faudra que je remette l'affaire entre les mains de l'attorney, et... une condamnation... serait le déshonneur! Et puis... les frais entameraient vos capitaux, à vous appartenant. »

Mme Mac'Miche se roula par terre en criant :

« Mon argent! mon pauvre argent! Qu'on ne touche pas à ma caisse! Je vous ferai tous condamner à la déportation.... Mais vous n'y arriverez pas! Vous n'y trouverez rien! »

LE JUGE.

Calmez-vous, Madame Mac'Miche; il ne s'agit pas de vous prendre votre argent, mais de vous faire rendre celui qui ne vous appartient pas. Monsieur Blackday, veuillez parler à Madame, et lui faire voir clair dans cette affaire », ajouta le juge en souriant.

M. Blackday s'avança.

« Madame, dit-il, je vous ai informée tantôt que j'avais reçu une lettre dictée par vous, et qui me parlait de ces cinquante mille francs; cette lettre, m'avez-vous dit, était un tour infâme de votre petit cousin, Charles Mac'Lance. Je vous ai parlé d'une autre lettre que m'avait adressée ce pauvre garçon; il me dépeignait sa lamentable situation, et il me reparlait de cette somme dont M. le juge de paix, disait-il, avait connaissance. J'ai été touché de l'appel de ce pauvre orphelin, et je suis venu ici pour en causer avec vous, puis avec M. le peace-justice. Vous avez tout nié; M. le peace-justice m'a tout démontré par des informations verbales, mais incontestables, et par un papier écrit de votre main. Vous avez, sans doute, ignoré jusqu'ici cette dernière circonstance, que je crois devoir vous révéler; ce papier est le reçu écrit de votre main des cinquante mille francs de Charles, et remis à M. Mac'-Lance père, lequel l'a mis dans un portefeuille qu'il a confié à des mains sûres; ce document existe encore, nous l'avons vu, M. le peace-justice et moi. Et puis, Madame, à l'époque de la mort de M. Mac'-Lance, décédé dans votre maison, j'ai reçu de vous, pour être placée en votre nom, la même somme de cinquante mille francs réclamée par Charles: comment justifierez-vous de la possession de cette somme? »

Mme Mac'Miche, atterrée par ces témoignages accumulés, ne répondit pas: elle ne voyait ni n'entendait plus rien de ce qui se passait autour d'elle; quand le juge lui demanda une dernière fois si elle voulait restituer à Charles le capital et les intérêts de la somme qui lui appartenait, ou bien

Ils ouvrirent donc la caisse avec quelque difficulté. (Page 215.)

subir les chances d'un procès qui la ruinerait peut-être, elle trembla de tous ses membres ; effarée, éperdue, elle tira machinalement et avec effort la clef cachée dans son estomac, murmura d'une façon presque inintelligible : « Cassette,... clef, caisse.... Sauvez..., sauvez tout.

— Où se trouve la caisse ? demanda le juge de paix.

— Le mur... derrière l'armoire.... » Et, poussant un gémissement douloureux, elle ferma les yeux et perdit connaissance.

Le peace-justice, la laissant aux mains de Marianne, sortit avec M. Blackday, et alla chez Mme Mac'Miche pour ouvrir la caisse et voir ce qu'elle contenait. Ils trouvèrent la clef dans la cassette, mais ils eurent de la peine à découvrir la caisse, scellée dans le mur et masquée par l'armoire qu'ils ne songeaient pas à déplacer à cause de son poids ; toutefois en la poussant ils découvrirent qu'elle était sur roulettes, et qu'elle se déplaçait très facilement. Ils ouvrirent donc la caisse, et, après quelques difficultés pour arriver jusqu'à l'intérieur, ils trouvèrent enfin le trésor ; les papiers relatifs aux cinquante mille francs de Charles et les rouleaux d'or étaient séparés des deux cent dix mille francs de valeurs de Mme Mac'Miche. Le juge les prit, les compta, dressa un procès-verbal de la rentrée en possession, prit ensuite six mille francs en or, provenant des intérêts durant trois ans. « Je laisse à Mme Mac'Miche, dit-il, quinze cents francs pour payer la pension du pauvre Charles pendant les trois années de privations et de martyre qu'il a passées chez elle. Je vais remettre les six mille à Marianne pour sa dépense courante, et garder les cinquante mille francs pour les lui verser entre les mains quand elle sera définitivement tutrice de Charles. »

# XVI

### MADAME MAC'MICHE FILE UN MAUVAIS COTON

Ces messieurs rentrèrent chez Marianne, où ils trouvèrent Mme Mac'Miche revenue de son évanouissement, mais d'une pâleur livide. En apercevant les rouleaux d'or que le juge de paix remit à Marianne, elle se dressa en poussant un rugissement comme une lionne à laquelle on arrache ses lionceaux, et retomba aux pieds du juge de paix.

« Malheureuse créature ! dit-il en la regardant avec dégoût. L'amour de l'or et le chagrin d'en perdre une partie sont capables de la faire mourir. Qu'allez-vous en faire, Marianne ?

MARIANNE.

Si vous vouliez bien vous en charger, Monsieur le juge ? Ici nous n'avons pas de place ; impossible de la garder.

LE JUGE.

Où est Betty ? Si on pouvait l'avoir, elle consentirait bien, je pense, à soigner son ancienne maîtresse.

#### CHARLES.

Betty est restée chez sa sœur, la blanchisseuse.

#### MARIANNE.

Veux-tu aller la chercher, Charlot? Elle s'établirait chez la cousine Mac'Miche.

#### CHARLES.

J'y cours;... mais... si j'emmenais la pauvre Juliette, qui est si pâle : l'air lui fera du bien.

#### JULIETTE.

Oh oui! mon bon Charles, emmène-moi! Je suffoque! J'ai besoin d'air et de mouvement. »

Charles passa le bras de Juliette sous le sien, et ils allèrent ensemble proposer à Betty de reprendre son service chez Mme Mac'Miche. Betty refusa d'abord, puis elle céda aux instances de Charles et de Juliette.

« Écoute, lui dit Charles, en la soignant tu feras un acte de charité, et tu y seras bien plus agréablement, puisque nous sommes riches à présent et que tu ne manqueras de rien. D'ailleurs, si elle est trop méchante, si elle t'ennuie trop, tu t'en iras et tu viendras chez nous ou chez ta sœur. »

Ces raisons décidèrent Betty; elle les accompagna chez Marianne. En route ils rencontrèrent le charretier qui avait eu jadis une bataille avec Mme Mac'Miche et qui était resté dans le pays; Betty lui demanda de vouloir bien l'aider à transporter sa maîtresse chez elle. Il entra donc chez Marianne, pendant que Charles, qui redoutait de mettre Juliette en présence de Mme Mac'Miche, lui proposa de continuer leur promenade en dehors du bourg.

« Bien le bonjour, Madame, dit le charretier en entrant. C'est-y ça la bourgeoise qu'il faut ramener chez elle? Qu'est-ce qu'elle a donc? Elle est blanche comme un linceul. On dirait d'une morte!

BETTY.

Non, non, elle n'est pas morte, allez. Est-ce que les méchantes gens meurent comme ça! Le bon Dieu les conserve pour leur donner le temps du repentir; et puis pour la punition des vivants.

LE CHARRETIER.

Voyons, faut-il que je l'emporte?

BETTY.

Oui, si vous voulez bien; elle n'est pas lourde, je pense; elle vit d'air, par économie.

LE CHARRETIER, *riant*.

Et si elle revient, et qu'il lui prenne envie de me battre, en répondez-vous?

BETTY, *riant aussi*.

Oh! moi, je ne réponds de rien; c'est à vous à vous garer.

LE CHARRETIER, *de même*.

Ah mais! dites donc! c'est que je ne voudrais pas sentir ses ongles sur ma peau! Moi, d'abord je lâche, ni une ni deux; au premier coup de poing je la fais rouler par terre!

BETTY.

Vous ferez comme vous voudrez; ça vous regarde.

### LE CHARRETIER.

Bon! j'enlève le colis!... Houp! j'y suis. »

Et Mme Mac'Miche se trouva chargée comme un sac de farine sur le dos du charretier, ses jambes pendant par derrière, sa tête retombant sur la poitrine du charretier. Betty suivait. Ils eurent à peine fait cent pas, que le fardeau du charretier commença à s'agiter.

### LE CHARRETIER.

Hé! la bourgeoise! ne bougez pas! C'est qu'elle remue comme une anguille! Sapristi! Tenez-lui les jambes, Mistress Betty! Elle bat le tambour sur mes mollets à me briser les os.... Allons donc, la bourgeoise!... Je vais la serrer un brin pour la faire tenir tranquille. »

Il la serra si vigoureusement dans ses bras d'*Hercule*, que Mme Mac'Miche reprit tout à fait connaissance; et voulant se débarrasser de l'étau qui arrêtait sa respiration, elle serra et pinça cruellement le cou du charretier. Il poussa un cri ou plutôt un hurlement effroyable, et ouvrant les bras il laissa tomber sa vieille ennemie sur un tas de pierres qui bordaient la route. A son tour, Mme Mac'-Miche cria de toute la force de ses poumons.

« Pourquoi l'avez-vous jetée? dit Betty d'un ton de reproche.

### LE CHARRETIER.

Tiens! j'aurais voulu vous y voir. Elle m'a pincé au sang, comme une enragée qu'elle est!

### BETTY.

Pincé! pas possible!

##### LE CHARRETIER.

Tenez, voyez la marque sur mon cou!

##### BETTY.

C'est ma foi vrai! Est-elle traître! Elle n'avait que les doigts de libres, elle s'en est servie contre vous!

##### LE CHARRETIER.

Je le disais bien! J'en avais comme le pressentiment.... Je ne m'en charge plus cette fois. Faites ce que vous voudrez, je ne la touche pas, moi. Au revoir, Madame Betty; bien fâché de vous laisser empêtrée de cette besogne! Vous ne vous en tirerez qu'en la laissant se calmer en se roulant sur ces pierres. Tenez, tenez! voyez comme elle s'agite!

##### BETTY, *d'un air résigné*.

Envoyez-moi du monde, s'il vous plaît; je vais la faire porter chez elle. »

Le charretier, qui était bon homme, s'en alla, mais revint peu d'instants après avec un brancard et un ami; ils enlevèrent Mme Mac'Miche malgré ses cris, la posèrent sur le brancard et la déposèrent chez elle, sur son lit. En guise de remercîment, elle leur prodigua force injures.

##### LE CHARRETIER.

Allez, allez toujours! Je me moque bien de vos propos et de vos claques; j'ai l'oreille et la peau dures. Ce n'est pas pour vous ce que j'en fais, c'est pour soulager Mistress Betty, qui est une brave fille et qui a une réputation bien établie dans le pays. Au revoir, Mistress Betty!

BETTY.

Au revoir, Monsieur Donald, et bien des remerciments.

LE CHARRETIER.

Tiens! vous savez mon nom! Comment que ça se fait?

BETTY.

Je l'ai su dès le jour où vous avez eu cette prise avec ma maîtresse; on disait que vous deviez vous établir dans notre bourg; et vous y êtes tout de même.

LE CHARRETIER.

C'est vrai, et j'espère bien trouver une place et y rester. Allons, je vous laisse. Viens-tu, Ned?

NED.

J'y vais, j'y vais. Bonsoir, Mistress Betty.

BETTY.

Bonsoir et merci, Monsieur Ned.

LE CHARRETIER.

Ah çà! mais vous connaissez donc chacun par son nom?

BETTY.

Ce n'est pas malin! Vous venez de l'appeler Ned : je le répète après vous.

— Elle a de l'esprit tout de même », dit Donald à Ned en s'en allant.

Betty, restée seule près de Mme Mac'Miche, lui donna quelques soins qui furent repoussés avec force injures.

« Je veux être seule! criait-elle. Je veux être seule!

— Je ne puis vous laisser tant que vous n'êtes pas remise sur vos pieds, Madame. »

Mme Mac'Miche essaya de se relever; elle poussa un gémissement et retomba sur son oreiller; elle ne pouvait ni se redresser ni se retourner sur son lit. Betty, inquiète et redoutant quelque fracture, proposa à Mme Mac'Miche d'aller chercher le médecin.

#### MADAME MAC'MICHE.

Jamais! Je ne veux pas! Plutôt mourir que payer un médecin.

#### BETTY.

Mais Madame a peut-être quelque chose de dérangé dans les os. Il faut bien qu'on y voie. »

Et Betty s'esquive pour aller chercher M. Killer.

#### MADAME MAC'MICHE.

Malheureuse, infortunée que je suis! On me vole mon argent; on veut me ruiner en médecins!... Mes pauvres cinquante mille francs! Ils les ont volés!... Et l'or! l'or! Ces pièces si jolies, si charmantes, ils les ont prises! Ah! mon Seigneur! ils m'ont pillée, assassinée, égorgée! Ce gueux de Charles! Cette scélérate de Marianne! Ils ont tout raconté à ce juge! Un méchant juge de paix de quatre sous! Il m'a dévalisée!... Il m'a volée peut-être! Il faut que j'aille voir!... Ma clef! Ils m'ont pris ma clef! Ils m'ont volé ma clef! »

Mme Mac'Miche chercha encore à se lever, mais sans plus de succès que la première fois.

« Mon Dieu! mon Dieu! s'écria-t-elle, éclatant en

sanglots! Je ne peux pas y arriver! Je ne pourrai pas ouvrir ma caisse chérie! Je ne saurai pas ce qu'ils m'ont volé, ce qu'ils m'ont laissé!... A deux pas de mon trésor, de ce qui fait ma vie, mon bonheur! Et ne pouvoir y arriver! ne pas pouvoir toucher mon or, le manier, l'embrasser, le serrer contre ma poitrine, contre mon cœur! Mon or, mon cher et fidèle ami! Mon espérance, ma récompense, ma joie! Oh! rage et désespoir! »

Quand Betty rentra avec le médecin, ils la trouvèrent en proie à une violente attaque de nerfs accompagnée de délire. Elle ne parlait que de sa caisse, de sa clef, de son or. Le médecin examina la jambe gauche, qui ne faisait aucun mouvement; il reconnut une fracture. Aidé de Betty, il déshabilla Mme Mac'Miche, la coucha dans son lit, fit le pansement nécessaire, mit l'appareil voulu pour que les os puissent reprendre, et recommanda du calme, beaucoup de calme, de peur que la tête ne s'engageât tout à fait.

Betty crut devoir avertir Charles et les miss Daikins de ce qui arrivait à la cousine Mac'Miche.

« Je vais profiter de son moment de calme, pensa-t-elle, pour courir jusque là-bas. »

« Vous voilà déjà de retour, Betty? dit Marianne, qui, aidée de Charles, servait le dîner recuit, refroidi et réchauffé. Dînez-vous avec nous?

BETTY.

Je ne demanderais pas mieux, bien sûr; mais ne voilà-t-il pas que la cousine Mac'Miche a la jambe cassée à présent.

Ils la trouvèrent en proie à une violente attaque de nerfs.

MARIANNE.

Cassée! C'est-il possible! Quand donc? Comment donc? »

Betty raconta ce qui était arrivé. « Quant au charretier, continua-t-elle, il n'est pas fautif; c'est qu'elle l'a pincé! Fallait voir comme son cou était noir! La douleur lui a fait lâcher prise, et... par malheur elle a roulé sur les pierres! C'est là qu'elle se sera fracturée, comme dit le médecin.

MARIANNE.

Ecoutez, Betty, dînez avec nous; nous avons tout juste de quoi; le juge nous avait donné un poulet que j'ai fait rôtir; il est un peu sec à force d'avoir attendu, mais nous sommes tous jeunes, avec de bonnes dents et bon appétit. Et puis, voici une omelette pour fêter le retour de Charlot.

BETTY.

Et Mme Mac'Miche donc qui est seule?

MARIANNE.

Elle n'a besoin de rien, que de repos, a dit le médecin; et vous, vous avez, comme nous tous, besoin de manger. Voyez donc! Il est près de trois heures, et nous dînons d'habitude à une heure. Viens, ma Juliette, tu es pâle et fatiguée! mets-toi à table. »

Marianne amena et établit Juliette à sa place accoutumée, s'assit à côté, et lui servit un morceau d'omelette bien chaude.

« Eh bien, où est Charlot? dit Marianne en regardant de tous côtés après avoir servi Betty.

### JULIETTE.

Il va revenir, m'a-t-il dit; il nous demande de ne pas l'attendre. »

On ne fit plus d'observation, et les convives mangèrent avec un appétit aiguisé par un retard de deux heures.

« C'est singulier que Charles ne rentre pas, dit Marianne en réservant la part de poulet qui lui revenait. Pourvu qu'il n'ait pas été faire quelque sottise!

— Oh non! répondit vivement Juliette. Au contraire!

### MARIANNE.

Comment, au contraire? Tu sais donc où il est?

### JULIETTE.

Oui, il me l'a dit.

### MARIANNE.

Où est-il? Pourquoi ne le dis-tu pas?

### JULIETTE

Parce qu'il m'a demandé de ne le dire que lorsque Betty aurait fini son dîner, pour qu'elle pût manger tranquillement et à sa faim.

### BETTY.

Tiens! pourquoi cela? Où est-il allé?

### JULIETTE.

Il est allé près de Mme Mac'Miche, dans le cas où elle viendrait à s'éveiller et qu'elle aurait besoin de quelque chose. Il m'a demandé la permission d'y aller. C'est un bon sentiment, et je l'y ai encouragé.

MARIANNE.

Et tu as bien fait, Juliette! et Charles est un bon cœur, un brave garçon! C'est bien, ça! Ce que tu me dis m'attache à lui et me fait bien plaisir! »

Juliette embrassa sa sœur; elle avait des larmes dans les yeux. Betty, qui finissait son dîner, ploya sa serviette, remercia Marianne et disparut.

# XVII

### BON MOUVEMENT DE CHARLES
### IL S'OUBLIE AVEC LE CHAT

Charles avait été touché de l'accident fâcheux arrivé à sa vieille cousine; il eut la bonne pensée d'expier les tours innombrables qu'il lui avait joués, en aidant Betty à la soigner pendant sa maladie, qui pouvait être longue. Il remit donc son dîner à son retour et courut chez la cousine Mac'Miche. Quand il arriva, elle était déjà retombée dans son délire; elle appelait au secours pour garder son or qu'on lui volait; elle passait des larmes du désespoir aux cris de colère et d'effroi. Elle ne reconnut pas Charles et le supplia de lui rendre son or, son pauvre or.

Charles pensa que cette grande et dangereuse agitation serait peut-être calmée par la vue de cet or tant aimé, tant regretté : il trouva une double clef qui était dans un tiroir, ouvrit la cassette, y trouva une autre clef, celle de la caisse; et, se souvenant de la place indiquée, il poussa l'armoire, qu'il savait facile à remuer, vit la serrure dans le mur, ouvrit encore et trouva, après quelques recherches, le trésor bien-aimé ; il prit les rouleaux d'or, referma le reste, et posa les rouleaux sur le lit de Mme Mac'Miche, à portée de ses mains ; puis il s'assit et attendit.

Elle ne tarda pas à ouvrir les yeux, à regarder ses mains vides.

« Rien ! dit-elle à mi-voix : rien ! »

Puis, apercevant ses rouleaux d'or, elle poussa un cri de joie, les saisit, les passa d'une main dans l'autre, les baisa, les ouvrit, les compta, les baisa encore, aperçut Charles et le regarda avec effroi.

« Pourquoi viens-tu ? Tu veux me voler mon or ?

#### CHARLES.

Rassurez-vous, ma cousine ! C'est moi, au contraire, qui vous l'ai rapporté.

#### MADAME MAC'MICHE.

Toi ! Oh ! Charles ! mon ami, mon sauveur ! C'est toi ? Eh ! Charles ! que tu es bon ! Ne le dis à personne ! Il me le reprendrait, cet infâme juge ! Où le mettre ? Où le cacher ?

#### CHARLES.

Sous votre oreiller, ma cousine ! Personne n'ira l'y chercher. »

Mme Mac'Miche le regarda avec méfiance.

« J'aime mieux tout garder dans mes mains », dit-elle.

Elle s'agita, eut l'air de chercher.

« J'ai soif ; Betty ne m'a rien donné. »

Elle les passa d'une main dans l'autre, les baisa, les compta.

Charles courut chercher quelques groseilles dans le jardin, les écrasa dans un verre d'eau, y ajouta du sucre et le présenta à Mme Mac'Miche.

Elle but avec avidité.

« C'est bon! c'est très bon!... »

Et, après un instant de réflexion :

« Où as-tu pris le sucre? je ne veux pas acheter de sucre.

CHARLES.

C'est celui de Marianne; c'est elle qui vous en fournira, ma cousine.

MADAME MAC'MICHE.

A la bonne heure!... C'est très bon! Ça me fait du bien.... Donne-m'en encore, Charles. »

Charles lui en apporta un second verre, qu'elle but avec la même avidité que le premier.

MADAME MAC'MICHE.

C'est bon! je me sens mieux.... Mais tu es bien sûr que c'est Marianne qui paye le sucre?

CHARLES.

Très sûr, ma cousine! Ne vous en tourmentez pas.

MADAME MAC'MICHE.

Et Betty? Je ne veux pas la payer.

CHARLES.

Vous ne la payerez pas; elle ne demande rien.

MADAME MAC'MICHE.

Bon! Mais je ne veux pas la nourrir non plus.

CHARLES.

Elle mangera chez Marianne; calmez-vous, ma cousine; on fera tout pour le mieux.

###### MADAME MAC'MICHE.

Et le médecin ? Je n'ai pas de quoi le payer.

###### CHARLES.

Marianne payera tout. »

Ces assurances réitérées calmèrent Mme Mac'-Miche, qui s'endormit paisiblement.

Quand Betty entra, Charles lui expliqua ce qui s'était passé, ce qu'il avait dit et promis, et recommanda bien qu'on ne lui enlevât pas ses rouleaux d'or. Puis il se retira et courut jusque chez ses cousines.

###### CHARLES, *entrant*.

Me voici, Juliette ! J'ai une faim terrible ! Mais j'ai bien fait d'y aller. Je te raconterai ça quand j'aurai mangé. »

Marianne embrassa Charles avant qu'il commençât son repas. Juliette quitta son fauteuil, marcha à tâtons vers lui, et, lui prenant la tête dans ses mains, elle lui baisa le front à plusieurs reprises.

###### CHARLES, *mangeant*.

Merci, Juliette, merci ; tu es contente de moi ! Ce que j'ai fait n'était pourtant pas difficile. Cette malheureuse femme fait pitié !

###### JULIETTE.

Pitié et horreur ! Cet amour de l'or est révoltant ! J'aimerais mieux mendier mon pain que me trouver riche et m'attacher ainsi à mes richesses.

###### MARIANNE.

Malheur aux riches ! a dit Notre-Seigneur ; aux riches qui aiment leurs richesses ! C'est là le mal et le malheur ! C'est d'aimer cet or inutile ! C'est d'en être avare! de ne pas donner son superflu à ceux qui n'ont pas le nécessaire!

**CHARLES,** *mangeant.*

Si jamais je deviens riche, je donnerai tout ce qui ne me sera pas absolument nécessaire.

**JULIETTE.**

Et comment feras-tu pour reconnaître ce qui n'est pas absolument nécessaire?

**CHARLES,** *mangeant.*

Tiens; ce n'est pas difficile! Si j'ai une redingote, je n'ai pas besoin d'en avoir une seconde! Si j'ai une salle et une chambre, je n'ai pas besoin d'en avoir davantage. Si j'ai un dîner à ma faim, je n'ai pas besoin d'avoir dix autres plats pour me faire mourir d'indigestion. Et ainsi de tout.

**JULIETTE.**

Tu as bien raison! Si tous les riches faisaient comme tu dis, et si tous les pauvres voulaient bien travailler, il n'y aurait pas beaucoup de pauvres.

**CHARLES.**

Marianne, à présent que nous sommes riches, vous n'irez plus en journée comme auparavant.

**MARIANNE.**

Tout de même, mon ami; n'avons-nous pas nos dettes à acquitter? Et je ne veux pas les payer sur la fortune de mes parents, dont Juliette aura besoin si je viens à lui manquer. Encore cinq années de travail, et nous serons libérées.

**CHARLES.**

Marianne, je vous en prie, payez avec mon argent! J'en ai bien plus qu'il ne nous en faut!

Pensez donc, deux mille cinq cents francs par an !
### MARIANNE.
Ni toi ni moi, nous n'avons le droit de faire des générosités avec ta fortune, Charlot ; toi, tu es un enfant, et moi, je vais être ta tutrice : je dois donc faire pour le mieux pour toi et non pour moi. »

Charles ne dit plus rien. Il s'assit près de Juliette et arrangea avec elle l'emploi de leurs journées.
### JULIETTE.
D'abord, tu me mèneras à la messe à huit heures....
### CHARLES.
Tous les jours ! Je crains que ce ne soit un peu ennuyeux.
### JULIETTE, *souriant*.
Oui, tous les jours. Et la messe ne t'ennuiera pas, j'en suis sûre, quand tu penseras que tu me procures ainsi un bonheur et une consolation ; et puis ce n'est pas bien long, une petite demi-heure.
### CHARLES.
Bon. Après ?
### JULIETTE.
Après, nous irons faire une promenade, nous visiterons quelques pauvres gens ; nous leur ferons du bien selon nos moyens ; puis nous rentrerons, tu t'occuperas pendant que je tricoterai. Après dîner nous ferons encore une promenade, et puis nous travaillerons.
### CHARLES.
Et j'aiderai Marianne à faire le ménage ; et puis je jouerai un peu avec le chat. J'aime beaucoup les chats.

### JULIETTE.

Tu ne le tourmenteras pas ?

### CHARLES.

Oh non ! Je m'amuserai en l'amusant.

### JULIETTE.

C'est arrangé alors. Commençons de suite. Donne-moi mon tricot, je t'en prie. Je ne sais ce qu'il est devenu avec ces histoires de la cousine Mac'Miche.

— A propos de cousine Mac'Miche, dit Charles en donnant à Juliette son tricot, il faudra que j'aille souvent aider la pauvre Betty à la soigner. Et il y en a pour longtemps ! Betty n'y tiendrait pas si elle n'avait quelqu'un qui vînt l'aider.... Tiens ! voici le chat !... Minet, Minet, viens, mon Minet, viens faire connaissance avec ton nouvel ami. »

Minet approcha sans méfiance et fit le gros dos et ron-ron en se frottant aux jambes de Charles, qui le caressa, le prit sur ses genoux et l'embrassa. Le chat se sentit tout à fait à l'aise et frotta sa tête contre la joue de Charles.

### CHARLES.

Bien, mon ami, tu es un bon Minet ; je serai ton ami et je t'apprendrai à faire de jolies choses.... D'abord, sais-tu scier ?... Tu vas voir comme c'est joli et amusant. »

Charles plaça entre ses jambes les pattes de derrière du chat, prit de chaque main une des pattes de devant et une des oreilles, et le fit ployer comme les scieurs de long quand ils scient à deux une pièce de bois. Puis il le releva, puis il le fit ployer encore; le chat, ne trouvant pas le jeu fort à son gré, se débattit, mais en vain; Charles serrait davantage les jambes pour maintenir celles du chat, et tenait plus fortement les pattes de devant et les oreilles; à chaque révérence qu'il lui faisait exécuter, le chat faisait un demi-miaulement furieux.

« Bravo! s'écria Charles; très bien! Il imite le bruit de la scie; entends-tu, Juliette? »

Et il faisait scier le pauvre chat avec un redoublement de vigueur.

« Il imite le bruit de la scie. »

JULIETTE.

Que fais-tu donc, Charles? Je parie que tu le tourmentes. Il miaule comme s'il n'était pas content.

CHARLES.

Pas du tout! Il imite le bruit de la scie; il est enchanté; s'il était ouvrier scieur, tu l'entendrais rire... ou jurer peut-être, car ils jurent tous.... Aïe! aïe! vilaine bête! Quel coup de griffe il m'a donné!... Le voilà qui se sauve. Attends, imbécile! tu vas en recevoir pour la peine! »

Avant que Juliette eût eu le temps d'arrêter Charles dans ses projets de vengeance, il avait disparu; elle l'entendit courir, crier des sottises au chat; puis elle entendit plusieurs miaulements désespérés, deux ou trois cris poussés par Charles, et puis plus rien. Deux minutes après, Charles revenait près de Juliette.

« Tu vas en recevoir pour la peine! »

JULIETTE, *agitée*.

Charles, qu'as-tu fait du pauvre chat? Pourquoi a-t-il miaulé, et pourquoi as-t crié?

CHARLES, *ému*.

Parce que ton chat est une méchante bête qui m'a mordu, griffé, qui m'aurait mis en pièces si je ne l'avais maintenu de toutes mes forces. Aussi l'ai-je fouetté d'importance!

JULIETTE.

Pauvre bête! Ce chat a toujours été très bon; c'est toi qui l'as mis en colère en le tourmentant. Et je suis très fâchée contre toi!

CHARLES.

Oh! Juliette! tu es fâchée contre moi pour un méchant chat qui m'a fait mal, qui a un caractère détestable, qui ne comprend pas le jeu!

JULIETTE.

Et comment veux-tu qu'il s'amuse à un jeu qui lui fait mal ou tout au moins qui l'ennuie?

CHARLES.

Et c'est ce qui prouve qu'il est bête.

JULIETTE.

Et parce qu'il est bête, tu le bats, tu le fouettes comme s'il avait de la raison, comme s'il pouvait comprendre? Tu fais pour lui pis que ne faisait ta cousine Mac'Miche pour toi.

CHARLES.

Voyons, Juliette, ne sois pas fâchée; pardonne-moi. J'étais en colère, vois-tu! Il m'avait déjà griffé avant que je l'eusse battu.

JULIETTE.

Je te pardonnerai si tu me promets de ne plus recommencer et de ne jamais battre mon chat.

CHARLES.

Je te le promets; je jouerai avec lui sans le battre et sans le tourmenter.

— Bon; alors je te pardonne, dit Juliette en souriant et en lui tendant la main.

**CHARLES**, *l'embrassant.*

Merci, ma bonne, ma chère Juliette! Comme tu es différente de la vieille cousine! Comme je serai heureux près de toi! Et comme je t'obéirai! Tu vois déjà comme je suis doux! Au lieu de me mettre en colère, je t'ai demandé de suite pardon.

**JULIETTE**, *riant.*

Tu appelles cela être doux! Et ta colère contre le pauvre chat?

**CHARLES**, *riant aussi.*

Ah! c'est vrai! Mais tu sais que j'ai promis de ne pas recommencer.... Dis donc, Juliette, si je courais jusque chez la cousine pour savoir comment elle est et si Betty n'a pas besoin de moi?

**JULIETTE.**

Je veux bien; seulement, je te ferai observer qu'il est tard, et que tu n'as ni rangé ni balayé la salle.

**CHARLES.**

Alors je vais commencer par là. »

Et Charles, enchanté de lui-même, presque surpris de sa docilité, se mit à l'ouvrage avec une telle ardeur, qu'un quart d'heure après, tout était nettoyé, rangé, mis en ordre.

« J'ai fini, dit-il; et si tu voyais comme c'est bien, comme c'est propre, comme tout est bien en place, tu serais joliment contente de moi!

**JULIETTE**, *souriant.*

Sois modeste dans la prospérité, mon bon

Charlot! Tu as un air triomphant qui ressemble un peu à de l'orgueil.

#### CHARLES.

C'est qu'il y a de quoi!... Ce balai est excellent! Je n'en avais jamais eu de si bon! Il a balayé! Cela allait tout seul! Aussi je suis content, et je pars. Au revoir, Juliette! Tu n'as besoin de rien?

#### JULIETTE.

De rien du tout; je te remercie. Ne reste pas trop longtemps absent.

#### CHARLES.

Non, non, sois tranquille; dans une demi-heure je serai de retour. »

Et d'un bond il fut dans la rue. Il courut (c'était son allure accoutumée, il ne marchait que lorsqu'il ne pouvait faire autrement), il courut donc jusque chez sa cousine Mac'Miche; Betty n'était pas dans la cuisine: il monta dans la chambre; il y trouva Mme Mac'Miche seule, se débattant dans son lit, gémissant, disant des phrases incohérentes, dans un véritable délire. Betty était absente. Charles approcha et chercha à la calmer. Elle ouvrit des yeux effarés, le regarda, eut l'air de le reconnaître et lui fit voir ses mains vides.

« On vous a ôté votre or? demanda Charles.

#### MADAME MAC'MICHE.

Tout, tout. Plus rien! Ils ont tout volé. L'or, la clef, tout.

#### CHARLES.

Mais qui vous a volé l'or et la clef?

MADAME MAC'MICHE.

Charles! Ce Charles maudit, qui est l'ami des fées; ils ont tout pris! Deux grands génies noirs! Les amis de Charles! Oh! mon or! mon pauvre or! »

Elle retomba sur son oreiller, recommença ses cris et ses hurlements. Charles était fort embarrassé, ne sachant que faire, ignorant qui avait enlevé les rouleaux d'or. Faute de mieux, il essaya de lui donner à boire comme il l'avait déjà fait; après lui avoir préparé un verre d'eau de groseilles, il le lui présenta; elle le saisit, le regarda et le lança au milieu de la chambre, en disant :

« Ce n'est pas mon or! Je veux mon or! »

# XVIII

REPENTIR DE CHARLES — JULIETTE LE CONSOLE

Charles s'assit en face du lit de la malheureuse folle et réfléchit. Il se souvint des nombreuses vengeances qu'il avait exercées contre elle, de la joie qu'il avait éprouvée en lui parlant de ses cinquante mille francs; et en observant le bouleversement que cette révélation avait opéré dans l'esprit de Mme Mac'Miche, il se souvint des représailles auxquelles il s'était livré à chaque injustice ou violence dont il avait été victime. Il se souvint des conseils sages et modérés de la bonne Juliette, et il regretta de les avoir repoussés. Le délire, l'agonie de cette méchante femme, éveillèrent des remords dans cette âme naturellement droite et bonne. Il s'accusa d'avoir provoqué ce délire en lui faisant croire à ses relations avec les fées.

Il se repentit et il pleura. Après avoir pleuré, il pria; agenouillé près du lit de cette femme dont la bouche vociférait des imprécations, il pria pour elle, pour lui-même; il implora le pardon du bon Dieu pour elle et pour lui.

Quand Marianne vint savoir des nouvelles de sa cousine Mac'Miche, elle trouva Charles priant et pleurant encore. Surprise et effrayée, elle le releva.

« Qu'as-tu, mon Charlot? Est-elle morte? Où est Betty? (Mme Mac'Miche était étendue pâle et sans mouvement; son délire avait cessé.)

CHARLES.

Elle vit encore, mais elle dit des choses horribles! Elle demande son or, elle crie au voleur, elle blasphème contre le bon Dieu. Et je priais pour elle... et pour moi qui ai contribué à la mettre dans ce terrible état. Je ne sais où est Betty. Quand je suis entré, ma pauvre cousine était seule et en délire.

MARIANNE.

Pauvre Charlot! Tu as bon cœur! C'est bien d'avoir prié pour elle! Tu avais été si malheureux chez elle!

CHARLES.

Mais je l'ai tant fait enrager de moitié avec Betty! Je crains d'avoir contribué à sa maladie.

MARIANNE.

Si tu as contribué à sa maladie, tu vas contribuer à sa guérison par les soins que tu lui donneras. Où comptais-tu aller en sortant d'ici?

CHARLES.

Chez Juliette, qui est seule depuis longtemps, et que je devais rejoindre dans une demi-heure.

##### MARIANNE.

Eh bien, mon ami, pour commencer ton expiation, avant de rentrer, va chercher le médecin; tu lui diras que je l'attends ici; et tu lui expliqueras l'état dans lequel tu as trouvé ta cousine.

##### CHARLES.

Oui, Marianne, j'y cours.... Pauvre femme, dit-il en jetant un dernier regard sur Mme Mac'Miche, comme elle est affreuse! Quel rire méchant elle a! Tenez, elle ouvre les yeux! Voyez comme elle les roule!

##### MARIANNE.

Il est certain qu'elle a le regard... d'un diable, pour dire les choses telles qu'elles sont.... Oui, tu as raison.... Pauvre femme!... Que Dieu daigne la prendre en pitié! Je la crois bien malade; et peut-être après le médecin faudra-t-il le prêtre. »

Charles courut sans reprendre haleine jusque chez le médecin, auquel il expliqua la position alarmée de Mme Mac'Miche et l'attente de sa cousine Marianne.

Le médecin hocha la tête, et dit qu'il la considérait comme perdue par suite de l'exaltation où la mettait la restitution des cinquante mille francs opérée par le peace-justice; il promit d'y retourner dès que son souper serait fini.

Charles se retira fort triste et se reprochant amèrement d'avoir provoqué cette restitution par sa lettre à M. Blackday. En rentrant, il ouvrit lentement la porte, et vint prendre place près de Juliette.

« C'est toi enfin, mon bon Charles! dit Juliette dès qu'il eut ouvert la porte. Comme tu as été longtemps absent! Que s'est-il donc passé? Tu es triste, tu ne me dis rien.

#### CHARLES.

Je suis triste, il est vrai, Juliette; ma pauvre cousine est bien mal, et j'ai des remords d'avoir contribué à sa maladie par les peurs que je lui ai faites, les contrariétés que je lui ai fait supporter, et par-dessus tout par la part que j'ai prise dans la démarche du juge; il lui a enlevé ce qu'elle avait à moi. Le médecin dit que c'est ça qui lui a donné le délire, la fièvre, ce qui la tuera peut-être! Et c'est moi qui aurai causé sa mort. J'ai bien prié le bon Dieu pour elle et pour moi, Juliette!

#### JULIETTE.

Oh! Charles, que je suis heureuse de t'entendre parler ainsi! Quel bien me fait ce retour sérieux à de bons sentiments! Je l'avais tant demandé pour toi au bon Dieu!... Tu pleures, mon bon Charles? Que Dieu bénisse ces larmes et celui qui les répand. »

Charles pleurait en effet; il se jeta au cou de Juliette, qui mêla ses larmes aux siennes; et il pleura quelque temps encore pendant que son cœur priait et se repentait.

#### JULIETTE.

Charles, prends mon *Imitation de Jésus-Christ*, et lis-en un chapitre; cela nous fera du bien à tous les deux. »

Charles obéit et lut avec un accent ému un chapitre de ce livre admirable.

Quand il eut fini, il se sentit remis de son trouble. Juliette était calme.

« Sais-tu, lui dit-elle, que lors même que tu n'aurais rien dit, rien demandé de la fortune que t'a laissée ton père, Marianne en avait déjà parlé au juge; et pendant que tu étais dans ton affreux Fairy's Hall, ils en avaient parlé sérieusement : Marianne avait remis au juge le reçu de Mme Mac'-Miche, et M. Blackday s'était croisé avec une lettre du juge qui lui demandait des renseignements sur les sommes qui t'appartenaient et que retenait injustement ta cousine. Ainsi, tu vois que tu ne lui as fait aucun mal, et que tu ne dois avoir aucun remords.

#### CHARLES.

Dieu soit loué! Merci, Juliette, de ce que tu m'apprends! Quel poids tu enlèves de dessus mon cœur! »

Charles baisa la main de Juliette qu'il tenait dans les siennes.

#### JULIETTE.

Elle est donc plus malade, cette pauvre femme?

#### CHARLES.

Marianne la trouve très mal, puisqu'elle a parlé du prêtre après le médecin. Elle a un affreux délire; et la pauvre malheureuse ne parle que de son or; c'est pénible à entendre!

#### JULIETTE.

Voilà les avares! ils aiment tant leur or, qu'ils n'ont plus de cœur pour aimer le bon Dieu ni les hommes. »

Quelqu'un frappa à la porte; Charles alla ouvrir. C'était Betty et le charretier Donald.

#### CHARLES.

Te voilà donc enfin, Betty! Où étais-tu? Marianne est près de ma cousine Mac'Miche, qui est très mal.

#### BETTY.

Je le crois bien, qu'elle est mal, après ce qui est arrivé! M. le juge est venu reprendre la clef de la caisse, pour que personne ne pût y toucher pendant la maladie de Mme Mac'Miche. Ne voilà-t-il pas qu'il aperçoit les rouleaux d'or qu'elle tenait dans ses mains? Vu son état, M. le juge craint qu'elle ne les perde, que quelqu'un ne les lui prenne; quand elle voit que M. le juge et l'autre monsieur vont ouvrir la caisse, elle crie comme une possédée; le juge, qui ne se trouble pas si facilement, revient près d'elle pour lui enlever ses rouleaux et les remettre dans la caisse; elle se débat et crie de toute la force de ses poumons. L'autre monsieur venant en aide à M. le juge, ils parviennent à lui arracher son or, qu'ils enferment dans la caisse et en emportent la clef. A partir de ce moment elle est devenue folle furieuse. Elle me faisait peur, savez-vous? Je me suis dit que jamais je ne passerais la nuit seule près de cette forcenée qui appelait les fées à son secours, et qu'il me fallait une société, un quelqu'un. J'ai couru de droite et de gauche sans trouver personne qui voulût bien me rendre ce service. Je me désolais, j'en pleurais, lorsque j'ai rencontré ce bon M. Donald, qui veut bien, lui;

Il proposa de coucher sur deux ou trois chaises. (Page 257.)

seulement, nous venions voir Mlle Marianne pour qu'elle fasse prix avec M. Donald pour le temps qu'il passera près de la cousine Mac'Miche.

**JULIETTE.**

Vous trouverez Marianne près de ma cousine; elle y est depuis que Charles est allé chercher le médecin.

**BETTY.**

Tiens! elle est donc plus mal, qu'on a été au médecin?

**JULIETTE.**

Charles dit que Marianne la trouve très mal.

**BETTY.**

Allons-y tout de suite, Monsieur Donald. Ces dames vous payeront bien, soyez tranquille.

**DONALD.**

Oui, si ce n'est pas votre bourgeoise qui paye.

**BETTY.**

Non, non, ça s'arrangera. Au revoir, la compagnie. »

Betty et Donald furent bientôt remplacés près de Charles et de Juliette par Marianne, qui leur dit que le médecin était fort inquiet, qu'il avait trouvé une fièvre ardente, le cerveau très entrepris; il avait fait une forte saignée, laquelle n'avait encore amené aucun soulagement; il trouvait que l'idée de Charles, de lui faire tenir de l'or dans ses mains, avait été excellente et avait déjà ramené du calme; mais il craignait beaucoup que l'enlèvement violent de cet or n'amenât les plus funestes résultats.

« Betty vient d'arriver, ajouta Marianne, avec un charretier de ses amis pour veiller la cousine cette nuit, la soulever, la faire changer de position et surtout pour rassurer Betty elle-même, qui a une peur affreuse de tout ce que dit la cousine et des cris qu'elle pousse sans cesse. Et maintenant, continua Marianne, Charles va m'aider à préparer le souper; notre journée a été toute dérangée depuis onze heures.... Tu es pâle, ma pauvre Juliette. Veux-tu faire une petite promenade avec Charles pendant que je mettrai le couvert? »

Juliette ayant accepté l'offre de sa sœur, Charles l'emmena.

« Si nous allions passer quelques instants à l'église, Charles? veux-tu? Et nous irons de là chez M. le curé pour lui faire connaître l'état de notre malheureuse cousine, et lui demander d'aller la voir.

— Avec plaisir, Juliette; je prierai mieux à l'église que chez ma cousine Mac'Miche. »

Ils y allèrent et rencontrèrent en sortant l'excellent curé, qu'ils informèrent de l'état de Mme Mac'-Miche.

« Je vais y aller, dit-il; j'y passerai la nuit s'il le faut, mais je ne la laisserai pas mourir sans sacrements. »

Charles et Juliette abrégèrent leur promenade, parce que Charles ne voulait pas laisser Marianne tout préparer à elle seule, pour leur souper.

Après le repas vint le coucher; on s'aperçut, au dernier moment, qu'on n'avait pas de lit pour

Charles. Il proposa de coucher sur deux ou trois chaises, mais Juliette s'y refusa absolument; elle coucha avec Marianne, et abandonna son lit à Charles, malgré une résistance désespérée.

# XIX

### CHARLES HÉRITIER ET PROPRIÉTAIRE

Charles s'éveilla de bonne heure; il eut de la peine à quitter son excellent lit, mais il voulait aller savoir des nouvelles de la malade avant de mener Juliette à la messe; il était cinq heures; il n'avait pas de temps à perdre. Il sauta donc à bas de son lit, courut à la cuisine pour faire ses ablutions, se lava de la tête aux pieds dans un baquet d'eau bien fraîche, se peigna, se brossa, revêtit ses habits usés, percés et sans couleur définie, et sortit au moment où Marianne entrait pour faire le feu et apprêter le déjeuner.

**MARIANNE.**

Déjà prêt, Charlot? Et où vas-tu donc si matin?

**CHARLES.**

Je vais savoir des nouvelles de ma cousine et donner à Betty une heure et demie de repos; il est près de six heures, je serai de retour à sept et demie.

**MARIANNE.**

Va, va, mon ami; c'est très bien. Reviens exactement à l'heure dite; sans exactitude, un ménage marche tout de travers; il faut qu'un peu avant huit heures nous ayons déjeuné, et que je sois prête à partir pour t'acheter un lit, des vêtements, du linge, tout ce qui te manque, enfin; et, après, j'irai en journée chez M. le juge.

**CHARLES.**

Je serai exact, à moins qu'on ne me retienne prisonnier, ce que je ne pense pas. »

Charles courut chez Mme Mac'Miche, qu'il trouva dans un état de plus en plus alarmant. La nuit avait été affreuse; elle avait repoussé le curé une partie de la nuit, le prenant pour un des voleurs de son trésor. Mais à force de douceur, de charité, d'exhortations affectueuses et paternelles, le curé était parvenu à s'en faire écouter; il obtint même une confession, quoique incomplète, car elle l'interrompit plusieurs fois pour crier : « Je ne veux pas parler des cinquante mille francs de Charles; on me les reprendrait ». Depuis, elle avait paru plus calme; mais quand le curé, harassé de fatigue, se retira pour prendre deux ou trois heures de repos, elle fut reprise de son agitation, qui alla toujours en augmentant jusqu'à l'arrivée de Charles. La pauvre Betty était exténuée; Donald dormait et ronflait dans un fauteuil, après avoir veillé toute la nuit. Charles promit à Betty de lui chercher et de

Elle fut reprise de son agitation, qui alla toujours en augmentant.

lui envoyer une femme pour la remplacer, et il prit son allure ordinaire pour avertir Marianne de ce qui se passait.

### MARIANNE.

C'est moi qui irai remplacer Betty; elle va manger un morceau, se coucher et dormir jusqu'au soir; et moi, après avoir fait mes emplettes, je passerai la journée là-bas au lieu d'aller chez le juge de paix. Va le prévenir, Charlot; dis-lui pourquoi je n'y vais pas aujourd'hui. Je te confie ma pauvre Juliette; soigne-la, et vois à faire le dîner et le souper de ton mieux pour nous tous, car il faut bien que nous donnions à manger à Betty et au garde-malade qu'elle s'est choisi pour adjoint.

### CHARLES.

Mais vous, Marianne, vous n'allez pas rester toute la journée chez ma cousine? Quelle fatigue pour vous! Et quel spectacle que cette pauvre femme mourante qui ne songe qu'à son or!

### MARIANNE.

Tu m'enverras quelqu'un pour me relayer à l'heure du dîner; le soir, Betty reprendra son poste près de la malade, et moi le mien près de Juliette. »

Charles fit la commission de Marianne au juge, qui le reçut très amicalement et qui promit d'envoyer sa bonne deux ou trois fois dans la journée pour laisser à Marianne la liberté de prendre ses repas et de faire son ménage.

Ils prirent tous leur café au retour de Charles, et chacun s'en alla à ses affaires; Marianne libéra

Betty, et lui fit prendre son déjeuner, ainsi qu'à Donald qui s'était éveillé et qui engloutit une terrine pleine de café au lait avec une livre de pain qu'il y mit tremper. Betty se coucha, Donald alla faire un somme dans la salle, et Marianne resta seule près de la malade, qui s'était calmée.

Le calme continua et donna à Marianne le temps de ranger la chambre, de laver ce qui était sale, de tout essuyer, nettoyer. La cousine Mac'Miche dormait toujours.

« C'est une crise favorable, pensa Marianne; en s'éveillant, elle aura repris toute sa connaissance. »

Charles avait conduit Juliette à la messe; puis, au lieu de se promener, ils étaient rentrés chez eux pour faire le ménage.

« Marianne pourra se reposer bien à son aise quand elle reviendra, car elle n'aura plus rien à faire », dit Juliette.

Charles fut surpris de voir la part que prenait Juliette à ce travail qui semblait impossible pour une aveugle. Pendant que Charles balayait, elle lavait et essuyait la vaisselle, la replaçait dans le dressoir, nettoyait le fourneau. Ils allèrent ensuite faire les lits, balayer et essuyer partout. Ils reçurent la literie et les effets qu'avait achetés Marianne, et ils mirent tout en place; Charles essaya de suite ses vêtements neufs : ils lui allaient à merveille et lui causèrent une joie que partagea Juliette. Quand tout fut terminé, Juliette prit son tricot, Charles prit un livre et lut tout haut: c'était un livre instructif et amusant, intitulé INSTRUCTIONS FAMILIÈRES OU LECTURES DU SOIR.

CHARLES, *après avoir lu quelque temps.*

Quel bon et intéressant livre! Je suis content de le lire. Et quelles histoires amusantes on y raconte! Tout le monde devrait avoir ce livre-là! Quand j'aurai de l'argent, je l'achèterai, bien sûr. Est-ce qu'il coûte cher?

JULIETTE.

Mais oui! Cher pour nous qui ne sommes pas riches. Les deux volumes, qui sont très gros, il est vrai, coûtent cinq francs.

CHARLES.

Quel dommage! C'est trop cher! Je n'ai pas le sou.

JULIETTE.

Mais quand tu auras ta fortune, tu pourras l'acheter.

CHARLES.

Dis-moi, Juliette, comment la cousine Mac'Miche a-t-elle fait pour être si riche?

JULIETTE.

Je ne sais pas; elle aura toujours amassé en se privant de tout.

CHARLES.

Mais à quoi lui servait son argent puisqu'elle se privait de tout?

JULIETTE.

A rien du tout; il ne lui a jamais procuré la moindre douceur.

CHARLES.

Comme c'est drôle, de se faire riche pour vivre

comme si l'on était pauvre! Dis donc, Juliette, si elle meurt, que fera-t-on de son argent?

JULIETTE.

Je ne sais pas du tout; j'espère qu'on le donnera aux pauvres.

CHARLES.

Ce sera bien fait, car je ne l'ai jamais vue donner un sou à un pauvre. »

L'heure du déjeuner approchait, Charles tint conseil avec Juliette, et ils décidèrent qu'on mangerait une omelette à la graisse, et une salade à la grosse crème. Charles alla acheter ce qu'il fallait, ralluma le feu, et, aidé de Juliette qui cassa et battit les œufs, il fit une omelette très passable pendant que Juliette assaisonnait et retournait la salade que Charles avait cueillie toute fraîche dans le jardin, et qu'il avait lavée et apprêtée.

Marianne rentra exactement pour dîner.

« La cousine Mac'Miche ne va pas bien, dit-elle en entrant; elle n'a pas bougé depuis que je suis entrée, voici bientôt cinq heures; Betty dort toujours, je n'ai pas voulu la déranger, mais j'ai secoué et réveillé Donald pour lui faire prendre ma place près de la cousine, avec ordre de venir me chercher aussitôt qu'elle serait éveillée.

— Tu as très bien fait; et nous n'avons pas perdu notre temps, Charles et moi. Regarde, Marianne, si le ménage est bien fait, si tout est en ordre.

— Bien! très bien! dit Marianne en regardant

de tous côtés. C'est Charles qui a fait tout cela?

CHARLES.

Avec Juliette qui m'a aidé et qui me disait ce qu'il fallait faire. »

Charles entendit avec grand plaisir les éloges de Marianne et le rapport très favorable de Juliette. Il proposa à Marianne de la remplacer pour une heure ou deux près de la cousine, d'autant plus que Donald et Betty viendraient dîner pendant qu'il serait là-bas. Marianne y consentit, et Charles, qui s'était un peu dépêché pour dîner, partit, laissant ses cousines encore à table.

Quand il entra chez Mme Mac'Miche, il se crut dans le château de la *Belle au bois dormant*. Betty dormait, Donald s'était rendormi, la malade dormait si profondément qu'aucun bruit ne put la réveiller.

« Il faut pourtant lui faire prendre de la tisane ou quelque chose, n'importe quoi; elle dort la bouche entr'ouverte; elle doit avoir la gorge desséchée. »

Charles remua une chaise, poussa un fauteuil, recula la table, fit tomber un livre; elle dormait toujours. Surpris de ce long et si profond sommeil, il s'approcha d'elle, lui prit la main, et la rejeta vivement en poussant un léger cri : cette main était glacée. Il écouta sa respiration, et il n'entendit rien; inquiet et alarmé, il appela Donald; mais Donald ne l'entendait pas et dormait toujours. Le pauvre Charles, de plus en plus effrayé, courut chez le curé pour lui communiquer ses craintes, et lui demander de venir donner à sa cousine une dernière absolution et bénédiction s'il en était temps encore. Le curé se hâta d'accompagner Charles jusqu'auprès du lit de la... morte (car elle était réellement morte), l'examina quelques instants, s'agenouilla et dit à Charles :

« Mon enfant, prie pour le repos de l'âme de ta malheureuse cousine : elle n'est plus! »

Charles pria près du curé et avec lui, et réfléchit avec chagrin à l'existence égoïste et à la mort déplorable de cette malheureuse femme que l'amour de l'or avait tuée. « Si jamais, pensa-t-il, le bon Dieu m'envoie une fortune semblable à la sienne, je tâcherai de l'employer plus charitablement et d'en faire profiter les autres. »

Le curé envoya Charles éveiller Betty et prévenir Marianne; il se chargea de terminer le trop long sommeil de Donald par quelques secousses vigoureuses, et alla lui-même avertir le juge de paix, afin qu'il prît les mesures légales nécessaires.

Le juge alla avec le curé et avec M. Blackday, pour voir les papiers et mettre les scellés sur la caisse. Ils commencèrent par visiter les tiroirs et les armoires, dans l'espérance d'y trouver un testament; mais ils n'en trouvèrent pas, et ils ouvrirent la caisse qui contenait le trésor. Ils constatèrent la possession de deux cent et quelques mille francs, et ils trouvèrent un papier écrit de la main de Mme Mac'Miche. Le juge l'ouvrit et lut ce qui suit :

« Pour obéir au vœu exprimé par mon cousin

Mac'Lance, je laisse à son fils Charles Mac'Lance tout ce que je possède, à la condition que je serai tutrice de l'enfant après la mort de son père, que j'aurai entre les mains la somme de cinquante mille francs à lui appartenant, et que le revenu de cet argent sera dépensé par moi comme je le jugerai à propos, pour son éducation et ses besoins personnels, jusqu'à sa majorité.

« CÉLESTE, veuve MAC'MICHE.

« A Dunstanwell, 1740, 12 juillet. »

Avec ce papier se trouvait une feuille contenant la volonté exprimée par M. Mac'Lance, que Charles fût remis à sa cousine Mme Mac'Miche, qu'il désignait comme tutrice de l'enfant. Il l'autorisait à employer à cette éducation la rente des cinquante mille francs qu'il déposait entre les mains de la tutrice de son fils, pour être remis à Charles à sa majorité.

« C'est bien en règle, dit le juge ! Tout est à Charles.

### M. BLACKDAY.

Je m'étonne qu'elle n'ait pas brûlé ce papier qui assure les droits de Charles aux cinquante mille francs.

### LE JUGE.

Elle l'aura gardé pour constater en cas de besoin qu'elle était tutrice de Charles par la volonté du père, et qu'elle avait le droit de conserver le revenu de cette somme jusqu'à la majorité de Charles.

Nous allons compter ce que la caisse contient en dehors des deux cent mille francs. »

Après avoir tout regardé et compté, le juge trouva deux cent quinze mille quatre cents francs.

Il ferma la caisse, retira la clef.

« Je la prends, dit-il, jusqu'à ce que Marianne soit nommée tutrice de Charles; alors ce sera elle qui aura la garde de tout. »

Le juge, M. Blackday et le curé sortirent, laissant Betty, avec deux ou trois amies que l'événement avait attirées, procéder aux derniers soins à rendre au corps de Mme Mac'Miche; personne ne l'aimait et personne ne la regretta. Charles, qui avait le plus souffert de sa méchanceté et de son avarice, fut le seul qui pleura à son enterrement. Les circonstances de cette mort presque révoltante l'impressionnèrent au point de modérer pendant quelque temps le caractère impétueux et plein de vivacité et de gaieté qui avait tant contribué à aigrir Mme Mac'Miche.

Lorsque le curé, le juge et M. Blackday annoncèrent à Charles qu'il était seul héritier des deux cent mille francs de la défunte, ces messieurs ne purent retenir un sourire devant la stupéfaction profonde qu'exprimait la physionomie de l'héritier.

« Et les pauvres? fut le premier mot de Charles.

### LE JUGE

Les pauvres n'auront que ce que tu voudras bien leur donner; tout est à toi.

###### CHARLES.

Monsieur le juge, donnez, je vous prie, à M. le curé, pour les pauvres, ce que vous pourrez donner.

###### LE JUGE.

Ni toi ni moi, nous ne pouvons rien donner, Charles; mais quand Marianne sera ta tutrice, elle fera ce qu'elle voudra.

###### CHARLES.

Bon! Marianne voudra bien faire comme je veux.

###### MARIANNE.

Ce n'est pas bien sûr, mon ami : cela dépendra de ce que tu demanderas.

###### CHARLES.

Bien! je veux que vous soyez tout à fait à votre aise. Et toi, ma bonne, ma chère Juliette, tu seras soignée comme une princesse; tu ne seras plus jamais seule.

###### JULIETTE.

Oh! moi, je ne demande pas à changer; je me trouve très heureuse avec toi et ma chère Marianne; je ne veux être soignée que par vous. »

Le juge, le curé et M. Blackday s'en allèrent, et Charles put causer librement avec ses cousines de ses nouvelles richesses et de leur emploi.

« D'abord, dit Charles, je vais vous dire ce que je voudrais. Que vous donniez aux pauvres tout ce qui dépasse deux cent mille francs. Puis, que vous donniez au curé pour arranger notre pauvre église cinq mille francs; puis, qu'il ait tous les ans trois mille francs pour les pauvres. Puis, que nous ayons Betty chez nous ; puis, que nous arrangions un peu la maison ; puis, que je puisse prendre de M. le curé des leçons de tout ce que je voudrais savoir et que je ne sais pas ; puis, que vous m'achetiez les INSTRUCTIONS FAMILIÈRES et quelques bons et amusants livres comme celui-là ; puis....

#### JULIETTE.

Assez, assez, Charles ; tu en demandes trop.

#### CHARLES.

Non, pas trop, car ma plus grosse demande n'est pas encore dite,... mais je la dirai plus tard.

#### JULIETTE.

Ah ! tu as déjà des mystères de propriétaire. Est-ce que tu ne me les feras pas connaître ?

#### CHARLES.

Non, pas même à toi. Mais, Juliette, sais-tu que je rougis de l'éducation que j'ai reçue jusqu'ici ? je ne suis bon à rien ; je ne sais rien. Si Marianne voulait bien me laisser aller à l'école, on y travaille de huit heures du matin à onze heures, puis d'une heure à quatre : en m'appliquant, j'apprendrais bien des choses dans ces six heures de travail.

#### JULIETTE.

Tu as parfaitement raison, mon ami ; bien des fois j'ai gémi de ton ignorance et de l'impossibilité où tu étais d'en sortir. La cousine Mac'Miche te faisait lire haut des histoires ; elle te dictait quelques lettres par-ci par-là : ce n'est pas une éducation. Parles-en à ma sœur; elle te dira ce qu'il y aura à faire pour en savoir assez, mais pas trop. »

## XX

### DEUX MAUVAISES AFFAIRES DE CHAT

Marianne et Charles s'occupèrent des funérailles de Mme Mac'Miche. Charles causa plusieurs fois avec le juge de paix de sa nouvelle position et du profit qu'il pourrait en tirer; il demanda avec tant d'insistance de payer les dettes de ses cousines, que le juge finit par le lui permettre, mais seulement sur ses revenus.

« Car, lui dit-il, tu ne peux disposer de ta fortune avant ta majorité. »

Quand la cousine Mac'Miche fut rendue à la terre, qui s'ouvre et se referme pour tous les hommes, le juge fit nommer Marianne tutrice de Charles, auquel on alloua, pour frais d'éducation et d'entretien, les revenus de sa fortune, ce qui donna aux deux sœurs une aisance dont elles jouissaient chaque jour et à chaque heure du jour.

Marianne prit Betty chez elle; et, pour éviter

les hommes de journée nécessaires au service de la maison et à la culture du jardin appartenant aux deux sœurs, etc., Betty proposa de faire entrer Donald à leur service; et, quelque temps après, Donald proposa à Betty de se mettre à son service en la prenant pour femme; Betty sourit, rougit, rit aux éclats, donna deux ou trois tapes en signe d'adhésion, et, un mois après, on célébrait chez les deux sœurs les noces de Betty et de Donald.

Peu de temps après, le juge proposa à Marianne un bon placement pour Charles. Une belle et bonne ferme, avec une terre de quatre-vingt mille francs, était à vendre près de Dunstanwell; Marianne en parla à Charles, qui bondit de joie à la pensée d'avoir une ferme et de vivre à la campagne; la terre fut achetée et payée; Marianne se chargea des arrangements intérieurs et de la direction du ménage; Betty devint fille de ferme, et son mari reprit son ancien métier de laboureur, charretier, faucheur, etc. Ils restèrent dans la maison de Marianne et de Juliette, qui était assez grande pour les contenir tous, et qu'ils arrangèrent convenablement, jusqu'au moment, impatiemment attendu, où ils pourraient habiter la ferme de Charles.

En attendant l'installation définitive, Charles menait Juliette tous les jours, matin et soir, prendre connaissance de sa future demeure, pour qu'elle s'orientât dans la maison et au dehors. Bientôt elle put aller sans guide dans l'habitation et ses dépendances, vacherie, bergerie, écurie, laiterie; souvent elle se croyait seule, mais Charles, redou-

Betty donna deux ou trois tapes en signe d'adhésion.

tant quelque accident, la suivait toujours de loin et ne la perdait pas de vue; il l'emmenait dans les champs, dans les prés, dans un joli bois qui avoisinait la ferme. Juliette se sentait heureuse de respirer l'air pur de la campagne; cette vie calme et uniforme allait si bien à son infirmité, et elle se trouvait si contente au milieu de cet entourage gai, animé, occupé! Charles bénissait la cousine Mac'Miche, qui, sans le vouloir, avait tant contribué à son bonheur et à celui de Juliette et de Marianne; Betty et Donald ne cessaient de vanter leur bonheur; on les entendait chanter et rire tout le long du jour.

Le chat seul ne prenait aucune part à cette satisfaction générale; il passait, seul et triste, une grande partie de ses journées dans la maison du bourg, cherchant ses maîtresses absentes, et heureux de revoir à la fin du jour son persécuteur Charles, dont l'amitié lui était sans cesse fatale. Un matin, Betty avait préparé de la pâte pour faire des *nouilles*; Charles ne les aimait pas, ce qui lui avait déjà valu des reproches de Marianne.

« C'est une mauvaise habitude, Charles, lui disait-elle, de ne pas manger de certains mets : il faut tâcher d'aimer tout et de manger de tout. »

Lors donc que Charles vit cette pâte qui s'étalait sur un plat comme pour le narguer, il résolut de s'en défaire; mais comment la faire disparaître? Minet, qui rôdait autour de ce plat et qui semblait désirer vivement y arriver, lui parut un excellent complice; il l'appela, le caressa, l'embrassa, lui fit sentir le plat, et enfin, le posant par terre, il mit la pâte près de lui. Minet se jeta dessus en affamé, mordit, tira, mordit encore et encore, et tant, qu'il en eut la bouche remplie sans pouvoir la séparer avec ses dents pour l'avaler par morceaux; il recula, la pâte s'allongea; reculant toujours, il allongeait la pâte gluante sans parvenir à la briser ni à l'avaler.

L'embarras et la triste figure du pauvre chat parurent si plaisants à Charles, qu'il se mit à rire. Le chat eut recours à ses pattes de devant pour se débarrasser de cette pâte qu'il ne pouvait ni avaler ni rejeter; les mouvements convulsifs et désordonnés des pattes du chat redoublèrent l'hilarité de Charles et attirèrent Marianne, Betty et même Juliette. Les sauts et les promenades à reculons qu'exécutait l'infortuné Minet, traînant toujours avec lui ce long ruban de pâte, firent rire d'abord Marianne et Betty.

Juliette questionna Betty sans obtenir de réponse; Charles lui expliqua la cause de leur gaieté.

**JULIETTE.**

Ce n'est pas du tout risible, Charles. Mon pauvre Minet suffoque; c'est ce qui occasionne les gambades qui vous amusent tous. Je t'en prie, délivre-le; ôte-lui cette pâte, sans quoi il va étouffer. »

Charles, voyant Juliette sérieusement inquiète, courut au chat, tira la pâte, qui s'attachait à ses doigts, et continua à tirer jusqu'à ce qu'il eût débarrassé le chat, qui s'enfuit dès qu'il put respirer librement.

JULIETTE.

Pourquoi donc, Charles, t'acharnes-tu toujours après ce pauvre chat? Tu es sans cesse cause de quelque désagrément pour lui.

CHARLES.

Mais je t'assure, Juliette, que je ne savais pas du tout que cette pâte fût comme une glu dont il ne pourrait se débarrasser; je croyais le régaler. »

Marianne gronda un peu, Betty cria beaucoup et gémit sur la perte de sa pâte, qu'elle avait pétrie avec tant de soin. Charles resta insensible à ses lamentations, et lui demanda de ne plus jamais en faire de semblable.

Un autre jour Minet, qui rôdait partout et qui mettait son nez là où il n'avait que faire, dirigea son inspection du côté d'un robinet sous lequel se trouvait une terrine de beurre salé. Le beurre parut appétissant à Minet; il l'effleura délicatement de son nez, sans faire attention à Charles, qui était auprès. A peine le nez du chat toucha-t-il au beurre, que Charles tourna le robinet, et un jet d'eau froide vint inonder le voleur. Les cris, les sauts du chat, provoquèrent un nouvel accès de gaieté de Charles; le chat se sauva à la cuisine, où il se mit près du feu pour sécher sa fourrure. Charles le suivit.

« Tu as pris un bain froid, mon ami! C'est pour t'apprendre à être gourmand. Mais... comme c'est moi qui t'ai inondé, ce sera moi qui te sécherai et te réchaufferai. »

Et Charles, s'emparant d'une camisole que Juliette venait de finir pour l'enfant d'une pauvre femme, prit le chat sur ses genoux, sans éprouver aucune résistance, lui passa les pattes de devant dans les manches de la petite camisole, attacha les cordons, prit un fichu destiné au même enfant et l'attacha en guise de bonnet sur la tête et autour du cou du chat. Celui-ci commençait à s'impatienter et cherchait à se débarrasser du bonnet avec ses pattes, lesquelles étaient elles-mêmes embarrassées dans les manches de la camisole. Mais Charles, occupé de la toilette non terminée de Minet, ne fit aucune attention à ces gestes et symptômes significatifs, et enveloppa les reins et les jambes du chat avec une serviette en guise de lange.

Quand il eut fini, il le coucha sur une chaise et le couvrit d'une seconde serviette, qui remplaça une couverture. Le chat continua de se débattre; mais, gêné par les langes qui l'enveloppaient, il miaulait furieusement sans pouvoir s'échapper. Betty entra, gronda Charles, enleva la serviette qui enveloppait le chat, et allait le débarrasser du reste, quand il fit un bond prodigieux et s'échappa dans la rue par la porte ouverte. Il courait comme un forcené; les chiens du quartier se mirent à sa poursuite; la camisole gênant ses mouvements, il eût été bientôt mis en pièces si Betty et Charles, qui avaient couru après lui, ne fussent arrivés à

Les chiens du quartier se mirent à sa poursuite.

temps pour le délivrer et mettre en fuite les roquets dont il était entouré. Betty, indignée contre Charles, arracha bonnet et camisole, et emporta Minet haletant. Charles, honteux et l'oreille basse, la suivit et rencontra à la porte de la maison Marianne et Juliette qui venaient voir la cause de ce bruit inaccoutumé.

###### MARIANNE.

Qu'y a-t-il, Betty? Après qui couriez-vous avec Charles? Pourquoi ce bruit, ces chiens, ce rassemblement?

###### BETTY.

Parce que Charles vient encore de faire des siennes! Le pauvre Minet eût été dévoré, ou tout au moins mis en pièces par ces gueux de roquets, si je n'étais arrivée à temps pour le sauver. Tenez, mademoiselle Juliette, le voilà, votre pauvre chat, effaré et tremblant. »

Betty déposa Minet dans les bras de Juliette; Charles gardait le silence et conservait son attitude humble et coupable; Juliette, ne l'entendant pas, le crut absent.

###### JULIETTE.

Je suis bien peinée de ce que vous dites, Betty, non à cause du chat, mais pour Charles lui-même. Ce pauvre Charles! avec un bon cœur il se fait redouter et il se rend désagréable à tout le monde! Quel moyen puis-je employer pour l'empêcher de faire des méchancetés et des sottises? J'aime ce pauvre garçon, qui me fait pitié depuis que je le connais. Je croyais qu'il m'aimait aussi, et qu'au moyen de cette affection je parviendrais à calmer ce caractère bouillant et emporté! C'est singulier que je me sois trompée à ce point; il est si soigneux, si attentif pour moi! Je l'ai toujours trouvé si dévoué, si docile à mes avis! Je croyais si fermement qu'il m'aimait, et que, par cette affection, je l'amènerais à bien faire! »

Et Juliette pleura. Jusque-là Charles, ému et honteux, n'avait rien dit; Marianne avait laissé parler Juliette, dont les remontrances avaient toujours tant de pouvoir sur Charles. Mais quand il entendit Juliette exprimer des doutes sur la tendresse si vive et si reconnaissante qu'il lui portait, il devint pourpre, ses yeux prirent une expression indignée, et lorsqu'elle cessa de parler; il manqua de la renverser en se jetant à son cou et en l'étreignant dans ses bras.

#### CHARLES.

Juliette, Juliette, ne dis pas, ne redis jamais ce que tu viens de dire; je t'aime, tu sais que je t'aime, et que tu ne peux pas, tu ne dois pas croire que je sois insensible à ta bonté, à ta douceur! que je sois ingrat envers toi, qui m'as comblé de bontés et de témoignages d'affection! Ce n'est pas une méchanceté que j'ai faite, c'est une étourderie, une bêtise; j'avais arrosé Minet qui se trouvait sous le robinet de la pompe; j'ai voulu le sécher; je l'ai habillé avec des effets que j'ai trouvés ici. »

Juliette sourit; son mécontentement était passé.

#### CHARLES.

Et il s'est échappé à moitié déshabillé des mains

de Betty; j'ai couru après lui avec Betty pour empêcher les chiens de le mordre. Voilà tout! M'en veux-tu encore, Juliette?

####### JULIETTE.

Non, mon pauvre Charles, non, je ne t'en veux pas. Puisque tu m'aimes, tu m'écouteras, et quand j'arriverai à te faire aimer le bon Dieu, tu l'écouteras aussi, j'en suis sûre.

####### CHARLES.

Oh oui! Juliette, je l'écouterai, je t'écouterai; j'écouterai tous ceux que tu m'ordonneras d'écouter,.... pas Betty seulement, reprit-il en changeant de ton, Betty est méchante; elle te monte toujours contre moi, et je ne l'aime plus du tout.

####### BETTY.

Prends-en à ton aise, mon garçon. Aime-moi ou ne m'aime pas, je m'en moque pas mal. Tant que tu as été malheureux chez la cousine Mac'Miche, je me suis intéressée à toi, et je t'ai protégé tant que j'ai pu; mais, à présent que tu n'as besoin de rien, que tu es comme un coq en pâte, je me moque pas mal de ton amitié, de ta reconnaissance. Sois ingrat à ton aise, mon garçon; ce n'est pas moi qui t'en ferai un reproche. »

Ces simples paroles de Betty changèrent en un instant les sentiments de Charles. Il courut à elle.

####### CHARLES.

Pardonne-moi, ma bonne Betty; oui, je serais ingrat si je ne t'aimais pas; j'ai bien réellement de l'amitié et de la reconnaissance pour toi. Ce que j'en ai dit tout à l'heure provenait d'un reste d'humeur de ce que tu avais laissé croire à Marianne et à Juliette que j'avais commis une méchanceté, tandis que je n'avais fait qu'une sottise. J'espère ne pas recommencer à mettre la maison en révolution.

MARIANNE.

C'est bien, Charlot, c'est très bien : n'y pense plus, ça n'en vaut pas la peine.

CHARLES.

J'y penserai, Marianne, pour me souvenir des bonnes paroles de Juliette et de votre indulgente amitié.

JULIETTE.

Et à présent, Charles, que tout est calmé et terminé, veux-tu, en allant à l'école, passer chez la pauvre femme *Aubrey*, et lui remettre la petite camisole et le fichu pour son dernier enfant, celui de six semaines? Tu trouveras la camisole et le fichu sur la table où je les ai posés ce matin. »

Charles ne répondit pas; le chat avait traîné camisole et fichu dans la poussière et dans le ruisseau; ils n'étaient pas présentables.

« Est-ce que Charles n'est plus ici? demanda Juliette n'entendant pas de réponse.

— J'y suis encore, Juliette, dit Charles d'une voix timide en lui prenant la main; mais... ta camisole et le fichu... n'y sont plus.

JULIETTE.

Pourquoi? Où sont-ils?

CHARLES.

Je les avais mis au chat, qui s'est sauvé avec et les a horriblement salis. »

Juliette, au lieu de se fâcher, comme le redoutait Charles, trouva l'idée plaisante; elle sourit d'abord, puis se mit à rire franchement.

« Tu n'es donc pas fâchée, Juliette? dit Charles avec joie.

JULIETTE.

Non, ceci est un enfantillage, une niaiserie; ce n'est pas une méchanceté. Et la toilette de mon pauvre Minet me semble fort drôle. »

# XXI

### AVENTURE TRAGIQUE — TOUT FINIT BIEN
### CHARLES EST CORRIGÉ

Ce fut ainsi que se termina cette troisième aventure du chat, qui fit beaucoup d'impression à Charles, à cause de ce que Juliette avait dit, le croyant absent, et à cause du reproche très juste de Betty. Il s'observa donc plus que par le passé, chercha à réprimer ses premiers mouvements et à éviter les plaisanteries ou les amusements qui pouvaient causer de la peine aux autres et surtout à Juliette, à laquelle il s'attachait de plus en plus et dont la bonne influence se manifestait chaque jour davantage.

« Charles, lui dit-elle un jour en revenant de la promenade, tu vas avoir quatorze ans et tu n'as pas encore fait ta première communion; je désire beaucoup que tu apprennes ton catéchisme et que tu ailles deux fois par semaine chez M. le curé; il te l'expliquera et il te préparera à faire ta première communion.

CHARLES.

Je suis bien aise que tu m'en parles, Juliette. Depuis quelques semaines j'y pense souvent, et je regrette d'être si peu avancé. Dès demain j'irai en parler à M. le curé, en sortant de l'école.

JULIETTE.

Te voilà devenu tout à fait raisonnable, mon bon Charles; depuis la toilette de Minet, tu n'as pas fait une seule sottise.

CHARLES.

Il y a bientôt six semaines!

JULIETTE.

J'espère que tu pourras en dire autant dans six mois, et que tu ne te feras plus jamais gronder.

CHARLES.

Pas par toi, toujours. Quand tu me grondes, je suis malheureux! Vrai! plus malheureux que chez la cousine Mac'Miche, parce que chez elle c'était le corps seul qui souffrait, et ici c'est le cœur; et j'aimerais mieux être battu par elle que grondé par toi.

JULIETTE, *souriant*.

Et pourtant je ne te gronde pas bien fort ni bien longtemps.

CHARLES.

Et c'est précisément pour cela; ta douceur me touche; ta facilité à pardonner me rend plus sévère pour moi-même. Quand tu grondes, si je ne me retenais, je pleurerais comme une bête, et je t'embrasserais comme un enfant qui attend sa grâce.

**JULIETTE.**

Mais aussi, voilà bien longtemps que tu n'as été grondé ! Moi, je n'ai pas eu le plus petit reproche à t'adresser ; Minet est le plus heureux des....

— Ah ! s'écria Charles en l'interrompant, voici Donald avec la carriole. Eh ! Donald ! où allez-vous ?

**DONALD.**

Je vais à la ferme de Cedwin, Monsieur Charles, pour rapporter une jeune truie que nous avons achetée l'autre jour.

**CHARLES.**

Je voudrais bien aller avec vous, Donald ! Attendez un instant. Juliette, veux-tu que j'y aille ? Cela m'amuserait tant de ramener la truie ! Nous serons revenus pour souper, n'est-ce pas, Donald ?

**DONALD.**

Oh ! pour ça, oui, Monsieur Charles ; il faut une heure à peine pour aller et venir, y compris le chargement de la bête, qui ne sera pas long.

**CHARLES.**

Veux-tu, Juliette ? Je t'en prie ! Je vais te ramener à la maison, et je ferai ensuite ma course en carriole.

**JULIETTE.**

Oui, mon pauvre Charles, vas-y ; je me charge de l'explication avec Marianne, qui ne le trouvera pas mauvais, j'en suis bien sûre. »

Charles fit un saut de joie, recommanda à Donald de l'attendre, embrassa Juliette et la fit marcher au pas accéléré.

### JULIETTE.

Pas si vite, pas si vite, Charles! Tu me fais courir! Je suis tout essoufflée. On nous prendra pour deux échappés de prison.

### CHARLES.

Pardon, pardon, ma pauvre Juliette; je croyais que nous allions doucement. Au reste, nous voici arrivés. Adieu, Juliette, au revoir bientôt. »

Il la mena jusqu'à sa chambre, l'établit dans son fauteuil, et repartit en courant. Juliette rit de bon cœur de son empressement à la quitter et reprit son tricot, en songeant avec bonheur à la douceur et à la sagesse de Charles.

Donald l'attendait de pied ferme; Charles sauta dans la carriole, et le cheval partit au grand trot. Un quart d'heure après, ils étaient à la ferme de Cedwin ; on hissa la truie sur la carriole, mais non sans peine, car elle se débattait, elle poussait des cris aigus, et Charles, en aidant à la contenir et à l'attacher, attrapa deux ou trois coups de dents qui l'indisposèrent contre la bête. Ils repartirent ; à quelques pas de la ferme, Charles demanda à conduire le cheval.

### DONALD.

Pas celui-ci, Monsieur Charles, il n'est pas facile à mener; une autre fois, quand nous aurons la vieille jument noire, je vous laisserai mener.

### CHARLES.

Vous faites toujours des embarras, Donald! Quel danger peut-il y avoir à conduire un cheval sur la grande route? Il n'y a qu'à marcher droit devant soi.

DONALD.

Je ne dis pas, Monsieur Charles ; mais un cheval qui ne se sent pas tenu peut s'emporter.

CHARLES.

S'il s'emporte, vous reprendrez les guides et vous l'arrêterez puisque vous êtes si habile. »

En achevant ces mots, Charles saisit les guides et les tira à lui. Donald eut peur que le tiraillement n'impatientât le cheval et il les abandonna. Charles, enchanté de son succès, laissa le cheval prendre le galop, malgré les remontrances de Donald.

DONALD.

Prenez garde, Monsieur Charles ; la bête est jeune et ardente ; elle va diablement vite ; si elle s'emporte....

CHARLES.

Elle ne s'emportera pas, nous voici bientôt arrivés. »

La truie, qui n'aimait pas cette allure précipitée, faisait des cris dont s'amusait beaucoup Charles. Pour la faire crier plus fort en approchant du bourg, il assena un coup de fouet sur la croupe du cheval, qui fit un bond et partit comme une flèche.

« Sapristi ! le voilà emporté ! » grommela Donald en arrachant les guides des mains de Charles et en les retenant de toutes ses forces. Mais le cheval serrait le mors entre ses dents (ce qu'on appelle prendre le mors aux dents) et ne les sentait plus. Il fendait l'air et causait des frayeurs terribles aux habitants paisibles qui rentraient chez eux. Donald lâchait et tirait alternativement les guides, mais sans succès. Charles, tête nue (car il avait perdu sa casquette dans la première secousse), était pâle et effaré; la truie faisait des cris désespérés; tous trois bondissaient dans la carriole comme des volants sur une raquette. Ils passèrent ainsi devant la maison de Charles; il entendit deux cris d'effroi partir de la cuisine, mais il n'eut le temps de voir personne, tant le cheval les emportait rapidement. En sortant du bourg, il accrocha une charrette, monta sur un tas de pierres et roula avec sa charge dans un fossé de deux mètres de profondeur. Charles et la truie restèrent ensevelis sous la carriole, qui était retournée les roues en l'air; Donald avait eu le temps et l'adresse de s'élancer dehors pendant la chute, et se trouva sur ses pieds au bord du fossé. Le cheval était tombé sur le dos et se débattait pour se relever. Donald ne pouvait l'approcher sous peine d'être tué sous les coups de pied que lançait l'animal. Des ouvriers qui virent la culbute accoururent pour lui venir en aide; ils parvinrent à couper les traits et à dételer le cheval; puis ils relevèrent la carriole, sous laquelle ils trouvèrent Charles, sain et sauf, couché près de la truie expirante; étant garrottée et n'ayant pu suivre le mouvement de la carriole, elle avait eu les reins brisés, et rendait le dernier soupir. Charles sortit du fossé tout penaud. Donald jurait à faire trembler; le cheval n'avait aucun mal. Pendant qu'on retirait la carriole du fossé, qu'on cherchait à atteler le cheval et à recharger la truie

Tous trois bondissaient dans la carriole comme des volants.

morte, avec des ouvriers obligeants qui étaient venus offrir leurs services, Charles s'échappa et courut à la maison; il rencontra Betty; elle arrivait échevelée et alarmée, pour avoir des nouvelles de son mari; c'était elle qui les avait vus passer comme la foudre, et qui avait eu soin d'en informer Juliette, en y ajoutant les commentaires les plus alarmants. Charles la rassura, ne lui expliqua rien, et continua sa course.

Il arriva à la maison et appela Juliette; elle lui répondit par un cri de joie et accourut jusqu'à lui, guidée par sa voix. Elle se jeta dans ses bras, en remerciant Dieu de l'avoir sauvé.

### JULIETTE.

Betty m'a dit que vous deviez tous être brisés et tués. Tu juges de ma frayeur, et de ma désolation de ne pouvoir courir à toi avec elle. Mais qu'est-il arrivé? Comment Donald, qui mène si bien, a-t-il pu laisser le cheval s'emporter ainsi?

### CHARLES, *avec hésitation.*

Juliette,... ce n'est pas sa faute,... c'est la mienne; il ne voulait pas me laisser mener ce jeune cheval; mais je l'ai voulu absolument; j'ai saisi les guides dans ses mains, et comme je tirais sur la bouche du cheval, il a été obligé de me les abandonner. Et puis le cheval s'est emporté et nous a versés dans un fossé.

### JULIETTE.

Ah! mon Dieu! Donald est-il blessé?

### CHARLES.

Non, il n'a rien, heureusement : il avait sauté

sur la route au moment où la carriole versait ; mais ce qui le désespère, c'est que la truie que nous ramenions a été tuée.

**JULIETTE.**

Tuée ! pauvre bête ! tu vois, Charles, ce qui arrive quand on fait à sa tête sans écouter les gens plus sages et plus âgés que soi. Et c'est bien heureux que tu t'en sois tiré sans plus de mal ; cette fois-ci le bon Dieu t'a protégé ; mais une autre fois ne cours pas la chance d'une protection qui peut te manquer. N'est-ce pas, Charles, que tu écouteras Donald à l'avenir, que tu ne te précipiteras pas dans des dangers inutiles, et que tu ne me causeras pas d'inquiétude volontaire, comme tu l'as fait aujourd'hui ?

**CHARLES.**

Oui, ma bonne Juliette, je te le promets, et je te remercie de ne pas être fâchée contre moi, de m'adresser des reproches si modérés, quand je m'attendais à un très sérieux mécontentement.

**JULIETTE.**

Et tu avais raison ! j'aurais dû te très mal recevoir ; mais j'ai été si inquiète, que lorsque j'ai entendu ta voix, j'ai tout oublié ; je n'ai plus senti que le bonheur de te savoir en vie et sans blessure. Toutefois tu n'en seras pas quitte pour ma remontrance ; Betty va rentrer en colère ; ainsi prépare-toi à supporter ses reproches humblement, doucement ; songe qu'elle a eu pour son mari l'inquiétude que j'ai eue pour toi, et qu'elle doit t'en vouloir.

Ils parvinrent à couper les traits et à dételer le cheval.

### CHARLES.

Sans compter la truie, qu'ils vont me reprocher jusqu'au dernier jour de ma vie.

### JULIETTE.

Oh! quant à cela, tu peux y compter! mais comme c'est pour toi, pour l'intérêt de ta ferme qu'elle te grondera, tu y mettras beaucoup de douceur, n'est-ce pas, Charlot?

### CHARLES, *avec distraction.*

Certainement, certainement!... La voilà! je l'entends! Quelle voix perçante elle a cette Betty! Quelle différence avec la tienne, même quand tu grondes!

### BETTY, *en entrant, très animée.*

Ah bien! tu as fait une belle affaire, mauvais garçon! Voilà que tu passes des farces innocentes au meurtre, à l'assassinat! Tu as manqué de tuer mon mari, mon pauvre mari qui vaut cent fois mieux que toi; et ne pouvant arriver à faire périr mon Donald, tu te venges sur la truie! une pauvre bête innocente, une jolie bête, et une belle bête, et une bonne bête, qui nous aurait fait un profit superbe....

### CHARLES, *un peu impatienté.*

Mais ce n'est pas moi qui l'ai tuée! Prends-en toi au bon Dieu qui a permis qu'elle eût les reins cassés.

### BETTY.

En voilà une bonne, par exemple! Comment! tu oses soutenir que c'est le bon Dieu qui a arraché les guides des mains de Donald, qui a fait emporter le cheval, qui a culbuté Donald dans un fossé?

CHARLES.

D'abord, Donald n'a pas été culbuté!...

BETTY.

Parce qu'il a été plus adroit que toi, et que tu as voulu accompagner la pauvre bête dans ton fossé, pour la mieux tourmenter.

CHARLES, *impatienté*.

Ah çà! tu m'ennuies, Betty! Laisse-moi tranquille! Tu n'as aucun droit de me gronder, et je te prie de te taire.

BETTY.

Plus souvent que je me tairai quand la langue me démange pour parler! Ce ne sera pas toi qui me feras taire, mon garçon! Tu n'es rien ici; c'est Marianne, ta tutrice, qui est tout! Et je l'informerai de ce qui se passe, et je lui ouvrirai les yeux sur toi, et....

CHARLES, *en colère*.

Tu es bien assez méchante pour cela; je le sais sans que tu me le dises. Et cela ne sera pas la première fois que tu m'auras calomnié près de Marianne. Heureusement que Juliette ne te croit pas, qu'elle me défend contre toi, et qu'elle continue à m'aimer malgré toi.

BETTY.

Tu crois ça, qu'elle t'aime! Oui, joliment! Elle a peur de toi et de tes colères; et c'est pour cela qu'elle n'ose ni te gronder ni te chasser d'auprès d'elle. »

Charles s'était préparé à faire une riposte sanglante à Betty ; mais à ce dernier reproche inattendu il resta muet, tremblant de colère et d'indignation ; sa physionomie exprimait une telle fureur, que Betty eut peur et qu'elle se sauva.

Juliette avait cherché plusieurs fois à intervenir, à faire taire Betty, à calmer Charles ; mais à cette dernière apostrophe Juliette, toujours si douce, s'écria avec violence :

« Méchante femme ! »

Et, s'approchant de Charles, elle l'entoura de ses bras, déposa un baiser sur son front, et lui dit de sa voix la plus douce :

« Ne crois pas ce qu'elle te dit, mon pauvre Charles ! Cette femme est hors d'elle ! elle ne sait plus ce qu'elle dit. Tu sais, mon bon Charles, que c'est par amitié, et non par peur, que je te garde près de moi. Tu sais le plaisir que je ressens à te savoir près de moi. Tu sais enfin qu'après Marianne tu es celui que j'aime le plus au monde, le seul que j'aime en ce monde. Oublie donc ce qu'a dit cette femme ! Le danger de son mari l'a rendue folle. N'est-ce pas, mon bon Charles, que tu ne la crois pas, que tu crois en moi, en mon amitié ?

CHARLES.

Oui, oui, ma chère, ma bonne Juliette ; je le crois, je te crois. Merci de m'aimer tout mauvais que je suis ; merci de me le dire si doucement, si affectueusement ; ta bonté me touche au fond du cœur. »

Et Charles, s'asseyant aux pieds de Juliette

près du fauteuil où elle s'était placée, appuya sa tête sur les genoux de Juliette, laissa échapper quelques sanglots, et fut pris d'un tremblement qui alarma Juliette.

Elle appela Marianne, qui ne devait pas être éloignée; en effet, Marianne entra précipitamment.

« Que veux-tu? qu'as-tu, Juliette? Tu pleures? Pourquoi? Que s'est-il passé? Pourquoi Charles pleure-t-il aussi? »

Juliette raconta à sa sœur le nouvel incident qui venait d'arriver; elle le lui dit sincèrement, tout en atténuant de son mieux les torts de Charles. Il s'en aperçut et lui en témoigna sa reconnaissance en lui serrant la main.

### MARIANNE.

Je ne te gronderai pas, Charles, puisque tu te montres si sensible aux reproches que Juliette t'a déjà adressés; et je me borne à te demander de faire ta paix avec Betty, qui est une excellente femme malgré son caractère emporté, et qui met un grand zèle à diriger ta ferme; son mari est aussi un brave homme et un bon ouvrier. Elle a eu tort sans doute, elle t'a blessé, chagriné, mais elle en est probablement très fâchée à l'heure qu'il est, et je suis sûre qu'avec un mot d'affection tu la feras revenir de suite.

— Je le ferai, Marianne », répondit Charles humblement et tristement. Et il sortit pour aller chercher Betty.

Cette douceur et cette soumission touchèrent Marianne. Juliette, qui avait le cœur gros depuis longtemps, se laissa aller à son émotion.

« Pauvre garçon! dit-elle en pleurant. Il a un cœur excellent! Avec de l'amitié on fait de lui ce qu'on veut.

MARIANNE.

Je crois comme toi, Juliette, qu'il a d'excellents sentiments et de grandes qualités. Mais il est si vif, si ardent dans ses volontés, si imprévoyant et si entreprenant, qu'on n'est jamais en repos avec lui.

JULIETTE.

Il ne me résiste jamais, pourtant.

MARIANNE.

Aussi je te laisse la direction absolue de son caractère; tu l'as déjà beaucoup adouci, mais il te reste beaucoup à faire encore!

— Oh! j'y arriverai, dit Juliette en souriant.

MARIANNE.

Que Dieu t'entende et te vienne en aide, et dans quelques années d'ici tu auras fait de Charles un homme vraiment remarquable. »

Juliette sourit encore. Charles rentra.

« Eh bien? dit Juliette.

CHARLES.

Je lui ai demandé pardon; elle a eu l'air surprise; elle a hésité un instant; puis elle m'a serré dans ses bras en m'embrassant, en pleurant, en me demandant pardon à son tour. Elle m'a dit que le danger de son mari lui avait fait perdre la tête, que je lui avais répondu comme elle le méritait, que nous étions tous trop bons pour elle, et que jamais elle ne saurait assez me témoigner tout ce qu'elle ressentait pour moi de tendresse et de dévouement. Enfin, elle a fini par dire que si Donald se permettait le moindre mot contre moi, elle l'arrangerait d'une bonne manière. Je l'ai bien embrassée aussi, et nous sommes meilleurs amis qu'auparavant.

###### MARIANNE.

Ce que tu nous dis là me fait bien plaisir, mon ami; je suis bien contente de toi, et Juliette est toute joyeuse et toute remontée par ton généreux effort. Nous voilà tous satisfaits, et j'espère que Betty ne nous fera pas trop attendre notre souper. Veux-tu y aller voir, mon ami ? »

Charles courut à la cuisine et revint dire que c'était prêt; ils allèrent dans la salle, où ils trouvèrent Donald. Betty lui avait fait la leçon, et, quoiqu'il n'eût pas bien compris ce changement de décoration, il se conforma aux ordres de sa femme, et ne dit pas un mot de la truie ni de la culbute dans le fossé.

## XXII

### LE VIEUX CHARLES
### REPARAIT ET DISPARAIT POUR TOUJOURS

Depuis ce jour, Charles devint de plus en plus aimable, docile, attentif pour ses cousines, soigneux pour Juliette, exact à l'accompagner à l'église et dans ses promenades, sans négliger son travail et son catéchisme. Il fit sa première communion avec une ferveur qui pénétra le cœur de Juliette d'une grande reconnaissance envers le bon Dieu, et qui augmenta sa confiance en Charles et l'affection si vive qu'elle lui portait. Elle aimait d'autant plus les belles qualités qu'elle voyait grandir en lui, qu'elle aidait tous les jours et sans cesse à leur développement; elle était donc bien tranquille sur les mérites de Charles : mais rien n'est parfait en ce monde, et la sagesse de Charles n'empêcha pas quelques écarts, quelques violences, quelques sottises.

A la fin de l'hiver, la ferme fut enfin prête à les recevoir; les arrangements intérieurs étaient terminés, la ferme se trouva suffisamment montée de bétail; la basse-cour était assez considérable pour fournir d'œufs et de volailles, non seulement la ferme, mais une partie du village; les vaches donnaient du lait et du beurre à tous les environs; les moutons engraissaient pour le boucher après avoir donné quelques tontes de laine à leur ancien propriétaire.

Charles aurait bien voulu y passer ses journées, avec Marianne et Betty, qui y passaient toutes les leurs; mais Juliette d'une part et ses études de l'autre ne lui laissaient pas beaucoup de liberté. Malgré ce vif désir de se transporter à la ferme avant qu'elle fût logeable, jamais il n'en laissa rien paraître à Juliette : pour elle, il domptait son caractère emporté, ses volontés ardentes; et en le voyant assis tranquillement près d'elle, un livre à la main pour lui faire la lecture, ou bien tenant ses écheveaux de laine ou de fil pour l'aider à les dévider, on l'aurait pris pour un garçon tranquille, aimant le repos et l'étude, et n'ayant aucune volonté, aucun désir prononcé. Mais quand Juliette lui demandait de diriger leur promenade du côté de la ferme, l'empressement joyeux qu'il mettait à accéder à son désir lui faisait deviner la contrainte qu'il avait dû exercer sur lui-même. Aussi, toutes les fois que le temps le permettait, elle faisait toujours une ou deux visites à la ferme. Elle-même s'y trouvait plus agréablement que dans leur maison du bourg; elle s'amusait à donner du pain aux moutons, du grain aux volailles; à peine arrivée à la ferme, ses habitués l'entouraient de si près qu'elle s'y frayait difficilement un passage avec l'aide de Charles; il la menait partout; il ne lui faisait grâce ni de l'étable aux porcs, malgré l'odeur repoussante qui s'en exhalait, ni des tas de fumier que Donald soignait avec une affection particulière, et dont Charles voyait tous les jours augmenter la dimension. Et quand il se permettait d'en rire :

« C'est de l'or, ça, Monsieur Charles! disait Donald en contemplant avec amour ces montagnes de fumier amassées par ses soins. C'est du fumier que nous vient l'or! Le cochon qui se vautre sur le fumier se roule sur le sein de sa nourrice!

CHARLES, *riant*.

C'est trop fort, en vérité, Donald! Je respecte votre fumier; mais en faire une nourrice, c'est dégoûtant!

DONALD.

C'est pourtant la vérité, Monsieur Charles; sans fumier, le cochon n'aurait ni orge, ni choux, ni pommes de terre, ni paille, rien enfin pour sa nourriture et pour son coucher. Et vous-même, que mangeriez-vous sans fumier? Allez, Monsieur Charles, c'est le fumier qui est la richesse d'une ferme! Engraisser votre terre, c'est engraisser votre bourse. »

Charles et Juliette riaient, mais approuvaient les principes de Donald. Chaque visite à la ferme apprenait quelque chose de nouveau à Charles; Marianne devenait une vraie fermière; Betty ne parlait que de basse-cour, volailles et laiterie. Chaque fois qu'on parlait cochons devant elle, un soupir profond s'exhalait de sa poitrine.

« Ah! disait-elle, si Charles n'avait pas tué cette jolie truie que Donald avait obtenue avec tant de peine à la ferme Cedwin, quelles belles bêtes nous aurions! que de petits cochons nous aurions déjà vendus! Nous ne réparerons jamais cette perte-là.... Tu n'as pas besoin de rire, Charles! continua-t-elle d'un air indigné. En tuant cette truie, tu as perdu une fortune.

CHARLES.

Mais ce n'est pas ma faute si elle est morte, Betty! Tu me dis toujours que je l'ai tuée!

BETTY.

Et qui donc? Serait-ce moi, par hasard? Vas-tu en accuser Donald à présent? Ce pauvre Donald! l'a-t-il assez pleurée, la pauvre bête! »

Juliette faisait un signe à Charles, et Charles ne répondait pas; il laissait tomber l'orage; mais ce reproche revenait souvent, et souvent Charles dut appeler à son secours toute la force de sa volonté pour ne pas se mettre en colère.

Ils s'étaient tous transportés à la ferme depuis quelque temps, à la grande satisfaction de Charles et de Juliette, dont le seul ennui était les reproches un peu aigres de Betty, toujours au sujet de la truie.

Un jour qu'elle avait été plus tenace que d'ha-

« C'est de l'or, ça, Monsieur Charles ! »

bitude, et que Donald avait joint ses regrets à ceux de sa femme, Charles, prêt à éclater, sortit dans la cour pour chercher une distraction à sa colère; il entra dans une écurie vide, et l'idée lui vint d'y mettre ses lapins. Il communiqua l'idée à Juliette, qui l'accueillit avec empressement; ils retirèrent leurs huit lapins, très mal établis dans une vieille caisse, pour les transporter dans cette nouvelle demeure, que Charles surnomma LE PALAIS DES LAPINS. Il s'y trouvait de la paille toute préparée, comme si l'écurie avait été habitée. Charles et Juliette y établirent les lapins et leur apportèrent des feuilles de choux et de carottes.

En s'en allant, Charles ôta la clef, qu'il mit dans sa poche.

« Attends-moi une minute, dit-il à Juliette, je cours porter la clef dans ma chambre, pour que Betty et Donald ne se mêlent pas de nos élèves : toi et moi, nous serons seuls à les soigner. »

Charles courut en effet jusqu'à sa chambre, aperçut en entrant le chat qui s'y trouvait renfermé, le poursuivit jusque dans la cuisine, ne songea plus à la clef, qui resta dans sa poche, et rejoignit Juliette. Ils allèrent dans les champs. Les récoltes commençaient à pousser et à verdir la plaine; les pommiers et les poiriers étaient chargés de fleurs, la bonne odeur de cette verdure jeune et fraîche procurait une vive jouissance à Juliette; elle se sentait gaie et remontée; sa conversation avec Charles était plus animée que jamais; ils parlaient de leur avenir.

**JULIETTE.**

Quand tu seras grand, Charles, il faudra que tu te maries; tu épouseras une bonne femme, bien robuste, qui sache faire marcher ta ferme....

**CHARLES,** *riant.*

Et qui au besoin puisse faire le coup de poing avec Betty.

**JULIETTE,** *riant aussi.*

Non, il te faut une femme forte, mais douce; sans quoi elle se battrait avec toi, ce qui ne serait pas bien. Voyons, cherchons-en une.

**CHARLES.**

Pas encore, Juliette. Laisse-moi donc grandir tranquillement. Je n'ai pas encore quinze ans!

**JULIETTE.**

C'est vrai! Mais nous pouvons toujours voir dans celles que nous connaissons.

**CHARLES.**

Je ne connais personne; je suis toujours à la maison ou à l'école.

**JULIETTE.**

Ni moi non plus, je ne connais personne! Mais ne t'en inquiète pas; nous demanderons à Marianne et à Betty.

**CHARLES.**

Je ne veux pas une femme du choix de Betty : elle me ferait épouser une grosse vachère.

**JULIETTE.**

Mais quelle espèce de femme voudrais-tu avoir?

**CHARLES.**

A présent, aucune; mais plus tard je voudrai une femme excellente.

JULIETTE.

Qu'appelles-tu excellente? Excellente comme quoi?

CHARLES.

Comme toi; mais ce n'est pas tout. Je veux une femme robuste que rien ne fatigue, qui ne soit jamais malade ni souffrante.

JULIETTE, *riant.*

Pas comme moi, pour le coup.

CHARLES.

Non, pas comme toi, qui as sans cesse besoin de soins; et c'est pour te soigner à mon aise que je veux avoir une femme vigoureuse; mais je la veux jolie, agréable, grande comme toi, mince comme toi, et....

JULIETTE.

Mais si tu prends une femme mince comme moi, elle ne sera ni robuste ni vigoureuse. Je t'engage à choisir une femme comme Marianne.

CHARLES.

Non, Marianne est trop grande et trop forte.

JULIETTE.

Ah bah! Tu ne sais ce que tu veux. Au fait, tu es encore trop jeune pour savoir ce qu'il te faut; mais quand tu auras vingt-deux ou vingt-trois ans, laisse-nous faire, Marianne et moi; je te réponds que tu auras une femme admirable; car nous serons difficiles pour toi.

CHARLES.

C'est bien; c'est convenu. Quand je serai grand, vous me présenterez ma femme. En attendant, si tu t'asseyais au pied de ce pommier en fleurs, pendant que je grimperais dessus pour enlever du *gui* qui fait mourir les branches?

**JULIETTE.**

Je ne demande pas mieux ; mais ne va pas tomber sur moi quand tu seras là-haut. »

Juliette s'assit, Charles grimpa comme un chat jusqu'aux branches qu'il voulait débarrasser du *gui* qui les obstruait, fit très habilement son travail, et descendit aussi lestement qu'il était monté. Il ne s'aperçut pas qu'un objet assez volumineux tombait de sa poche, et que cet objet était la clef du *palais des lapins*.

Il reprit avec Juliette le chemin de la ferme ; la conversation ne tarit pas plus en revenant qu'en allant. Charles la termina en disant qu' « ils étaient plus heureux que tous les rois de la terre ».

« Je le crois bien, dit Juliette : les rois et les princes sont les plus malheureux êtres de leurs royaumes.

**CHARLES.**

C'est beaucoup dire ; ils sont ennuyés et contrariés souvent, mais ils ne sont pas malheureux.

**JULIETTE,** *avec véhémence.*

Pas malheureux! Contrariés du matin au soir dans leurs goûts, dans leurs affections, dans leurs volontés! Quand ils sont enfants et jeunes, ils se promènent seuls, ils jouent seuls ; ils ne sortent qu'en voiture ; ils sont gênés dans leurs habits élégants ; ils saluent à droite et à gauche sans arrêter ;

On leur donne des gouverneurs sévères. » (Page 321.)

ils sont séparés de leurs parents, qu'ils voient à peine; on leur donne des gouverneurs sévères, qui ne les soignent que parce qu'on les paye et non pas par affection; ils n'ont jamais d'amis; et quand ils sont grands, c'est bien pis! Un pauvre roi qui ne peut aimer personne, de peur d'être aimé par intérêt; un roi que personne n'aime, parce que tout le monde en a peur; dont chacun peut dire et inventer du mal, sans qu'il puisse se défendre; qui ne peut avoir aucune liberté, pas même celle de promener sa femme dans les champs et d'élever lui-même ses enfants!

**CHARLES.**

C'est vrai! Tu as raison; j'aime cent fois mieux ma veste ou ma blouse que les brillants uniformes des rois; mon dîner de deux plats mangés gaiement avec ceux que j'aime, que les repas exquis en compagnie d'ennemis ou d'indifférents; et ainsi de tout. Si j'étais roi, je n'aurais pas pu grimper à l'arbre tout à l'heure.

**JULIETTE.**

Ni avoir des lapins et les élever.

**CHARLES.**

Ni aller en carriole avec Donald.

**JULIETTE.**

Ni déchirer tes habits dans les ronces.

**CHARLES.**

Ni te cueillir des fraises dans les bois, ni te mener promener tous les jours, te soigner, t'aimer enfin; car on n'aime pas bien les gens quand on ne fait rien pour eux.

JULIETTE.

Tu as bien raison, et c'est pourquoi nous allons donner à manger à nos lapins. As-tu la clef?

CHARLES.

Non, elle est dans ma chambre; je vais l'apporter. »

Charles disparut, et fut longtemps à revenir; Juliette s'étonnait de sa longue absence, lorsqu'elle l'entendit arriver, mais à pas lents et en silence.

JULIETTE.

Qu'y a-t-il, Charles? Pourquoi as-tu été si longtemps à apporter la clef?... Pourquoi ne parles-tu pas?... Qu'as-tu, Charles?

CHARLES, *en colère*.

Je crois bien! Ce méchant Donald ou sa mauvaise femme ont emporté la clef des lapins.

JULIETTE.

Dis-leur de te la rendre! C'est fort ennuyeux!

CHARLES, *de même*.

Je crois bien que c'est ennuyeux! Ces gens-là sont insupportables! et quand je serai le maître, je les chasserai de chez moi!

JULIETTE.

Voyons, voyons, mon ami, ne t'emporte pas pour si peu de chose.

CHARLES, *de plus en plus irrité*.

Peu de chose! C'est une impertinence incroyable! Venir m'enlever la clef de mes lapins, jusque dans ma chambre! Est-ce que je ne suis pas le maître chez moi? Suis-je obligé de les laisser s'emparer de tout, comme si la ferme était à eux?

« Il ne peut avoir aucune liberté, pas même celle de promener sa femme. » (Page 321.)

Mais je vais leur parler vertement, et s'ils ne sont pas contents, ils s'en iront.

JULIETTE.

Charles, tu sais bien que ces pauvres gens t'aiment, te sont attachés, se tuent au service de ta ferme. Pourquoi parler d'eux de cette façon? Et comment sais-tu que ce sont eux qui ont pris cette clef?

CHARLES.

Et qui veux-tu que ce soit? Ce n'est certainement pas Minet.

JULIETTE.

Tu as peut-être mal cherché?

CHARLES.

J'ai cherché partout; j'ai mis assez de temps, puisque tu as même été inquiète.

JULIETTE.

Mais où sont-ils?

CHARLES.

Est-ce que je sais, moi! Ils sont toujours à courir.

JULIETTE.

S'ils courent, c'est pour ton service; car ils travaillent tant qu'il fait jour. »

Charles commençait à se calmer et à être un peu honteux de son emportement, lorsque Donald accourut:

« Ah! vous voilà, Monsieur Charles et Mademoiselle Juliette! Je vous ai cherchés partout pour vous demander si c'était vous qui aviez la clef de l'écurie de mes poulains. Je les fais coucher là dedans depuis deux jours, parce que les nuits sont encore un peu froides. Il faut que je leur fasse leur litière pour la nuit, et voilà le jour qui s'avance !

#### CHARLES.

Vous savez bien que ce n'est pas moi qui ai cette clef. Je l'avais, il est vrai, mais vous ou Betty vous me l'avez prise.

#### DONALD.

Ah ! Betty, je n'en sais rien ; mais moi ! pourquoi que je vous la demanderais si je l'avais ?

#### CHARLES.

Pour me faire enrager ! Parce que vous voulez tout accaparer pour vous et pour vos bêtes, tandis que moi, qui suis le maître, je suis obligé d'avoir mes lapins dans une vieille caisse ; et comme vous êtes jaloux de les voir bien logés dans l'écurie, vous m'avez repris la clef dans ma chambre, et vous faites semblant de ne pas la trouver. Mais je ne suis pas votre dupe, et je trouve fort impertinent de me jouer des tours pareils.

#### DONALD.

Sapristi ! Monsieur Charles, si vous étiez mon garçon, je vous donnerais du poing dans la figure, pour vous apprendre à avoir de telles idées sur un honnête homme comme moi. C'est-y là votre profit ? C'est-y moi qui empoche l'argent que je retire de vos terres ? Et c'est-y pour moi que je cours depuis une demi-heure après vous, pour avoir cette satanée clef que vous me refusez ? Allez, Monsieur Charles ! ce que vous faites là, c'est ingrat, c'est malin. Et si n'était que de moi, je vous planterais là avec vos bêtes, et je m'en irais ailleurs; mais c'est Betty qui est sotte pour ça, et qui pleurerait tout le long du jour si elle vous quittait; et comme ça me ferait mal de la chagriner,... ma foi, je reste. »

Charles avait passé plusieurs fois de la colère à la honte et au regret, pendant que Donald parlait. La dernière assurance de l'attachement de Betty le toucha vivement et lui fit sentir toute son injustice et, comme disait Donald, son ingratitude. Malgré le combat de son orgueil il alla à Donald et s'écria :

« Mon bon Donald, vous avez raison; je suis un ingrat! Je méconnais votre dévouement à mes intérêts; je vous accuse sottement sans aucun motif, et je vous fais de la peine au lieu de vous remercier. Mon bon Donald, pardonnez-moi; je suis jeune; je me corrigerai, je l'espère, de ma vivacité, et je ne commettrai plus d'injustice à votre égard.

### DONALD.

Bien, Monsieur Charles, n'en parlons plus! Je ne suis pas rancunier de ma nature. C'est bien, ce que vous faites là. Vous avez eu de la peine à y arriver; mais... vous n'en aurez pas de regret : c'est moi qui vous le dis. De cette affaire-là j'ai plus de cœur que jamais à votre service.... Mais comment allons-nous faire pour cette clef? où la trouver?

### CHARLES.

Et mes pauvres lapins qui sont enfermés et qui ont faim!

### DONALD.

Ce n'est pas ça qui est le pire. C'est pour coucher mes poulains !

— Hé ! Donald ! cria Betty qui arrivait des champs. Vois donc ce que j'ai trouvé ! C'est toi qui l'auras perdue, bien sûr, en enlevant le gui des arbres. »

Et Betty, approchant, lui remit la clef... du *palais des lapins.*

### DONALD.

Où as-tu trouvé ça ?

### BETTY.

Au pied du pommier, près des betteraves ; tu sais bien ce pommier qui avait tant de gui sur les branches, et que tu viens de dégager.

### DONALD.

Je n'y ai pas touché aujourd'hui. »

Juliette, qui s'était approchée de Charles, lui serra la main.

« Tu vois ! » lui dit-elle à voix basse.

Charles rougit beaucoup et dit avec hésitation :

« C'est moi, Betty ! c'est moi qui ai enlevé le gui. Je vois bien ce que c'est maintenant : j'ai oublié la clef dans ma poche au lieu de....

— Quelle clef ? interrompit Betty. Pas celle-ci, toujours, qui est à Donald. »

Charles allait tout avouer, lorsque Donald le regarda, sourit, mit un doigt sur sa bouche et dit :

### DONALD.

Mais sans doute ! C'est la mienne ; donne vite, viens m'aider à la litière.

BETTY, *étonnée*.

Qu'est-ce qu'il y a donc? Pourquoi ris-tu, toi? Qu'est-ce que j'ai dit de risible?

DONALD.

Rien du tout, je te dis. Viens vite, il se fait tard. »

Charles et Juliette restèrent seuls. Charles avait l'air pensif.

JULIETTE.

Eh bien, mon ami? Tu vois la bonté, l'attachement de ce pauvre homme!

CHARLES, *avec feu*.

Dis la générosité, la noblesse d'âme! Cet excellent Donald, il ne veut même pas laisser connaître mon injustice à sa femme! Il craint de me faire rougir de moi-même devant elle! Que puis-je faire pour le récompenser, pour le remercier?

JULIETTE, *lui serrant les mains avec affection*.

Rien que de l'aimer, mon bon Charles, et lui témoigner l'estime que tu fais de lui; crois-tu qu'un dévouement comme celui dont il a fait preuve puisse être payé par des présents? Non, non; de bonnes et amicales paroles, une grande confiance, de l'amitié enfin, est la seule récompense digne de lui.

CHARLES.

Tu as raison comme toujours, Juliette; ma pauvre Juliette, comme tu as dû rougir de moi!

JULIETTE.

J'ai souffert pour toi, Charles, parce que je prévoyais ton repentir. Mais, ajouta-t-elle plus gaiement, puisque te voilà pardonné, ne parlons plus du passé et allons voir si Marianne n'a pas besoin d'être aidée pour sa laiterie ou sa volaille. »

Ni Marianne ni Betty ne surent rien de cette petite scène; mais Charles n'en perdit pas le souvenir, et depuis ce jour il traita Donald avec une amitié, une confiance dont ce brave homme fut touché et qu'il paya par un redoublement de zèle et d'empressement.

# XXIII

**CHARLES MAJEUR; ON LUI PROPOSE DES FEMMES;
IL N'EN VEUT AUCUNE**

La ferme prospéra entre les mains de Donald; elle devint une des plus belles et la mieux cultivée du pays. Donald ne négligeait aucune portion de terrain; tout était travaillé, fumé, soigné, et tout rapportait dix fois plus que lorsque Charles l'avait achetée. De sorte que quand Charles eut atteint sa majorité, c'est-à-dire vingt et un ans, Marianne et Donald lui remirent des comptes qui constataient que la ferme rapportait dix mille francs par an. Charles avait encore, en sus de la ferme et grâce aux économies qu'avaient faites pour lui ses amis, deux cent soixante mille francs en rentes sur l'État.

Au lieu de se réjouir de ses richesses, Charles en fut consterné.

« Que ferai-je de tout cela, Juliette? dit-il avec

tristesse. Qu'ai-je besoin de plus que de ma ferme ? Juliette, toi qui as toujours été pour moi une amie si éclairée, toi qui es arrivée si péniblement à me corriger de mes plus grands défauts, dis-moi, que dois-je faire ? que me conseilles-tu de faire ? Comment me débarrasser de tout ce superflu ?

JULIETTE.

Ce sera bien facile, mon ami. Prends le temps de bien placer ton argent ; mais fais d'avance la part des pauvres.

CHARLES.

Et la part de Dieu, Juliette ! Nous allons prendre nos arrangements avec M. le curé pour faire des réparations urgentes à notre pauvre église, pour établir des sœurs afin d'avoir une école et un hôpital. Et dès demain tu m'aideras à secourir, non pas, comme jusqu'ici, pauvrement et imparfaitement, les pauvres de notre paroisse, mais bien complètement, en leur donnant et leur assurant des moyens de travail et d'existence. »

Les premiers mois de la majorité de Charles se passèrent ainsi qu'il l'annonçait ; mais sa première signature fut pour faire don à Donald et à Betty d'une somme de vingt mille francs, qu'ils placèrent très avantageusement. Quand il eut terminé ses générosités, Juliette lui demanda à qui il réservait les cent mille francs qui restaient.

« Je te le dirai dans quelque temps, à l'anniversaire du bienheureux jour où le bon Dieu m'a placé sous la tutelle de notre excellente Marianne et près de toi, pour ne plus te quitter.

**JULIETTE.**

Ce jour est resté le plus heureux de ma vie, mon bon Charles. Et quand je pense que depuis huit ans tu ne t'es pas relâché un seul jour, une seule heure, de tes soins affectueux pour la pauvre aveugle, mon cœur en éprouve une telle reconnaissance, que je souffre de ne pouvoir te la témoigner.

**CHARLES.**

En fait de reconnaissance, c'est bien moi qui suis le plus endetté, mon amie. Tu m'as réformé, tu m'as changé; tu as fait de moi un homme passable, au lieu d'un vrai diable que j'étais. »

Et ils repassèrent dans leurs souvenirs les différents événements de l'enfance et de la jeunesse de Charles; ces souvenirs provoquaient souvent des rires interminables, souvent aussi de l'attendrissement et de la satisfaction.

« Et maintenant, dit Juliette, que nous avons fait une revue générale du passé, parlons un peu de ton avenir. Sais-tu que Marianne a une idée pour toi?

**CHARLES.**

Laquelle? Une idée sur quoi?

**JULIETTE.**

Sur ton mariage.

**CHARLES.**

Mais quelle rage avez-vous de me marier?... Et avec qui veux-tu me marier?

**JULIETTE.**

Ce n'est pas moi, Charles; c'est Marianne. Tu

connais bien la fille du juge de paix? C'est à elle que Marianne voudrait te marier. Te plaît-elle?

CHARLES.

Ma foi, je n'y ai jamais pensé; et je ne sais pas ce que j'en penserais si j'y pensais.

JULIETTE.

Mais, enfin, comment la trouves-tu?

CHARLES.

Jolie, mais coquette; elle s'occupe trop de sa toilette; elle porte des cages, des jupes empesées; je n'épouserai jamais une femme qui porte des cages et des jupes de cinq mètres de tour!

JULIETTE.

Tout le monde en porte! elle fait comme les autres.

CHARLES.

Est-ce que tu en portes, toi? Pourquoi? parce que tu es raisonnable. Et je ne veux pas d'une femme folle.

JULIETTE.

Et la sœur du maître d'école? Qu'en dis-tu?

CHARLES.

Je dis qu'elle est méchante avec les enfants, et que les gens méchants pour les enfants le sont pour tout le monde, et sont lâches par-dessus le marché. C'est abuser lâchement de sa force que de maltraiter un enfant.

JULIETTE.

Et la nièce du curé?

CHARLES.

Elle est criarde et piaillarde! Elle crie après la

bonne, après les pauvres, après M. le curé lui-même; c'est un enfer qu'une femme grondeuse.

JULIETTE.

Mon Dieu, que tu es difficile, Charles!

CHARLES.

Mais pourquoi aussi veux-tu me marier quand je n'en ai nulle envie?

JULIETTE, *avec tristesse.*

Ce n'est pas moi qui pousse à te marier, Charles. Moi, je n'y ai aucun intérêt. Bien au contraire.

CHARLES.

Pourquoi bien au contraire? Quelle est ta pensée, Juliette?... Parle, Juliette; ne suis-je plus ton ami d'enfance, le confident de tes pensées?

JULIETTE.

Eh bien, mon ami, je te dirai bien en confidence que c'est Marianne qui m'a demandé, sachant la confiance que tu as en mes conseils, de t'engager à te marier et à ne pas trop attendre, parce que.... Oh! Charles, je n'ose pas te le dire; tu seras fâché.

CHARLES.

Moi, fâché contre toi, Juliette? M'as-tu jamais vu fâché contre toi? Crois-tu que je puisse me fâcher contre toi? Parle sans crainte, chère Juliette; ne me cache rien, ne me dissimule rien.

JULIETTE.

C'est que Marianne voudrait se marier.

CHARLES, *très surpris.*

Marianne? Se marier? A trente-deux ans? Ah! ah! ah! Ce n'est pas possible. Mais avec qui donc?

JULIETTE.

Avec le juge de paix. Il y a longtemps qu'il la demande et qu'elle voudrait devenir sa femme. Tu as bien vu comme il vient souvent ici depuis trois ou quatre ans! Il paraît qu'il la presse beaucoup de se décider, et qu'elle lui a promis de l'épouser dès que tu serais marié, parce qu'il n'est pas convenable, dit-elle, que je reste avec toi sans elle, et que je ne veux pas te quitter pour aller demeurer chez Marianne avec la fille du juge.

CHARLES.

Et si je me mariais, tu resterais avec moi, Juliette? »

Juliette garda le silence. Charles lui prit la main.

« Resterais-tu, Juliette? répéta-t-il affectueusement.

— Non, dit-elle avec effort.

CHARLES, *avec agitation*.

Et tu ferais bien, car ce serait trop dur pour toi; ce serait impossible! Et c'est toi, bonne et douce Juliette, qui serais sacrifiée! Que Marianne se marie si elle veut, qu'elle fasse cette folie, moi je ne me marierai pas et je ne te quitterai pas. Je vivrai près de toi et je mourrai près de toi et avec toi, te bénissant et t'aimant jusqu'au dernier jour de ma vie. Et je ne serai jamais ingrat envers toi, Juliette; je ne t'abandonnerai jamais; et je mettrai tout mon bonheur à te soigner, à te promener, à te rendre la vie aussi douce que possible, comme je le faisais au temps de mon enfance, et comme je le fais avec bien plus de bonheur depuis que je suis homme et que je comprends mieux tout ce que je te dois.

JULIETTE.

Oh! Charles! mon ami! que tu es bon et dévoué!

CHARLES.

Qu'aurais-tu fait si je m'étais marié?

JULIETTE.

Je me serais retirée dans un couvent, et j'espère que j'y serais morte bientôt.

CHARLES.

Pauvre Juliette! Pauvre amie! Quelle récompense de ta bonté! »

Charles se promena avec agitation dans la chambre. Il parlait haut sans s'en douter.

« C'est incroyable!... disait-il. Je ne l'aurais jamais deviné!... Elle est folle!... A trente-deux ans!... Et un homme de quarante-cinq!... Ils sont fous tous les deux!... Et cette pauvre petite!... C'est mal!... Très mal!... Et ils croient que je la laisserai là!... seule! à souffrir, à pleurer!... Jamais!... Je vivrai pour elle comme elle vit pour moi!... Si elle y voyait! Mon Dieu, si elle y voyait! »

Son agitation se calma tout doucement.

« Juliette, dit-il, viens promener; viens respirer dans les champs; on étouffe ici. »

Ils sortirent. Charles mettait plus de soin que jamais à lui faire éviter les pierres, les ornières; il semblait comprendre qu'il était dans l'avenir son seul appui, son seul ami. Juliette avait sans doute la même pensée, car elle mettait plus d'abandon dans ses allures, dans ses paroles; elle ne retenait plus sa pensée, qu'elle déroula tout entière quand Charles lui reparla de ce qu'elle venait de lui apprendre, et de ses propres impressions sur le projet de sa sœur et sur ceux présumés de Charles. Elle lui avoua que depuis longtemps elle songeait avec terreur au jour où elle le verrait lié par le mariage à un autre devoir et à une autre affection.

« Ce n'est pas de l'égoïsme, Charles, je t'assure; c'est un sentiment naturel devant la perte d'un bonheur dont j'apprécie toute la valeur et que rien ne peut remplacer. »

Charles fut moins confiant, il lui parla peu de ses pensées intimes; mais en revanche il lui témoigna une affection plus vive et lui promit encore une fois de ne jamais l'abandonner.

« Ce n'est pas un sacrifice, Juliette, je t'assure; c'est un sentiment d'instinct naturel pour mon propre bonheur. »

Et Charles disait vrai. Profondément reconnaissant de la métamorphose que Juliette avait opérée en lui par sa douceur, sa patience, sa piété, sa constance, sa vive affection, il s'était promis et il avait promis à Dieu de se dévouer à elle comme elle s'était dévouée à lui. Il vit avec un redoublement de reconnaissance la tendresse toujours croissante que lui portait Juliette; il comprit qu'elle ne pouvait être heureuse qu'avec lui et par lui; il comprit que s'il introduisait une femme dans leur intérieur, ce serait leur malheur à tous:

Marianne ne se lassait pas d'offrir des femmes à Charles.

Juliette, qui souffrirait toujours de ne plus venir qu'en second dans son affection; sa femme, qui craindrait toujours que Juliette ne reprît sa place au premier rang; lui-même, enfin, qui verrait sans cesse les objets de sa tendresse souffrir par lui et à cause de lui. Il jura donc de ne jamais se marier, de toujours garder Juliette chez lui, et, si quelque événement extraordinaire, comme le mariage de Marianne, rendait cette position impossible, de faire de Juliette sa femme, à moins qu'elle n'y voulût pas consentir et qu'elle ne préférât rester près de lui comme son amie, sa sœur.

Les semaines, les mois se passèrent ainsi; Marianne attendait avec patience et ne se lassait pas d'offrir des femmes à Charles, qui les rejetait toutes; il avait vingt-trois ans, Marianne en avait trente-quatre, Juliette en avait vingt-cinq. Enfin, un jour, Marianne entra triomphante dans la salle où étaient Charles et Juliette.

« Charles, cette fois j'ai à te proposer une jeune fille que tu ne refuseras pas, j'espère, car elle a tout ce que tu peux désirer dans une femme.

— Et qui est cette merveille? demanda Charles en souriant.

### MARIANNE.

C'est la fille de l'architecte qui est venu s'établir ici pour bâtir l'usine de M. Castel-Oie. Elle est bonne, douce, jolie, charmante. Ils doivent venir ici ce soir; tu verras par toi-même.

### CHARLES.

Je ne demande pas mieux, Marianne. Seulement

vous savez que je ne me marierai pas à première vue.

MARIANNE.

Je le sais bien; on te donnera une quinzaine pour la bien connaître et la juger. Ils vont arriver bientôt. Ne vas-tu pas mettre ton habit pour les recevoir?

CHARLES.

Pour quoi faire? Je ne mets mon habit que le dimanche pour donner le bras à Juliette qui est en grande toilette. Le reste du temps, je suis toujours en veste ou en blouse.

MARIANNE.

Comme tu voudras, mon ami; c'était pour toi ce que j'en disais. »

Et Marianne sortit.

CHARLES.

Ne te tourmente pas, Juliette. Tu sais ce que je t'ai dit, ce que je t'ai promis.

JULIETTE.

Je le sais et je ne me tourmente pas. Mais, Charles, si elle te plaît, si tu crois pouvoir être heureux avec elle, dis-le-moi tout de suite. N'est-ce pas? Me le promets-tu?

CHARLES.

Je te le jure, dit Charles en lui baisant les mains; mais, je te le répète : sois tranquille, je ne l'aimerai pas. »

Une heure après, l'architecte, M. Turnip, arriva accompagné de sa fille. Charles alla au-devant d'eux.

M. Turnip arriva accompagné de sa fille.

« C'est sans doute ma cousine Marianne que vous désirez voir, Monsieur? lui dit-il; je vais la prévenir; en attendant, voici notre chère aveugle qui va faire connaissance avec vous et avec Mademoiselle votre fille. »

Charles approcha des chaises près de Juliette et alla chercher Marianne, qui s'empressa d'arriver.

Juliette et Lucy Turnip eurent bientôt fait connaissance; Charles s'assit près d'elles et causa avec beaucoup de gaieté et d'esprit; il faisait un temps magnifique; Charles proposa une promenade, qui fut acceptée.

Marianne allait prendre le bras de Juliette, lorsque Charles, s'approchant, s'en empara et dit en riant :

« Vous voulez m'enlever mes vieilles fonctions, Marianne; je ne les cède à personne, vous savez.

MARIANNE.

Je pensais que tu donnerais le bras à Mlle Lucy.

CHARLES.

Je regrette beaucoup de ne pouvoir faire comme vous le dites, Marianne; mais, tant que j'aurai le bonheur d'avoir Juliette avec moi, je la promènerai, je la soignerai comme par le passé. J'espère, Mademoiselle Lucy, ajouta-t-il en se tournant vers elle, que vous ne m'en voudrez pas; si vous connaissiez Juliette, si vous saviez tout ce que je lui dois, tout ce qu'elle a fait et continue à faire encore pour mon bien, vous trouveriez bon et naturel qu'elle passât pour moi avant tout le monde. »

Lucy ne répondit pas et parut embarrassée; elle se mit près de Juliette, qui fut bonne et aimable comme toujours. Elle craignait que Lucy ne fût blessée de ce manque d'empressement de Charles à son égard; elle cherchait d'autant mieux à le faire oublier. Charles fut très poli, mais il ne chercha pas à dissimuler que sa première pensée et sa constante préoccupation étaient pour Juliette.

# XXIV

### LES INTERROGATOIRES ; CE QUI S'ENSUIT

Quand la visite fut terminée, M. Turnip interrogea sa fille sur l'opinion qu'elle avait de Charles.

#### LUCY.

Il est très bien, mais il ne me plaît pas.

#### MONSIEUR TURNIP.

Pourquoi cela ? il est beau garçon ; il a de l'esprit, il est gai, aimable.

#### LUCY.

C'est possible ; mais il sera un détestable mari.

#### MONSIEUR TURNIP.

Qu'est-ce que tu dis donc ? Tu oublies le bien qu'on en dit de tous côtés.

#### LUCY.

Je ne dis pas non ; il peut être admirable de vertus et de qualités, mais je ne voudrais jamais accepter un mari pareil.

**MONSIEUR TURNIP.**

Ah bien! tu es joliment difficile! Qu'as-tu à lui reprocher?

**LUCY.**

Cette petite aveugle qu'il promène, qu'il soigne, de laquelle il est constamment préoccupé, et qu'il voudra continuer à mener comme un vrai chien d'aveugle.

**MONSIEUR TURNIP.**

Mais c'est très bien, ça; c'est elle qui l'a élevé; il est reconnaissant, ce garçon! Je n'y vois pas de mal, au contraire.

**LUCY.**

D'abord, elle ne peut pas l'avoir élevé, car elle a l'air beaucoup plus jeune que lui qui a vingt-trois ans; avec ça qu'elle est fort jolie et qu'elle est toujours occupée de lui.

**MONSIEUR TURNIP.**

Occupée de lui! Je le crois bien; cette pauvre petite qui est aveugle : il faut qu'elle appelle sitôt qu'elle a besoin de quelque chose. Serais-tu jalouse d'une aveugle, par hasard?

**LUCY,** *avec humeur.*

D'abord, je ne suis pas jalouse, parce que cela m'est bien égal; mais si je voulais encourager le désir que vous m'avez exprimé de la part de Mlle Marianne et de M. Charles, j'exigerais avant tout qu'on fît partir cette petite et qu'on ne la laissât jamais rentrer dans la maison. A cette condition, je consentirais à faire connaissance plus intime avec M. Charles, et peut-être l'accepterais-je pour mari.

###### MONSIEUR TURNIP.

Et tu ferais bien ! Tu as déjà vingt-six ans, sans qu'il y paraisse. Grande majorité, Lucy, grande majorité !

###### LUCY, *fâchée.*

Il est inutile de le crier sur les toits, mon père ; vous parlez tout haut comme si nous habitions un désert.

###### MONSIEUR TURNIP.

Voyons, voyons, ne te fâche pas ; j'en parlerai demain à Mlle Marianne et à M. le juge de paix, et je te dirai ce qu'ils auront répondu. »

Lucy se rassura et reprit sa bonne humeur, ne doutant pas que Juliette ne lui fût sacrifiée.

Pendant ce temps Marianne interrogeait Charles.

« Eh bien, Charles, comment la trouves-tu ?

— Très jolie, très gracieuse, répondit Charles sans hésiter.

###### MARIANNE.

Ah ! enfin tu en trouves une à ton gré.... Et le père, te plaît-il ?

###### CHARLES.

Beaucoup ; il a l'air d'un excellent homme ! »

Marianne était radieuse.

###### MARIANNE.

Ce que tu me dis me fait grand plaisir, Charles ; nous pouvons donc espérer de te voir marié.

###### CHARLES.

Pas avec cette femme-là, toujours.

MARIANNE *fait un bond.*

Comment? Mais qu'est-ce que tu disais donc?

CHARLES, *riant.*

Quoi? Je disais qu'elle était jolie et gracieuse; cela veut-il dire que j'en ferais ma femme? Suis-je condamné à épouser toutes les femmes jolies et gracieuses?

MARIANNE.

Mon Dieu, mon Dieu, ce garçon me fera mourir de chagrin!... Mais, Charles, mon bon ami, écoute-moi! Tu as vingt-trois ans; moi, j'en ai trente-quatre; voici bientôt deux ans que M. le juge me demande en mariage, et que j'attends, pour lui fixer le jour, que toi-même tu te maries : je ne puis pourtant pas passer ma vie à attendre?

CHARLES.

Mais, ma pauvre Marianne, pourquoi attendez-vous? Pourquoi faut-il que je me marie pour que vous vous mariiez?

MARIANNE.

A cause de Juliette, tu vois bien. Elle ne veut te quitter ni pour or ni pour argent; tant que je suis chez toi, que Juliette y reste aussi, personne n'a rien à dire. Mais quand je serai partie, Juliette ne peut pas rester seule avec toi; il faut que tu te maries pour la garder.

CHARLES, *impatienté.*

Elle ne sera pas seule; Betty et Donald vivent avec nous.

MARIANNE.

Mais c'est impossible! On en jasera.

CHARLES, *irrité.*

Eh bien! si l'on jase, je m'arrangerai pour faire taire les mauvaises langues.

MARIANNE, *avec ironie.*

Ce serait une jolie affaire! Rétablir une réputation à coups de fourche ou de bâton. Bien trouvé. Ça sent encore l'époque de la Mac'Miche!

CHARLES, *avec colère.*

Mac'Miche ou non, je ne permettrai à personne de dire ni de penser mal de Juliette.

MARIANNE.

Tu diras ce que tu voudras, tu feras comme tu voudras, tu es en âge de raison aussi bien que Juliette; mais moi, je suis lasse d'attendre, et je vous préviens tous les deux que d'ici à quinze jours je serai mariée avec M. le juge de paix.

CHARLES, *l'embrassant.*

Je vous souhaite bien du bonheur, Marianne; vous avez été très bonne pour moi, et c'est ce que je n'oublierai jamais. Et toi, Juliette, tu ne dis rien à Marianne?

JULIETTE, *s'essuyant les yeux.*

Que veux-tu que je dise, Charles? Je suis désolée de causer de la peine à ma sœur, d'amener des discussions entre toi et elle; mais que puis-je faire? Aller demeurer chez le juge? Cela m'est impossible! Et où irais-je, si ce n'est chez toi? »

Marianne impatientée quitta la salle.

CHARLES, *s'asseyant près de Juliette.*

C'est bien mon avis aussi; tu vivras chez moi, ce qui veut dire chez toi, avec Betty qui t'aime, avec Donald qui t'aime, et si, comme dit Marianne, on trouve la chose mauvaise, alors... alors, Juliette, tu feras comme Marianne, tu te marieras.

JULIETTE.

Moi, me marier? Moi, aveugle? Moi, à vingt-quatre ans, presque vingt-cinq?

CHARLES.

Tout cela n'empêche pas de se marier, Juliette.

JULIETTE.

Non, mais tout cela ne permet à aucun homme de me prendre pour sa femme.

CHARLES.

J'en sais un qui te connaît, qui t'aime, qui n'ose pas te demander, parce qu'il craint d'être repoussé, et qui verrait tous ses vœux comblés si tu l'acceptais.

JULIETTE.

Je n'en veux pas, Charles, je n'en veux pas. Je te supplie, je te conjure de ne plus m'en parler, ni de celui-ci ni d'aucun autre.

CHARLES.

Je ne t'en parlerai plus, à une seule condition : c'est que tu me diras avec confiance, avec amitié, pourquoi tu n'en veux pas.

JULIETTE, *hésitant*.

Tu veux que je te le dise? Mais... je ne sais pourquoi, j'aimerais mieux ne pas te le dire.

CHARLES.

Non, Juliette, il faut que tu me le dises : c'est nécessaire, indispensable pour ma tranquillité, pour mon bonheur.

JULIETTE.

Alors, pour toi, pour ton bonheur, je te dirai

le motif qui me rendrait tout mariage odieux. Je refuse l'homme dont tu me parles et tous les hommes qui pourraient vouloir de la pauvre aveugle, pour ne pas te quitter, pour vivre près de toi, pour n'aimer que toi.

### CHARLES.

Et moi, ma Juliette, je refuse et je refuserai toute femme qui pourrait vouloir de moi, pour ne pas te quitter, pour vivre près de toi, pour n'aimer que toi. »

Juliette poussa un cri de joie et saisit les mains de Charles.

### CHARLES.

Écoute-moi encore, Juliette. Je n'ai pas fini. Il y aura une modification nécessaire à notre vie; jusqu'ici tu as été mon amie, ma sœur; dorénavant il faut que tu sois mon amie... et ma femme.

### JULIETTE.

Ta femme! ta femme! Mais, Charles, tu oublies que je suis aveugle, que j'ai deux ans de plus que toi!

### CHARLES.

Que m'importe que tu sois aveugle; c'est ta cécité qui m'a d'abord attaché à toi; c'est elle qui m'a fait aimer de toi à cause des soins que je t'ai donnés! Et quant à tes deux années de plus que les miennes, qu'importe, si tu restes pour moi plus jeune et plus charmante que toutes les femmes qu'on m'a proposées; et puis, Marianne voulait me faire épouser cette petite de tout à l'heure! Elle a un an de plus que toi. Betty me l'a dit; elle en est certaine.... Tes objections sont levées, ma Juliette; maintenant décide de mon sort, de notre vie. »

Au lieu de répondre, Juliette tendit ses deux mains à Charles, qui les baisa avec émotion. Ils gardèrent quelque temps le silence.

« Qui aurait pu deviner un pareil dénouement, dit enfin Charles, quand je faisais cinquante sottises, quand tu me grondais, quand je n'étais devant toi qu'un pauvre petit garçon? Qui aurait pu deviner que ce petit diable serait aimé de toi, serait ton ami, ton mari?

JULIETTE, *riant*.

Et qui aurait pu deviner que ce petit diable deviendrait le plus sage, le plus excellent, le plus dévoué des hommes ; qu'il saurait dominer l'impétuosité de son caractère pour se faire l'esclave de la pauvre aveugle, et qu'il lui donnerait le bonheur auquel elle ne pouvait prétendre, celui d'être aimée pour elle-même, et d'unir sa vie à celui qu'elle aime par-dessus tout, après Dieu. »

Ils causèrent longtemps encore ; et quand Marianne rentra, elle les trouva comme elle les avait quittés, causant gaiement... de leur avenir qu'elle ignorait. Ils étaient convenus de ne rien dire à Marianne ; tous deux étaient libres de leurs actions ; Juliette avait déjà souffert du refroidissement de sa sœur à son égard, depuis qu'elle avait refusé de la suivre chez le juge : elle avait ainsi retardé ce mariage que Marianne désirait vivement ; elle craignait que sa sœur ne fît naître des difficultés pour le sien, qu'elle ne blâmât Charles d'épouser une aveugle, une femme plus âgée que lui. Charles partageait les défiances de Juliette, et ils résolurent de

Au lieu de répondre, Juliette tendit ses deux mains à Charles.

ne faire connaître leur mariage que lorsque celui de Marianne serait accompli. Ils ne lui parlèrent donc pas de ce qu'ils venaient de décider.

**MARIANNE.**

Pourquoi te couches-tu si tard, Juliette? Il va être dix heures! C'est ridicule!

**CHARLES.**

En quoi, ridicule? Nous ne gênons personne. Vous n'étiez pas encore rentrée, et Betty et Donald sont couchés depuis longtemps. »

Marianne les regarda avec indignation et se retira chez elle.

**JULIETTE,** *se levant.*

Marianne a raison; il est tard. Je vais aussi me coucher, Charles. Ramène-moi dans ma chambre; Marianne m'a oubliée. A demain, mon ami.

**CHARLES.**

Il n'y a pas de danger que je t'oublie, moi, ma Juliette. A demain. Te voici chez toi. »

Charles la quitta; ni lui ni Juliette n'oublièrent, avant de se coucher, de rendre grâces à Dieu de l'avenir si plein de calme et de bonheur qu'il leur avait enfin assuré.

# XXV

## MARIANNE SE MARIE
## TOUT LE MONDE SE MARIE

Le lendemain, Marianne reçut de bonne heure, pendant que Charles et Juliette étaient à la messe, la visite du juge accompagné de M. Turnip. La visite fut longue, la conversation animée. Ils se séparèrent gaiement; mais, après le départ du juge et de M. Turnip, Marianne resta soucieuse et pensive. Quand Charles et Juliette rentrèrent, ils la trouvèrent le coude appuyé sur la table devant laquelle elle était assise, et la main soutenant son front brûlant. Ils lui dirent bonjour en l'embrassant.

« Charles, dit-elle avec embarras, j'ai à te parler sérieusement, ainsi qu'à toi, Juliette. Je viens de voir M. Turnip. »

Charles fit un mouvement d'impatience.

« Écoute-moi, je te le demande instamment.

Il m'a dit que tu avais produit l'impression la plus favorable sur sa fille et sur lui-même; seulement, Lucy a une très grande vivacité de sentiment, et, par conséquent, elle serait disposée à la jalousie.

— Ah! ah! dit Charles en souriant.

— Elle craindrait que..., que Juliette... ne te prît trop de temps.... Que ces habitudes... de soins, d'affection... ne..., je ne sais comment t'expliquer....

#### CHARLES.

Ne cherchez pas, ma bonne Marianne; je vais finir votre phrase. *Ne la fissent enrager*, et alors elle demande que je chasse Juliette, et que je rompe ainsi mes vieilles relations d'amitié.

#### MARIANNE, *indignée*.

Comme tu dis ça, Charles! Brutalement, grossièrement!

#### CHARLES.

N'est-ce pas comme je vous le dis? Ne vous a-t-on pas parlé de me séparer de Juliette?

#### MARIANNE.

Séparer, oui; mais pas chasser, comme tu le dis.

#### CHARLES, *vivement*.

Séparer ou chasser est tout un. Vous connaissez ma vive affection pour Juliette; vous devinez ma répulsion pour ces gens qui osent me faire une proposition pareille, et je n'ai pas besoin de vous dicter ma réponse. Faites-la vous-même; venant de moi, elle serait blessante, car je ne pourais dissimuler mon indignation et mon mépris. Et, à présent, parlons d'autres choses. A quand votre mariage? Avez-vous arrangé vos affaires avec le juge?

MARIANNE, *embarrassée*.

Mais non, M. Turnip était là; nous étions seulement convenus que Juliette se transporterait là-bas avec moi, et qu'on la mettrait dans la chambre de Sidonie, la fille du juge, pour avoir quelqu'un près d'elle.

CHARLES, *avec ironie*.

Arrangement excellent pour tout le monde, excepté pour la pauvre Juliette.

MARIANNE.

Juliette eût été très bien là-bas. N'est-ce pas, Juliette?

JULIETTE.

Je ne serai bien nulle part hors d'ici.

MARIANNE.

Je ne te reconnais plus, Juliette; tu deviens sotte et égoïste. »

Juliette rougit; les larmes lui vinrent aux yeux. Charles se leva avec violence, et s'adressant à Marianne :

« Ne répétez jamais la calomnie que vous venez d'inventer! Je ne veux pas qu'on insulte Juliette! Trop douce et trop dévouée pour se défendre, elle est sous ma protection, ma protection exclusive; elle est maîtresse de ses actions, et personne n'a droit sur elle.

MARIANNE, *avec ironie*.

Elle est assez âgée pour cela! Je le sais bien.

CHARLES, *irrité*.

Pas si âgée que la fille sans cœur que vous voudriez me faire épouser. »

Marianne fait un mouvement de surprise.

« Pensez-vous que j'ignore qu'elle a vingt-six ans? Je le savais avant que vous me l'eussiez nommée.

MARIANNE, *fâchée*.

Je ne cherche plus à te la faire épouser! Je ne te ferai plus épouser personne! Tu vivras et tu mourras garçon; tant pis pour toi. Quand tu seras vieux, tu viendras chercher chez moi un refuge contre l'ennui.

CHARLES, *adouci et souriant*.

Je ne redoute pas l'ennui, Marianne; je serai comme vous, en famille; j'aurai une femme et des enfants qui me feront la vie heureuse que je cherche.

MARIANNE, *étonnée*.

Tu veux donc te marier, à présent?

CHARLES.

Certainement, plus que jamais.

MARIANNE.

Je n'y comprends rien; avec qui donc?

CHARLES.

Vous le saurez quand nos bans seront publiés, dans quinze jours.

MARIANNE.

Et Juliette le sait? Elle connaît ta future? Elle est contente? Elle restera chez toi?

CHARLES.

Parfaitement, elle la connaît, elle est très contente, elle ne me quittera qu'à la mort.

MARIANNE.

C'est-il vrai, Juliette? Tu es réellement satisfaite? Tu vivras avec Charles et sa femme?

JULIETTE.

C'est très vrai, Marianne ; je suis heureuse comme je ne l'ai jamais été ; et je resterai chez Charles tant que le bon Dieu le permettra. »

Marianne restait ébahie, Juliette souriait, Charles riait et ne pouvait tenir en place.

MARIANNE.

C'est incroyable! Imposible de deviner.... Et tu te maries bientôt?

CHARLES.

Huit jours après vous, pour régulariser la position de Juliette, d'après vos observations.

MARIANNE.

Ah! Tu as donc reconnu que j'avais raison?

CHARLES.

Oui! Vous aviez raison, et j'ai immédiatement tout arrangé. C'est pourquoi vous nous avez trouvés, hier soir, Juliette et moi, causant encore quand vous êtes rentrée.

MARIANNE.

Mais tu ne sors jamais! Quand vois-tu ta future?

CHARLES.

Je sors tous les jours au moins deux fois, et longtemps.

MARIANNE.

Oui, mais pas seul ; avec Juliette!

CHARLES.

Puisque Juliette est dans le secret, je n'ai pas besoin de me cacher d'elle.

###### MARIANNE.

C'est étonnant!... J'ai beau chercher.... Betty le sait-elle?

###### CHARLES.

Elle n'en sait pas un mot; je ne lui en ai jamais parlé; vous n'aurez rien à apprendre de ce côté.

###### MARIANNE.

Je suis bien aise que tu te maries! Mais tu te maries drôlement. Je n'ai jamais entendu parler d'un mariage mené et décidé de cette façon.... Et la future restant à l'état d'invisible!... C'est drôle tout cela. M'autorises-tu à en parler au juge?

###### CHARLES.

A lui, oui, mais pas à d'autre.

###### MARIANNE.

Puis-je parler de sa fortune? Qu'est-ce qu'elle a?

###### CHARLES.

Cinquante mille francs. »

Juliette fit un mouvement de surprise, qu'aperçut Marianne.

###### MARIANNE, *de plus en plus étonnée.*

Belle dot, cinquante mille francs! Tu ne le savais donc pas, Juliette, que tu as l'air si étonné?

###### JULIETTE.

Non, je croyais qu'elle avait peu de chose, presque rien.

###### MARIANNE.

Je n'en reviens pas. Le juge va peut-être m'aider à deviner. Au revoir, Charles; je vais porter ta réponse définitive pour Mlle Turnip. »

Marianne sortit.

« Charles, dit Juliette, pourquoi as-tu annoncé cinquante mille francs? Tu sais que je n'ai plus rien depuis que j'ai abandonné à Marianne, il y a un an et d'après ton conseil, ma part de l'héritage de nos parents.

### CHARLES.

Et crois-tu, chère Juliette, que je t'aurais poussée à te dépouiller du peu que tu possédais, si je n'avais eu la volonté de t'en dédommager largement? J'ai profité de la procuration que tu m'as donnée à cette occasion pour placer en ton nom cinquante mille francs pris sur la fortune trop considérable que je possède. Tu vois donc que tu as cinquante mille francs.

### JULIETTE.

Mon bon Charles, comme tout ce que tu fais pour moi est généreux, affectueux et fait avec délicatesse! Tu ne m'en avais seulement pas informée. »

Juliette chercha la main que lui tendit Charles et la pressa sur son cœur.

« Tu es là, Charles, dans ce cœur dont tu ne sortiras jamais, et dans lequel se conserve le souvenir de tout ce que tu as fait pour moi depuis que je te connais.

### CHARLES.

Le beau mérite de témoigner son affection à ceux qu'on aime! »

Juliette serra encore la main de Charles et la laissa aller pour reprendre son tricot, pendant que Charles lui ferait la lecture.

Quand Marianne rentra, elle leur dit que le juge

était aussi surpris qu'elle l'avait été elle-même, et que lui non plus n'avait pu trouver le nom de la femme que Charles s'était choisie ; les cinquante mille francs le déroutaient complètement.

« Je vous annonce mon mariage pour lundi prochain, dans dix jours, ajouta-t-elle.
####### CHARLES.
Et le lendemain, le mien sera affiché.
####### MARIANNE.
Nous apprendrons alors ce que tu ne veux pas nous dire. »

La journée se passa gaiement et dans les occupations accoutumées. Le soir, le juge vint faire sa visite, et, malgré ses efforts réunis à ceux de Marianne, il ne put rien tirer de Charles ni de Juliette. Il raconta que M. Turnip était furieux, mais plus contre sa fille qui avait exigé cette sotte condition du renvoi de Juliette, que contre Charles, qui, disait-il, ne pouvait honorablement y consentir.

« Et j'ai appris pendant cette scène que la demoiselle avait vingt-six ans. On m'avait dit vingt. Ils ont voulu revenir sur la condition, mais j'ai déclaré qu'il était trop tard ; que Charles en avait été si indigné et si fâché, qu'il avait tout rompu ; et je les ai laissés se disputant et la fille pleurant..... Charles, mon ami, quand je serai ton cousin par ma femme, je ne pourrai t'aimer davantage et te vouloir plus de bien que je ne l'ai fait jusqu'à présent. Tu ne m'as pas nommé la femme que tu t'es choisie, mais, quelle qu'elle soit, ton choix doit être bon et tu dois avoir assuré ton bonheur; quant au sien, moi je le connais, je ne puis en douter. »

Marianne proposa au juge une tasse de thé, qu'il accepta. Pendant qu'elle était allée la préparer à la cuisine, le juge s'approcha de Juliette, lui prit les mains, la baisa au front et lui dit d'un air mystérieux :

« A quand la noce, ma petite sœur? Quand faut-il vous afficher?

— Comment? Quoi? répondit Juliette surprise et rougissant.

CHARLES, *riant*.

Ah! ah! Vous avez donc deviné, Monsieur le juge?

LE JUGE, *tendant la main à Charles*.

Tout de suite, au premier mot. Et je ne conçois pas que Marianne n'ait pas eu la pensée que ta future ne pouvait être que Juliette. Et je vous fais à tous deux mon compliment bien sincère, bien *fraternel*, car je serai votre frère, une fois les deux mariages faits.

CHARLES.

Vous ne trouvez donc pas que je fasse une folie en épousant ma bonne, ma chère Juliette?

LE JUGE.

Folie! l'action la plus sensée, la meilleure de toute ta vie! Où trouveras-tu une femme qui vaille Juliette?

CHARLES, *serrant les mains du juge*.

Cher Monsieur le juge! que je suis heureux! que vous me faites plaisir en me parlant ainsi! J'avais si peur qu'on ne blâmât ma pauvre Juliette de remettre le soin de son bonheur entre les mains d'un jeune fou comme moi !

**JULIETTE.**

Charles, ne parle pas ainsi de toi-même. Parce que tu as été écervelé dans ton enfance, il n'en résulte pas que tu le sois encore. Trouve dans le pays un homme de ton âge qui mène la vie sage et pieuse que tu mènes, et qui voudrait épouser comme toi une femme aveugle et plus âgée que toi, par dévouement et par....

**CHARLES.**

Et par l'affection la plus pure, la plus vive, je te le jure, Juliette. Ma vie même te prouve combien cette tendresse est vraie et profonde.

**LE JUGE.**

Chut, mes enfants ; j'entends Marianne. Je serai discret, soyez tranquilles de ce côté. »

Le juge continua à venir tous les soirs à la ferme jusqu'au jour de son mariage, qui se fit sans pompe et sans festin. Il n'y eut que les témoins nécessaires et un repas de famille, après lequel Marianne alla prendre possession de son nouvel appartement, où l'attendait une surprise préparée par Charles de connivence avec le juge : au milieu de la chambre, sur une jolie petite table, se trouvait placée une cassette dont le poids extraordinaire surprit Marianne ; elle y trouva en l'ouvrant un papier sur lequel était écrit :

« Présent de noce de Charles à sa sœur Marianne. »

En enlevant le papier, elle aperçut vingt rouleaux de mille francs. Une lettre affectueuse accompagnait le présent; Charles lui demandait de l'aider à se débarrasser de son superflu, en acceptant les vingt mille livres qu'il se permettait de lui offrir.

« J'en ai donné cinquante mille à Juliette, ajouta-t-il; peut-être devinerez-vous maintenant l'énigme de mon mariage. Vous êtes et vous serez ma sœur plus que jamais; en m'acceptant pour frère, vous comblerez mes vœux et ceux de ma bien-aimée Juliette. »

Dans sa surprise, Marianne laissa retomber la lettre.

« Juliette!... Juliette!... C'est Juliette! s'écrit-elle. Il faut que je l'apprenne à mon mari! Va-t-il être étonné! Le voici tout juste.... Venez voir, mon ami, quelle découverte je viens de faire! La femme dont nous ne pouvions deviner le nom, la femme de Charles, sera... Juliette!... Eh bien, vous n'êtes pas surpris?

LE JUGE, *souriant*.

Je l'avais deviné dès que vous m'avez parlé du mariage arrêté de Charles, ma chère amie! Qui pouvait-il aimer et épouser, sinon Juliette? la bonne, la douce, la charmante Juliette!

MARIANNE.

Comment! ce mariage ne vous paraît pas bizarre, absurde des deux côtés? Charles épouse une aveugle qui a deux ans de plus que lui, et Juliette prend un mari plus jeune qu'elle, vif comme la poudre, ardent dans ses sentiments, passionné, absolu dans ses volontés.

### LE JUGE.

C'est pour cela même qu'ils s'accorderont parfaitement ; la douceur, la patience, le charme de Juliette tempéreront l'ardeur de Charles, adouciront ses emportements, entretiendront sa tendresse, feront ployer sa volonté. De même la nature passionnée et ardente de Charles animera la douceur un peu indolente de Juliette, et lui donnera de ce feu qui lui manquait jadis et qui ne lui manque plus à présent ; je lui ai trouvé tous ces derniers temps bien plus d'animation, de vivacité. Quant à l'âge, qu'est-ce que deux ans? Elle a toute l'apparence d'une jeune fille de dix-huit ans à peine ; elle est plus jolie et plus gracieuse qu'elle ne l'a jamais été. D'ailleurs, il l'aime, malgré sa cécité et ses vingt-cinq ans ; et, ma foi, il a raison.

### MARIANNE.

Puisque vous approuvez ce mariage, je n'ai rien à en dire, mais je ne puis me faire à l'idée de voir Juliette mariée.

### LE JUGE.

Et demain, quand vous les verrez, Marianne, soyez bonne et affectueuse pour eux ; depuis quelque temps vous n'êtes plus pour Juliette la sœur tendre et dévouée que vous étiez jadis. Et, quant à Charles, vous étiez tout à fait en froid avec lui.

### MARIANNE.

C'est vrai ! Je leur en voulais de s'obstiner à ne pas se quitter, et de retarder ainsi mon union avec vous. Charles rejetait tous les partis que je lui offrais, et Juliette refusait de venir demeurer avec moi chez vous.

LE JUGE.

Mais nous voici enfin mariés, chère Marianne, et vous n'avez plus de raison de leur en vouloir.

MARIANNE, *souriant*.

Aussi suis-je toute disposée à obéir à votre première injonction, et à leur témoigner toute ma satisfaction. Nous irons les voir demain de bonne heure, n'est-ce pas ?

LE JUGE.

A l'heure que vous voudrez, chère amie, je suis à vos ordres. »

# XXVI

### CHACUN EST CASÉ SELON SES MÉRITES

Effectivement, le lendemain à neuf heures, Marianne et son mari arrivaient chez Charles et Juliette au moment où ces derniers rentraient de la messe et commençaient leur déjeuner. Marianne courut embrasser Juliette, qui la serra tendrement dans ses bras.

#### JULIETTE.

Tu sais tout maintenant, Marianne. Tu comprends l'obstination de Charles à ne pas vouloir se marier, et la mienne de ne pas vouloir m'en séparer. Charles craignait ton opposition, et moi, je songeais si peu à la possibilité de me marier et d'être la femme de Charles, que je n'avais d'autre pensée que de rester près de lui, n'importe à quelles conditions.

#### MARIANNE.

Je comprends et j'approuve tout, ma bonne

Juliette. Quel dommage que Charles ne m'en ait pas parlé plus tôt!

#### CHARLES.

J'étais si jeune, Marianne, que vous m'auriez traité de fou; c'est à peine si ces jours derniers j'ai osé m'en ouvrir à Juliette.

#### MARIANNE.

A mon tour à demander : A quand la noce?

#### CHARLES.

Le plus tôt sera le mieux. Si Monsieur le juge veut bien tout arranger, nous pourrons être mariés dans huit ou dix jours.

#### LE JUGE.

C'est arrangé de ce matin, Charles. Et dans huit jours tu peux te marier, à moins que Juliette ne dise non.

#### JULIETTE.

Ce ne sera pas de moi que viendra l'opposition, mon frère.

#### LE JUGE.

A la bonne heure, ma petite Juliette; tu m'appelles *ton frère*, toi. Il faut que je t'embrasse pour bien constater ma fraternité. »

Le juge embrassa sa petite sœur à plusieurs reprises.

#### CHARLES.

Voulez-vous prendre votre café avec nous?... Je ne sais comment vous appeler, moi! Ce n'est pas la peine de vous baptiser de *cousin*, puisque dans huit jours vous serez mon *frère*. Comment voulez-vous que je dise?.

LE JUGE.

Dis mon *frère* tout de suite, parbleu! Je le suis de cœur depuis longtemps, et je vais l'être dans huit jours de par la loi. »

Charles serra la main de son frère futur et alla chercher à la cuisine un supplément de café, de lait et de pain. Ils déjeunèrent tous gaiement, car tous étaient heureux.

Quand il fut dix heures, le juge et sa femme embrassèrent les jeunes futurs et retournèrent chez eux. Le juge attendait M. Turnip, qui lui avait demandé la veille une audience pour le lendemain à dix heures et demie.

« Que diantre a-t-il à me dire? dit-il à Marianne. Je lui ai nettement signifié de ne plus compter sur Charles; il ne va pas me le redemander, je suppose.

MARIANNE.

Non, c'est sans doute pour quelque travail aux frais des habitants.

LE JUGE.

Je n'en connais aucun; il ne s'en fait pas sans que je le sache et que je l'ordonne. »

Quoi qu'il en fût, M. Turnip arriva. Quand il se trouva en face du juge, il parut si embarrassé, si gêné, que le juge, fort surpris d'abord, le prit en pitié.

« Qu'y a-t-il, mon bon monsieur Turnip? Vous ferais-je peur par hasard?

M. TURNIP.

C'est que j'ai à vous faire une demande si singulière, que je ne sais comment m'y prendre.

LE JUGE.

Allons, courage! Dites vite, c'est le meilleur moyen.

M. TURNIP, *avec résolution*.

Eh bien, voilà! Charles plaît à ma fille; Mlle Juliette lui fait peur. Ma fille a demandé qu'on séparât Juliette de Charles; ce dernier n'a pas voulu, et je comprends; on ne savait où la mettre convenablement. Je viens trancher la difficulté; je vous la demande en mariage, et je vous promets de la rendre heureuse; de cette façon, Lucy n'en sera plus jalouse, et Charles aura toute sa liberté. »

Le juge avait écouté avec une surprise toujours croissante. Quand M. Turnip eut fini son discours, le juge ne put retenir un éclat de rire qui déconcerta plus encore le père dévoué.

LE JUGE, *souriant*.

Mon cher Monsieur, votre moyen n'est pas praticable, par la raison que Juliette est fiancée et doit se marier dans neuf jours.

M. TURNIP.

Parfait! parfait! Tout est arrangé alors! Du moment que Juliette disparaît, ma fille consent.

LE JUGE.

Très bien! Mais il y a une autre difficulté : c'est que Charles aussi va se marier dans neuf jours, et qu'il épouse tout juste Juliette. »

Ce fut au tour de M. Turnip d'être ébahi. Troublé, ému, honteux, il balbutia quelques excuses et sortit. Son entrevue avec sa fille dut être fort ora-

Son entrevue avec sa fille dut être fort orageuse.

geuse, à en juger par les éclats de voix qui se firent entendre jusque dans la rue. Mais, quelques jours après, le bruit se répandit que Mlle Lucy Turnip épousait M. Old Nick junior, fondateur d'un nouveau système d'enseignement, et nouvellement établi dans le pays. Son extérieur élégant avait enlevé le cœur de Mlle Lucy : il se donnait pour un homme riche, vivant de ses rentes. Mlle Lucy déclara à son père qu'étant majeure et maîtresse de disposer de sa main, elle choisissait pour époux M. Old Nick junior. Le père lutta, disputa, raisonna, supplia; rien n'y fit. Lucy Turnip devint Lucy Old Nick quinze jours après que Juliette Daikins fut devenue Juliette Mac'Lance. On découvrit qu'Old Nick n'avait aucune fortune; le père Turnip prit le jeune couple chez lui, et Old Nick fut employé à faire des plans et à surveiller les travaux de son beau-père. Un jour il rencontra Charles; celui-ci le reconnut de suite et s'approcha de lui.

« Eh bien, Monsieur Old Nick, qu'avez-vous fait de votre vieux frère et du sonneur sourd? lui demanda-t-il.

OLD NICK, *effrayé*.

Qui êtes-vous, Monsieur ? De grâce, ne me perdez pas, ne me parlez pas de ce triste passé.

CHARLES.

Je suis Charles Mac'Lance, le même qui vous a fait enrager pendant quelques jours dans Fairys' Hall.

OLD NICK.

Monsieur, je vous en supplie....

CHARLES.

Soyez donc tranquille; je ne suis pas méchant. Je ne vous trahirai pas. »

Et Charles lui tourna le dos.

Avant le grand événement du mariage de Mlle Lucy Turnip, femme Old Nick, eut lieu celui de Charles. C'était lui qui avait tout préparé, tout arrangé pour cet heureux jour. Juliette ne pouvait l'aider que de ses conseils; malgré ce surcroît d'occupations, Charles trouva le temps de mener Juliette à la messe et à la promenade avec sa régularité accoutumée, et de ne rien changer aux habitudes de Juliette. La veille de leur mariage ils firent leurs dévotions ensemble, comme toujours, puis ils arrangèrent la chambre de Juliette, qui resta la même, mais que Charles orna de meubles et de rideaux frais. Marianne n'occupant plus la chambre près de celle de Juliette, Charles s'y transporta pour être plus à sa portée si elle avait besoin de quelque chose.

Cette journée se passa paisiblement. Le lendemain, le mariage devait avoir lieu à neuf heures, comme pour Marianne, et les témoins seuls y devaient assister. Charles voulut que Donald lui servît de témoin avec M. Blackday, ce qui combla de joie et d'honneur Betty et Donald lui-même; le juge et le médecin furent les témoins de Juliette; Marianne arriva de bonne heure pour faire la toilette de la mariée. Le temps était superbe; la messe et la cérémonie furent terminées à dix heures. Charles prit le bras de sa femme, et chacun

Son extérieur élégant avait enlevé le cœur de Mlle Lucy. (Page 397.)

rentra chez soi. Seulement, Marianne, son mari et les témoins devaient revenir dîner à la ferme. Betty se distingua ; le repas fut excellent quoique modeste. L'après-midi se passa joyeusement ; on s'amusa à appeler Juliette *madame*, et, pour la distinguer de sa sœur, on appela Marianne *la vieille madame*. Le soir, après la promenade, Charles et Juliette reconduisirent chez eux M. le juge de paix et Mme la juge de paix, et rentrèrent à la ferme en faisant un détour par les champs. Betty servit un petit souper plus soigné que de coutume, et lorsque Betty et Donald eurent terminé leur repas, eurent pris leur tasse de café et leur petit verre de whisky à la santé des mariés, Charles et Juliette rentrèrent dans leur calme accoutumé.

Excepté cette journée d'extra, rien ne fut changé à leur utile et heureuse vie ; seulement, Juliette s'occupa à former une jeune servante qui devait remplacer Marianne dans les soins du ménage ; Betty se mit à la tête de la ferme. Donald dirigeait les affaires extérieures, et Betty exerçait sa juridiction sur la basse-cour, la lingerie, la cuisine et généralement sur tout ce qui concerne l'intérieur. Tout marcha le mieux du monde comme par le passé ; la ferme prospéra de plus en plus ; Charles l'augmenta par l'acquisition de quelques pièces de terre, prairies et bois touchant aux siens. Juliette ne regretta jamais d'avoir confié à Charles le soin de son bonheur ; il ne se relâcha pas un instant de ses soins les plus dévoués, de ses attentions les plus aimables. Juliette resta douce, aimante et charmante, comme au jour de son mariage; seulement, le bonheur dont elle jouissait lui donna plus de gaieté, de vivacité, d'entrain. Elle fut quelques années sans avoir d'enfant; enfin elle eut un garçon, et deux ans après une fille; ces enfants font le bonheur de leurs parents; la fille s'appelle Mary, et elle est tout le portrait de sa mère; Charles l'aime passionnément. Édouard ou Ned, le garçon, est l'image vivante du père; Juliette l'idolâtre. Betty continue à ne pas avoir d'enfant. Marianne en a déjà quatre, trois garçons et une fille. La fille du juge a épousé un brave garçon des environs; M. Turnip, pour se consoler du mariage de sa fille, qui mettait de la gêne dans sa maison à cause des dépenses de M. Old Nick, a demandé et obtenu la main et la bourse d'une vieille grosse veuve de cinquante ans : elle a dix-huit mille francs de revenu et elle fait enrager du matin au soir Lucy Old Nick et M. Old Nick. M. Turnip reçoit les premières bordées des fureurs de la grosse Mme Turnip; et quand il a le bonheur d'y échapper, il tombe dans les pièges de sa fille Lucy, et il subit de ce côté des scènes dont il ne se tire qu'avec des concessions d'argent, et qui achèvent de lui enlever le peu de bon sens qui lui reste. Mme Turnip ne tarde pas à s'apercevoir des brèches faites à sa bourse, et reprend en sous-main l'infortuné Turnip, qui finit toujours par recevoir une raclée de son épouse. Charles lui offrit un jour en riant sa vieille recette des visières du

Ces enfants font le bonheur de leurs parents.

cousin Mac'Miche, mais le malheureux Turnip n'osa pas s'en servir, de crainte d'irriter sa femme.

Dans le ménage Old Nick, le règne de la femme est fini et celui de Old Nick commence, car c'est le mari qui gronde et c'est la femme qui se soumet.

Il reste à informer mes jeunes lecteurs que les enfants qui habitaient la maison de M. Old Nick ont été rendus à leurs parents peu de jours après la sortie de Charles; le juge, ayant appris le régime cruel auquel étaient soumis ces enfants, en donna connaissance à l'attorney général. Une enquête fut ordonnée et eut pour résultat de faire fermer Fairy's Hall, de mettre en jugement MM. Old Nick et leurs complices, leurs surveillants et le fouetteur en chef. Trois furent condamnés au *tread-mill*; Old Nick y resta deux ans, et les autres en eurent pour six mois. En sortant de là, Old Nick junior se lança dans des entreprises de demi-filouteries qui lui réussirent. Le hasard le ramena dans la petite ville de N..., où il était à peine connu, n'ayant pas quitté Fairy's Hall pendant le peu de mois qu'il y avait demeuré; sa figure avantageuse plut à Mlle Lucy Turnip, et nous savons le bonheur qui en résulta pour les intéressés. Les jeunes époux se querellent encore et se querelleront toujours.

Donald et Betty achèvent leur heureuse carrière chez l'heureux Charles et l'heureuse Juliette. Marianne jouit d'un bonheur calme mais assuré; ses enfants sont beaux et bons; les visites à la ferme de tante Juliette et d'oncle Charles sont les moments les plus heureux de leur vie à peine commencée; le petit Édouard et la petite Mary reçoivent leurs cousins et cousines avec des cris de joie; on court atteler ou seller les ânes, on se mêle aux travaux des champs; Charles y travaille avec la même ardeur que Donald et sa bande nombreuse d'ouvriers; Juliette s'assoit à l'ombre d'un arbre; elle entend les rires et devine les jeux des enfants; elle a le sentiment intime du bonheur de Charles, et jamais elle ne s'attriste de ne pas voir ceux qu'elle aime tant; elle trouve que de les entendre, de les sentir autour d'elle est une bien grande joie dont elle remercie sans cesse le bon Dieu. Tous les matins, tous les soirs, Charles joint ses actions de grâces à celles de sa femme, qu'il chérit de plus en plus. De sorte que nous terminons l'histoire du Bon petit diable en faisant observer combien la bonté, la piété et la douceur sont des moyens puissants pour corriger les défauts qui semblent être les plus incorrigibles. La sévérité rend malheureux et méchant. La bonté attire, adoucit et corrige.

Nous ajouterons que Minet vit encore, et qu'il affectionne particulièrement son ancien tourmenteur Charles.

# TABLE DES MATIÈRES

A MA PETITE-FILLE MADELEINE DE MALARET.................... I

| I. | Les fées............................................ | 1 |
| II. | L'aveugle......... ...................... | 19 |
| III. | Une affaire criminelle......................... | 29 |
| IV. | Le fouet; le parafouet. ...................... | 43 |
| V. | Docilité merveilleuse de Charles. Les visières...... | 57 |
| VI. | Audace de Charles. Précieuse découverte......... | 67 |
| VII. | Nouvelle et sublime invention de Charles......... | 85 |
| VIII. | Succès complet................................... | 95 |
| IX. | Mme Mac'Miche se venge......................... | 115 |
| X. | Dernier exploit de Charles....................... | 127 |
| XI. | Méfaits de l'homme noir......................... | 151 |
| XII. | De Charybde en Scylla Evènements tragiques...... | 163 |
| XIII. | Enquête. Derniers terribles procédés de Charles.... | 173 |
| XIV. | Charles fait ses conditions. Il est délivré......... | 187 |
| XV. | Mme Mac'Miche dégorge et s'évanouit............. | 199 |
| XVI. | Mme Mac'Miche file un mauvais coton............ | 217 |
| XVII. | Bon mouvement de Charles. Il s'oublie avec le chat. | 231 |
| XVIII | Repentir de Charles; Juliette le console........... | 247 |
| XIX. | Charles héritier et propriétaire................... | 259 |
| XX. | Deux mauvaises affaires de chat.................. | 275 |

| | | |
|---|---|---|
| XXI. | Aventure tragique. Tout finit bien. Charles est corrigé.................................... | 291 |
| XXII. | Le vieux Charles reparaît et disparaît pour toujours. | 309 |
| XXIII. | Charles majeur; on lui propose des femmes; il n'en veut aucune................................ | 331 |
| XXIV. | Les interrogatoires; ce qui s'ensuit............... | 347 |
| XXV. | Marianne se marie. Tout le monde se marie....... | 359 |
| XXVI. | Chacun est casé selon ses mérites................ | 373 |

36231. — PARIS, IMPRIMERIE LAHURE
9, rue de Fleurus, 9

## LIBRAIRIE HACHETTE ET Cⁱᵉ
BOULEVARD SAINT-GERMAIN, 79, A PARIS

---

# LE
# JOURNAL DE LA JEUNESSE

### NOUVEAU RECUEIL HEBDOMADAIRE
### TRÈS RICHEMENT ILLUSTRÉ

## POUR LES ENFANTS DE 10 A 15 ANS

Les vingt-quatre premières années (1873-1896),
formant
quarante-huit beaux volumes grand in-8, sont en vente.

---

Ce nouveau recueil est une des lectures les plus attrayantes que l'on puisse mettre entre les mains de la jeunesse. Il contient des nouvelles, des contes, des biographies, des récits d'aventures et de voyages, des causeries sur l'histoire naturelle, la géographie, les arts et l'industrie, etc., par

Mᵐᵉˢ D'ARTHÈZ, BARBÉ, S. BLANDY, CAZIN, COLOMB, G. DEMOULIN,
E. D'ERWIN, Z. FLEURIOT, ANDRÉ GÉRARD, JULIE GOURAUD, L. MUSSAT,
P. DE NANTEUIL, OUIDA, JEANNE SCHULTZ, DE WITT NÉE GUIZOT;
MM. A. ASSOLLANT, DE LA BLANCHÈRE, LÉON CAHUN, CHAMPOL,
ERNEST DAUDET, DILLAYE, M. DU CAMP, L. ÉNAULT,
J. GIRARDIN, AIMÉ GIRON, A. GUILLEMIN, JACOTTET, CH. JOLIET,
ALBERT LÉVY, P. MAEL, E. MENAULT, E. MOUTON, E. MULLER,
PAUL PELET, LOUIS ROUSSELET, L. SEVIN,
Cᵗᵉ STANY, G. TISSANDIER, G. TOUDOUZE, V. TISSOT, ETC.,

et est

## ILLUSTRÉ DE 12 500 GRAVURES SUR BOIS

d'après les dessins de

É. BAYARD, BERTALL, BLANCHARD, BUSSON,
CAIN, CASTELLI, CATENACCI, CRAFTY, Mᵐᵉ CRAMPEL, C. DELORT,
FAGUET, FÉRAT, FERDINANDUS, GILBERT, GODEFROY DURAND,
KAUFFMANN, LE BLANT, LEMAISTRE, LIX, A. MARIE,
DE MYRBACH, A. DE NEUVILLE, A. PARIS, PHILIPPOTEAUX, POISSON,
PRANISHNIKOFF, F. RÉGAMEY, REICHAN, RENOUARD,
RIOU, RONJAT, SAHIB, TAYLOR, TOFANI,
VOGEL, G. VUILLIER, H. VULLIEMIN, TH. WEBER, E. ZIER.

## CONDITIONS DE VENTE ET D'ABONNEMENT

Le JOURNAL DE LA JEUNESSE paraît le samedi de chaque semaine.

Le prix du numéro, comprenant 16 pages grand in-8, est de 40 centimes.

Les 52 numéros publiés dans une année forment deux volumes.

Prix de chaque volume : broché, 10 francs; cartonné en percaline rouge, tranches dorées, 13 francs.

## PRIX DE L'ABONNEMENT
## POUR PARIS ET LES DÉPARTEMENTS

Un an (2 volumes). . . . . . . . .  20 francs
Six mois (1 volume). . . . . . . . 10 —

Prix de l'abonnement pour les pays étrangers qui font partie de l'Union générale des postes : Un an, 22 francs; six mois, 11 francs.

*Les abonnements se prennent à partir du 1ᵉʳ décembre et du 1ᵉʳ juin de chaque année.*

# MON JOURNAL

## NOUVEAU RECUEIL HEBDOMADAIRE

Illustré de nombreuses gravures en couleurs et en noir

### A L'USAGE DES ENFANTS DE HUIT A DOUZE ANS

#### SEIZIÈME ANNÉE

(1896-1897)

## DEUXIÈME SÉRIE

MON JOURNAL, à partir du 1ᵉʳ octobre 1892, est devenu hebdomadaire, de mensuel qu'il était, et convient à des enfants de 8 à 12 ans.

Il paraît un numéro le samedi de chaque semaine. — Prix du numéro, 15 centimes.

### ABONNEMENTS :

| FRANCE | UNION POSTALE |
|---|---|
| Six mois............ 4 fr. 50 | Six mois............ 5 fr. 50 |
| Un an............... 8 fr. » | Un an............... 10 fr. » |

Prix des années 1893 à 1896 de la deuxième série (4 vol.)
Chacune : Brochée, 8 fr. — Cartonnée, 10 fr.

---

*Les années I à XI de la Première série sont épuisées.*

# NOUVELLE COLLECTION ILLUSTRÉE

#### POUR LA JEUNESSE ET L'ENFANCE

### 1re SÉRIE, FORMAT IN-8 JÉSUS

Prix du volume : broché, 7 fr. ; cartonné, tranches dorées, 10 fr.

---

About (Ed.) : *Le roman d'un brave homme*. 1 vol. illustré de 52 compositions par Adrien Marie.

— *L'homme à l'oreille cassée*. 1 vol. ill. de 61 comp. par Eug. Courboin.

Cahun (L.) : *Les aventures du capitaine Magon*. 1 vol. illustré de 72 gravures d'après Philippoteaux.

Cim (Albert) : *Grand'mère et petit-fils*. 1 vol. illustré de 70 gravures d'après Vuillemin.

Dillaye (Fr.) : *Les jeux de la jeunesse*. 1 vol. illustré de 903 grav.

Du Camp (Maxime) : *La vertu en France*. 1 vol. ill. de 45 grav. d'après Duez, Myrbach, Tofani et E. Zier.

Fleuriot (Mlle Z.) : *Cœur muet*. 1 vol. ill. de 57 grav. d'après Adrien Marie.

— *Papillonne*. 1 volume illustré de 50 gravures d'après E. Zier.

Guillemin (Amédée) : *La lumière*. 1 vol. contenant 13 planches en couleurs, 14 planches en noir et 353 figures dans le texte.

— *La Chaleur*. 1 vol. contenant 1 pl. en couleurs, 8 planches en noir et 324 gravures dans le texte.

— *La Météorologie et la Physique moléculaire*. 1 vol. contenant 9 planches en couleurs, 20 planches en noir et 343 gravures dans le texte.

La Ville de Mirmont (H. de) : *Contes mythologiques*. 1 vol. illustré de 41 gravures.

Maël (Pierre) : *Terre de Fauves*. 1 vol. illustré de 53 gravures, d'après les dessins d'Alfred Paris.

— *Robinson et Robinsonne*. 1 vol. illustré de 50 gravures, d'après A. Paris.

— *Fleur de France*. 1 vol. illustré de 59 gravures d'après Tofani.

Manzoni : *Les fiancés*. Édition abrégée par Mme J. Colomb. 1 vol. illustré de 40 gravures d'après J. Le Blant.

Mouton (Eug.) : *Voyages et Aventures du Capitaine Marius Cougourdan*. 1 vol. ill. de 66 grav. d'après E. Zier.

— *Aventures et mésaventures de Joël Kerbabu*. 1 vol. illustré de 55 gravures d'après A. Paris.

Rousselet (Louis) : *Nos grandes écoles militaires et civiles*. 1 vol. ill. de 169 grav. d'après A. Lemaistre, Fr. Régamey et P. Renouard.

— *Nos grandes écoles d'application*. 1 vol. illustré de 95 grav. d'après Busson, Calmettes, Lemaistre et P. Renouard.

Toudouze (Gustave) : *Enfant perdu (1814)*. 1 volume illustré de 49 gravures d'après J. Le Blant.

— *La vengeance des Peaux-de-Bique*. 1 vol. illustré de 53 gravures d'après J. Le Blant.

Witt (Mme de), née Guizot : *Les femmes dans l'histoire*. 1 vol. illustré de 80 gravures.

— *La charité en France à travers les siècles*. 1 vol. ill. de 81 gravures.

— *Père et fils*. 1 volume illustré de 40 gravures d'après Vogel.

### 2e SÉRIE, FORMAT IN-8 RAISIN

Prix du volume : broché, 4 fr. ; cartonné, tranches dorées, 6 fr.

---

Arthez (Danielle d') : *Les tribulations de Nicolas Mender*. 1 vol. ill. de 53 grav. d'après Tofani.

Assollant (A.) : *Pendragon*. 1 vol. avec 42 gravures d'après C. Gilbert.

**Champol (F.)** : *Anate Evrard*, 1 volume illustré de 90 gravures d'après Tofani et Bergevin.

**Chéron de la Bruyère (Mme)** : *La tante Derbier*, 1 vol. illustré de 50 gravures d'après Myrbach.

— *Princesse Rosalba*, 1 vol. illustré de 60 gravures d'après Tofani.

**Colomb (Mme)** : *Le violoneux de la sapinière*, 1 vol. avec 85 gravures d'après A. Marie.

— *La fille de Carilès*, 1 vol. avec 96 grav. d'après A. Marie.
   Ouvrage couronné par l'Académie française.

— *Deux mères*, 1 vol. avec 135 grav. d'après A. Marie.

— *Le bonheur de Françoise*, 1 vol. avec 112 grav. d'après A. Marie.

— *Chloris et Jeanneton*, 1 vol. avec 105 gravures d'après Sahib.

— *L'héritière de Vauclain*, 1 vol. avec 104 grav. d'après C. Delort.

— *Franchise*, 1 vol. avec 113 gravures d'après C. Delort.

— *Feu de paille*, 1 vol. avec 93 grav. d'après Tofani.

— *Les étapes de Madeleine*, 1 vol. avec 105 grav. d'après Tofani.

— *Denis le tyran*, 1 vol. avec 115 grav. d'après Tofani.

— *Pour la muse*, 1 vol. avec 105 grav. d'après Tofani.

— *Hervé Plémeur*, 1 vol. avec 112 grav. d'après E. Zier.

— *Jean l'innocent*, 1 vol. illustré de 112 gravures d'après Zier.

— *Danielle*, 1 vol. illustré de 112 grav. d'après Tofani.

— *La Fille des Bohémiens*, 1 vol. illustré de 112 grav. d'après S. Reichan.

— *Les conquêtes d'Hermine*, 1 vol. ill. de 112 grav. d'après Th. Vogel.

— *Hélène Corianis*, 1 vol. illustré de 80 gravures d'après A. Moreau.

**Cortambert et Deslys** : *Le pays du soleil*, 1 vol. avec 85 gravures.

**Daudet (E.)** : *Robert Darnetal*, 1 vol. avec 81 grav. d'après Sahib.

**Demage (O.)** : *A travers le Sahara*, 1 vol. illustré de 84 grav. d'après Mme Crampel.

**Demoulin (Mme O.)** : *Les animaux étranges*, 1 vol. avec 172 gravures.

**Énault (L.)** : *Le chien du capitaine*, 1 vol. avec 43 gr. d'après E. Riou.

**Fleuriot (Mlle Z.)** : *M. Nostradamus*, 1 vol. avec 90 gr. d'après A. Marie.

— *La petite duchesse*, 1 vol. avec 73 gravures d'après A. Marie.

— *Grandcœur*, 1 vol. avec 45 gravures d'après C. Delort.

— *Raoul Daubry, chef de famille*, 1 vol. avec 32 gr. d'après C. Delort.

— *Mandarine*, 1 vol. avec 95 gravures d'après C. Gilbert.

— *Cadok*, 1 vol. avec 91 gravures d'après C. Gilbert.

— *Céline*, 1 vol. avec 102 grav. d'après G. Fraipont.

— *Feu et flamme*, 1 vol. avec 80 gravures d'après Tofani.

— *Le clan des têtes chaudes*, 1 vol. illustré de 65 gr. d'après Myrbach.

— *Au Galadoc*, 1 vol. illustré de 60 gravures d'après Zier.

— *Les premières pages*, 1 vol. avec 75 gravures d'après Adrien Marie.

— *Rayon de soleil*, 1 vol. illustré de 10 gravures d'après Menoina Kross.

**Girardin (J.)** : *Les braves gens*, 1 vol. avec 115 gr. d'après E. Bayard.
   Ouvrage couronné par l'Académie française.

— *Nous autres*, 1 vol. avec 132 gravures d'après E. Bayard.

— *La toute petite*, 1 vol. avec 123 gravures d'après E. Bayard.

— *L'oncle Placide*, 1 vol. avec 139 gravures d'après A. Marie.

— *Le neveu de l'oncle Placide*, 3 vol. illustrés de 367 gravures d'après A. Marie, qui se vendent séparément.

— *Grand-père*, 1 vol. avec 91 gravures d'après C. Delort.
   Ouvrage couronné par l'Académie française.

Girardin (J.) (suite) : *Maman.* 1 vol. avec 119 gravures d'après Tofani.

— *Le roman d'un cancre.* 1 vol. avec 119 gravures d'après Tofani.

— *Les millions de la tante Zézé.* 1 vol. avec 119 grav. d'après Tofani.

— *La famille Gaudry.* 1 vol. avec 119 gravures d'après Tofani.

— *Histoire d'un Herrichon.* 1 vol. avec 119 gravures d'après Tofani.

— *Second violon.* 1 vol. illustré de 119 gravures d'après Tofani.

— *Le fils Volanzé.* 1 vol. avec 119 gravures d'après Tofani.

— *Le commis de M. Rouvet.* 1 vol. illustré de 119 gr. d'après Tofani.

Giron (Aimé) : *Les trois rois mages.* 1 vol. illustré de 60 gravures d'après Fraipont et Pranishnikoff.

Meyer (Henri) : *Les Jumeaux de la Bousaraque.* 1 vol. illustré de 71 gravures d'après Tofani.

— *Le serment de Paul Marcorel.* 1 vol. illustré de 51 gravures d'après Tofani.

Nanteuil (Mme P. de) : *Le général Du Maine.* 1 vol. avec 70 gravures d'après Myrbach.

— *L'épave mystérieuse.* 1 volume illustré de 80 gr. d'après Myrbach.

Ouvrage couronné par l'Académie française.

— *En esclavage.* 1 vol. illustré de 80 gravures d'après Myrbach.

— *Une poursuite.* 1 vol. illustré de 57 gravures d'après Alfred Paris.

— *Le secret de la grève.* 1 vol. ill. de 50 gr. d'après A. Paris.

— *Alexandre Vorsof.* 1 vol. illustré de 80 grav. d'après Myrbach.

— *L'héritier des Vaubert.* 1 vol. illustré de 80 gravures d'après A. Paris.

— *Alain le Baleinier.* 1 vol. illustré de 80 grav. d'après A. Paris.

— *Deux frères.* 1 vol. illustré de 80 gravures d'après A. Paris.

Rousselet (L.) : *Le charmeur de serpents.* 1 vol. avec 68 gravures d'après A. Marie.

Rousselet (L.) (suite) : *Le Fils du Connétable.* 1 vol. avec 113 grav. d'après Pranishnikoff.

— *Les deux mousses.* 1 vol. avec 90 gravures d'après Sahib.

— *Le tambour du Royal-Auvergne.* 1 vol. avec 113 gr. d'après Poirson.

Saintine : *La nature et ses trois règnes.* 1 vol. avec 171 grav. d'après Foulquier et Faguet.

— *La mythologie du Rhin et les contes de la mère-grand.* 1 vol. avec 160 grav. d'après G. Doré.

Schultz (Mlle Jeanne) : *Tout droit.* 1 vol. ill. de 119 gr. d'après E. Zier.

— *La famille Hamelin.* 1 vol. ill. de 89 gravures d'après E. Zier.

— *Sauvons Madelon !* 1 vol. illustré de 60 gravures d'après Tofani.

Stany (Le C<sup>te</sup>) : *Les trésors de la Fable.* 1 vol. illustré de 80 gravures d'après E. Zier.

— *Natal.* 1 vol. illustré de 60 gravures d'après E. Zier.

Tissot et Améro : *Aventures de trois fugitifs en Sibérie.* 1 vol. avec 72 gr. d'après Pranishnikoff.

Witt (Mme de), née Guizot : *Scènes historiques.* 1 vol. avec 28 gravures d'après A. Marie.

— *Normands et Normandes.* 1 vol. avec 70 gravures d'après E. Zier.

— *Un jardin suspendu.* 1 vol. avec 30 gravures d'après C. Gilbert.

— *Notre-Dame Guesclin.* 1 vol. avec 70 gravures d'après E. Zier.

— *Une sœur.* 1 vol. avec 65 gravures d'après E. Bayard.

— *Légendes et récits pour la jeunesse.* 1 vol. avec 18 gravures d'après Philippoteaux.

— *Un nid.* 1 vol. avec 63 gravures d'après Ferdinandus.

— *Un patriote au XIV<sup>e</sup> siècle.* 1 vol. illustré de gravures d'après E. Zier.

— *Alsaciens et Alsaciennes.* 1 vol. illustré de 60 grav. d'après A. Moreau et E. Zier.

# BIBLIOTHÈQUE DES PETITS ENFANTS
## DE 4 A 8 ANS

FORMAT GRAND IN-16

CHAQUE VOLUME, BROCHÉ, 2 FR. 25

CARTONNÉ EN PERCALINE BLEUE, TRANCHES DORÉES, 3 FR. 50

*Ces volumes sont imprimés en gros caractères*

Chéron de la Bruyère (Mme) : *Contes à Pépée*. 1 vol. avec 24 gravures d'après Grivaz.
— *Plaisirs et aventures*. 1 vol. avec 30 gravures d'après Jeanniot.
— *La perruque du grand-père*. 1 vol. illustré de 30 gr. d'après Tofani.
— *Les enfants de Boisfleuri*. 1 vol. ill. de 30 grav. d'après Semechini.
— *Les vacances à Trouville*. 1 vol. avec 40 gravures d'après Tofani.
— *Le château du Roc-Salé*. 1 vol. illustré de 30 gr. d'après Tofani.
— *Les enfants du capitaine*. 1 vol. ill. de 30 grav. d'après Geoffroy.
— *Autour d'un bateau*. 1 vol. illustré de 36 gravures d'après E. Zier.

Desgranges : *Le chemin du collège*. 1 vol. ill. de 30 grav. d'après Tofani.
— *La famille Le Jarriel*. 1 vol. illustré de 36 gr. d'après Geoffroy.

Duporteau (Mme) : *Petits récits*. 1 vol. avec 28 gr. d'après Tofani.

Erwin (Mme E. d') : *Un été à la campagne*. 1 vol. avec 39 grav.

Favre : *L'épreuve de Georges*. 1 vol. avec 44 gravures d'après Geoffroy.

Franck (Mme E.) : *Causeries d'une grand'mère*. 1 vol. avec 72 grav.

Fresneau (Mme), née de Ségur : *Une année du petit Joseph*. Imité de l'anglais. 1 vol. avec 67 gravures d'après Jeanniot.

Girardin (J.) : *Quand j'étais petit garçon*. 1 vol. avec 52 gravures.
— *Dans notre classe*. 1 vol. avec 26 gravures d'après Jeanniot.
— *Un drôle de petit bonhomme*. 1 vol. illustré de 36 grav. d'après Geoffroy.

Le Roy (Mme F.) : *L'aventure du petit Paul*. 1 vol. illustré de 45 gravures, d'après Ferdinandus.
— *Les étourderies de Mlle Lucie*. 1 vol. ill. de 30 gr. d'après Robaudi.
— *Pipo*. 1 vol. illustré de 30 gravures d'après Moncina Kresz.

Malassez (Mme) : *Sable-Plage*. 1 vol. ill. de 52 grav. d'après Zier.

Molesworth (Mrs) : *Les aventures de M. Baby*, traduit de l'anglais. 1 vol. avec 12 gravures.

Pape-Carpantier (Mme) : *Nouvelles histoires et leçons de choses*. 1 vol. avec 42 gravures d'après Semechini.

Surville (André) : *Les amis de Berthe*. 1 vol. avec 30 gravures d'après Ferdinandus.
— *La petite Girondette*. 1 vol. illustré de 31 gravures d'après Grigny.
— *Fleur des champs*. 1 vol. illustré de 32 gravures d'après Zier.
— *La vieille maison du grand-père*. 1 vol. avec 31 gravures d'après Zier.
— *La fête de Saint-Maurice*. 1 vol. illustré de 34 grav. d'après Tofani.

Witt (Mme de), née Guizot : *Histoire de deux petits frères*. 1 vol. avec 45 grav. d'après Tofani.
— *Sur la plage*. 1 vol. avec 55 gravures d'après Ferdinandus.
— *Par monts et par vaux*. 1 vol. avec 51 grav. d'après Ferdinandus.
— *En pleins champs*. 1 vol. avec 45 gravures d'après Gilbert.
— *A la montagne*. 1 vol. illustré de 45 gravures d'après Ferdinandus.
— *Deux tout petits*. 1 vol. illustré de 32 gravures d'après Ferdinandus.
— *Au-dessus du lac*. 1 vol. avec 44 gr.
— *Les enfants de la tour du Roc*. 1 vol. ill. de 56 gr. d'après E. Zier.
— *La petite maison dans la forêt*. 1 vol. illustré de 36 grav. d'après Robaudi.
— *Histoires de bêtes*. 1 vol. illustré de 34 gravures d'après Bouisset.
— *Au creux du rocher*. 1 vol. ill. de 43 grav. d'après Robaudi.

# BIBLIOTHÈQUE ROSE ILLUSTRÉE

### FORMAT IN-18, BROCHÉ, A 2 FR. 25 C. LE VOLUME

La reliure en percaline rouge, tranches dorées, se paye en sus 1 fr. 25

---

### 1re SÉRIE. — POUR LES ENFANTS DE 4 A 8 ANS

**Anonyme** : *Chien et Chat*; 5e édition, traduit de l'anglais par Mme A. Dibarrart. 1 vol. avec 45 gravures d'après E. Bayard.

— *Douze histoires pour les enfants de quatre à huit ans*, par une mère de famille; 3e édit. 1 vol. avec 18 grav. d'après Bertall.

— *Les enfants d'aujourd'hui*, par la même; 3e édit. 1 vol. avec 40 grav. d'après Bertall.

**Carraud** (Mme) : *Historiettes véritables, pour les enfants de quatre à huit ans*; 6e édition. 1 vol. avec 94 grav. d'après Fath.

**Fath** (G.) : *La sagesse des enfants, proverbes*; 4e édit. 1 vol. avec 100 grav. d'après l'auteur.

**Laroque** (Mme) : *Grands et petits*; 1 vol. avec 61 gravures d'après Bertall.

**Marcel** (Mme J.) : *Histoire d'un cheval de bois*; 4e édit. 1 vol. imprimé en gros caractères, avec 20 gravures d'après E. Bayard.

**Pape-Carpantier** (Mme) : *Histoires et leçons de choses pour les enfants*; 12e édit. 1 vol. avec 85 gravures d'après Bertall.

Ouvrage couronné par l'Académie française.

**Perrault, Mmes d'Aulnoy et Leprince de Beaumont** : *Contes de fées*. 1 volume avec 65 gravures d'après Bertall, Forest, etc.

**Porchat** (L.) : *Contes merveilleux*; 5e édit. 1 vol. avec 21 gravures d'après Bertall.

**Schmid** (Le chanoine) : *190 contes pour les enfants*, trad. de l'allemand par A. Van Hasselt; 7e édit. 1 vol. avec 29 grav. d'après Bertall.

**Ségur** (Mme de) : *Nouveaux contes de fées*; nouvelle édition. 1 vol. avec 46 gravures d'après G. Doré et J. Didier.

### 2e SÉRIE. — POUR LES ENFANTS DE 8 A 14 ANS

**Alcott** (Miss) : *Sous les lilas*, traduit de l'anglais par Mme Lepage; 2e édition. 1 volume avec 23 gravures.

**Andersen** : *Contes choisis*, trad. du danois par Soldi; 9e édition. 1 vol. avec 40 gravures d'après Bertall.

**Anonyme**: *Les fêtes d'enfants, scènes et dialogues*; 5e édition, 1 vol. avec 41 gravures d'après Foulquier.

**Assollant (A.)**: *Les aventures merveilleuses mais authentiques du capitaine Corcoran*; 8e édit. 2 vol. avec 50 grav. d'après A. de Neuville.

**Barrau (Th.)**: *Amour filial*; 5e édition. 1 vol. avec 41 gravures d'après Feroglo.

**Bawr (Mme de)**: *Nouveaux contes*; 6e édition. 1 vol. avec 40 gravures d'après Bertall.
Ouvrage couronné par l'Académie française.

**Belèze**: *Jeux des adolescents*; 6e édition. 1 vol. avec 140 gravures.

**Berquin**: *Choix de petits drames et de contes*; 2e édition. 1 vol. avec 36 gravures d'après Foulquier, etc.

**Berthet (E.)**: *L'enfant des bois*; 8e édition. 1 vol. avec 61 gravures.
— *La petite Chailloux*. 1 vol. avec 44 gravures d'après Bayard et J. Fraipont.

**Blanchère (De la)**: *Les aventures de La Ramée et de ses trois compagnons*; 4e édit. 1 vol. avec 36 gravures d'après E. Forest.
— *Oncle Tobie le pêcheur*; 3e édit. 1 vol. avec 80 gravures d'après Foulquier et Mesnel.

**Boiteau (P.)**: *Légendes recueillies ou composées pour les enfants*; 3e édition. 1 vol. avec 42 gravures d'après Bertall.

**Carpentier (Mlle)**: *La maison du bon Dieu*; 2e édit. 1 vol. avec 58 gravures d'après Riou.
— *Sauvons-le!* 2e édition. 1 vol. avec 40 gravures d'après Riou.
— *Le secret du docteur, ou la Maison fermée*; 2e édition. 1 vol. avec 49 gravures d'après Girardet.
— *La tour du Preux*. 1 vol. avec 60 gravures d'après Tofani.
— *Pierre le Tors*. 1 vol. avec 56 gravures d'après E. Zier.
— *La dame bleue*. 1 vol. avec 49 gravures d'après E. Zier.

**Carraud (Mme)**: *La petite Jeanne*; 10e édit. 1 vol. avec 21 gravures d'après Forest.
Ouvrage couronné par l'Académie française.
— *Les métamorphoses d'une goutte d'eau*. 5e édition. 1 vol. avec 50 gravures d'après E. Bayard.

**Castillon (A.)**: *Récréations physiques*; 8e édition. 1 vol. avec 36 grav. d'après Castelli.
— *Récréations chimiques*; 5e édit. 1 vol. avec 34 grav. d'après H. Castelli.

**Cazin (Mme)**: *Les petits montagnards*; 8e édition. 1 vol. avec 51 grav. d'après G. Vuillier.
— *Un drame dans la montagne*; 2e édit. 1 vol. avec 33 gravures d'après G. Vuillier.
— *Histoire d'un pauvre petit*; 8e édit. 1 vol. avec 60 gravures d'après Tofani.
— *L'enfant des Alpes*; 2e édition. 1 vol. avec 33 gravures d'après Tofani.
Ouvrage couronné par l'Académie française.
— *Perlette*; 2e édit. 1 vol. avec 51 gravures d'après Myrbach.
— *Les saltimbanques, scènes de la montagne*; 2e édit. 1 vol. avec 65 gravures d'après Girardet.
— *Le petit chevrier*. 1 vol. avec 39 gravures d'après Vuillier.
— *Jean le Savoyard*; 2e édit. 1 vol. avec 51 grav. d'après Slom.
— *Les orphelins bernois*; 2e édit. 1 vol. avec 58 gravures d'après E. Girardet.

**Chabreul (Mme de)**: *Jeux et exercices des jeunes filles*; 6e édition. 1 vol. avec la musique des rondes et 55 gravures d'après Fath.

**Chéron de la Bruyère (Mme)**: *Giboulée*. 1 vol. illustré de 24 gravures d'après Zier.
— *La tour grise*. 1 vol. ill. de 25 grav. d'après Zier.
— *Le manoir de Boishael*. 1 vol. ill. de 42 grav. d'après Zier.

**Cim (Albert)**: *Mes amis et moi*. 1 vol. avec 16 grav. d'après Ferdinandus et Slom.
— *Entre camarades*. 1 vol. illustré de 20 gravures d'après Ferdinandus.

**Colet (Mme L.)**: *Enfances célèbres*; 12e édit. 1 vol. avec 57 gravures d'après Foulquier.

Colomb (Mme J.) : *Souffre-Douleur.* 1 vol. avec 49 gravures d'après Mlle Lancelot.

Contes anglais, traduits par Mme de Witt. 1 vol. avec 43 gravures d'après E. Morin.

Deschamps (F.) : *Mon amie Georgette.* 1 vol. illustré de 43 gravures d'après Robaudi.

— *Mon ami Jean.* 1 vol. illustré de 60 gravures d'après Robaudi.

— *L'intrépide Marcel,* 1 vol. illustré de 40 gravures d'après Robaudi.

— *Les grandeurs de Sophie.* 1 vol. ill. de 48 grav. d'après Robaudi.

Deslys (Ch.) : *Grand'maman.* 1 vol. avec 99 gravures d'après Ed. Zier.

Edgeworth (Miss) : *Contes de l'adolescence.* 1 vol. avec 42 gravures d'après Morin.

— *Contes de l'enfance.* 1 vol. avec 27 gravures d'après Foulquier.

— *Demain,* suivi de *Mourad le malheureux.* 1 vol. avec 55 gravures d'après Bertall.

Fath (O.) : *Bernard, la gloire de son village.* 1 vol. avec 56 gravures d'après l'auteur.

Ouvrage couronné par l'Académie française.

Fleuriot (Mlle Z.) : *Le petit chef de famille;* 9ᵉ édit. 1 vol. avec 57 grav. d'après Castelli.

— *Plus tard, ou le Jeune Chef de famille;* 6ᵉ édit. 1 vol. avec 60 grav. d'après E. Bayard.

— *Un enfant gâté;* 5ᵉ édition. 1 vol. avec 48 gravures d'après Ferdinandus.

— *Tranquille et Tourbillon;* 3ᵉ édition. 1 vol. avec 45 gravures d'après C. Delort.

— *Cadette;* 3ᵉ édit.. 1 vol. avec 25 grav. d'après Tofani.

— *En congé;* 6ᵉ édit. 1 vol. avec 61 gravures d'après A. Marie.

— *Bigarrette;* 6ᵉ édit. 1 vol. avec 55 gravures d'après A. Marie.

— *Bouche-en-Cœur;* 3ᵉ édition. 1 vol. avec 45 gravures d'après Tofani.

— *Gildas l'Intraitable;* 2ᵉ édit. 1 vol. avec 56 gravures d'après E. Zier.

— *Parisiens et montagnards.* 1 vol. avec 49 gravures d'après E. Zier.

Foe (De) : *La vie et les aventures de Robinson Crusoé,* édit. abrégée. 1 vol. avec 40 grav.

Fonvielle (W. de) : *Néridak.* 2 vol. avec 40 gravures d'après Sahib.

Fresneau (Mme), née Ségur : *Comme les grands!* 1 vol. avec 46 grav. d'après Ed. Zier.

— *Thérèse à Saint-Domingue.* 1 vol. avec 40 gravures d'après Tofani.

— *Les protégés d'Isabelle.* 1 vol. avec 50 grav.

— *Deux abandonnées.* 1 vol. illustré de 42 gravures d'après M. Orange.

Froment : *Petit-Prince.* 1 vol. illustré de 5 gravures d'après Vogel.

Genlis (Mme de) : *Contes moraux.* 1 vol. avec 40 gravures d'après Foulquier, etc.

Gérard (A.) : *Petite Rose.* — *Grande Jeanne.* 1 vol. avec 28 gravures d'après C. Gilbert.

Girardin (J.) : *La disparition du grand Krause;* 2ᵉ édition. 1 vol. avec 70 gravures d'après Kauffmann.

Giron (Aimé) : *Ces pauvres petits!* 2ᵉ édition. 1 vol. avec 23 grav. d'après B. de Monvel, etc.

— *Contes à nos petits rois.* 1 vol. avec 23 grav. d'après Blanchard, Vogel et Zier.

Gouraud (Mlle J.) : *Les enfants de la ferme;* 5ᵉ édit. 1 vol. avec 59 grav. d'après E. Bayard.

— *Le livre de maman;* 4ᵉ édition. 1 vol. avec 68 gravures d'après E. Bayard.

— *Cécile, ou la Petite Sœur;* 8ᵉ édition. 1 vol. avec 26 gravures d'après Desandré.

— *Lettres de deux poupées;* 8ᵉ édition. 1 vol. avec 59 grav. d'après Olivier.

— *Le petit colporteur;* 8ᵉ édition. 1 vol. avec 27 gravures d'après A. de Neuville.

— *Les mémoires d'un petit garçon;* 9ᵉ édit. 1 vol. avec 86 gravures d'après E. Bayard.

— *Les mémoires d'un caniche;* 9ᵉ édition. 1 vol. avec 75 gravures d'après E. Bayard.

— *L'enfant du guide;* 6ᵉ édition. 1 vol. avec 60 gravures d'après E. Bayard.

— *Petite et grande;* 4ᵉ édition. 1 vol. avec 48 gravures d'après E. Bayard.

Gouraud (Mlle J.) (suite) : *Les deux enfants de Saint-Domingue*; 4ᵉ édition. 1 vol. avec 54 gravures d'après E. Bayard.

— *La petite maîtresse de maison*; 5ᵉ édit. 1 vol. avec 37 gravures d'après A. Marie.

— *Les filles du professeur*; 3ᵉ édit. 1 vol. avec 36 gravures d'après Kauffmann.

— *La famille Harel*; 2ᵉ édit. 1 vol. avec 48 gravures d'après Valnay et Ferdinandus.

— *Aller et retour*; 2ᵉ édition. 1 vol. avec 40 gravures d'après Ferdinandus.

— *Les petits voisins*; 2ᵉ édition. 1 vol. avec 39 gravures d'après C. Gilbert.

— *Le petit bonhomme*. 1 vol. avec 45 gravures d'après Ferdinandus.

— *Pierrot*. 1 vol. avec 31 grav. d'après Zier.

— *Minette*. 1 vol. avec 52 grav. d'après Tofani.

Grimm (Les frères) : *Contes choisis*, trad. de l'allemand; 14ᵉ édit. 1 vol. avec 40 grav. d'après Bertall.

Hauff : *La caravane*, trad. de l'allemand; 5ᵉ édition. 1 vol. avec 40 grav. d'après Bertall.

— *L'auberge du Spessart*, 5ᵉ édition. 1 vol. avec 61 grav. d'après Bertall.

Hawthorne : *Le livre des merveilles*, trad. de l'anglais; 3ᵉ édit. 2 vol. avec 40 grav. d'après Bertall.

Johnson : *Dans l'extrême Far West*, traduit de l'anglais par A. Talandier; 2ᵉ édition. 1 vol. avec 20 gravures d'après A. Marie.

Marcel (Mme J.) : *L'école buissonnière*; 4ᵉ édit. 1 vol. avec 20 gravures d'après A. Marie.

— *Les petits vagabonds*; 4ᵉ édition. 1 vol. avec 25 gravures d'après E. Bayard.

— *Histoire d'une grand'mère et de son petit-fils*. 1 vol. avec 36 gravures d'après Delort.

Marcel (Mme J.) (suite) : *Daniel*; 3ᵉ édition. 1 vol. avec 45 gravures d'après Gilbert.

— *Un bon gros pataud*. 1 vol. avec 40 gravures d'après Jeanniot.

— *Un bon oncle*. 1 vol. avec 56 grav. d'après F. Régamey.

Maréchal (Mlle) : *La dette de Ben-Aïssa*; 4ᵉ édit. 1 vol. avec 20 grav. d'après Bertall.

— *Nos petits camarades*; 2ᵉ édition. 1 vol. avec 18 gravures d'après E. Bayard et H. Castelli.

— *La maison modèle*; 3ᵉ édition. 1 vol. avec 42 gravures d'après Sahib.

Martignat (Mlle de) : *Les vacances d'Élisabeth*; 3ᵉ édit. 1 vol. avec 46 grav. d'après Kauffmann.

— *L'oncle Boni*; 2ᵉ édition. 1 vol. avec 42 gravures d'après Gilbert.

— *Ginette*; 2ᵉ édit. 1 vol. avec 50 gravures d'après Tofani.

— *Le manoir d'Yolan*; 2ᵉ édition. 1 vol. avec 56 gravures d'après Tofani.

— *Le pupille du général*. 1 vol. avec 40 gravures d'après Tofani.

— *L'héritière de Maurivèze*. 1 vol. avec 41 gravures d'après Poirson.

— *Une vaillante enfant*; 2ᵉ édit. 1 vol. avec 43 gravures d'après Tofani.

— *Une petite nièce d'Amérique*. 1 vol. avec 43 gravures d'après Tofani.

— *La petite fille du vieux Thémi*. 1 vol. avec 44 gravures d'après Tofani.

Mayne-Reid (Le capitaine) : Œuvres traduites de l'anglais :

— *Les chasseurs de girafes*. 1 vol. avec 10 gravures d'après A. de Neuville.

— *A fond de cale*, voyage d'un jeune marin à travers les ténèbres. 1 vol. avec 12 grandes gravures.

— *A la mer !* 1 vol. avec 12 grandes gravures.

— *Bruin, ou les Chasseurs d'ours*. 1 vol. avec 8 grandes gravures.

— *Le chasseur de plantes*. 1 vol. avec 12 grandes gravures.

— *Les exilés dans la forêt*. 1 vol. avec 12 grandes gravures.

— *L'habitation du désert, ou Aventures d'une famille perdue dans les solitudes de l'Amérique*. 1 vol. avec 23 grandes gravures d'après G. Doré.

**Mayne-Reid** (Le capitaine) (suite) : *Les grimpeurs de rochers*, suite du *Chasseur de plantes*. 1 vol. avec 20 grandes gravures.
— *Les peuples étranges*. 1 vol. avec 8 gravures.
— *Les vacances des jeunes Boers*. 1 vol. avec 12 grandes gravures.
— *Les veillées de chasse*. 1 vol. avec 45 gravures d'après Freeman.
— *La chasse au Léviathan*. 1 vol. avec 51 gravures d'après Ferdinandus et Weber.

**Meyners d'Estrey** : *Les aventures de Gérard Hendriks à la recherche de son frère*. 1 vol. illustré de 15 gravures d'après Mme P. Crampel.
— *Au pays des diamants*. 1 vol. illustré de gravures d'après Riou.

**Moussac** (Mme la marquise de) : *Popo et Lili, histoire de deux jumeaux*. 1 vol. avec 58 grav. d'après Zier.

**Muller** (E.) : *Robinsonnette*; 4ᵉ édition. 1 vol. avec 22 gravures d'après Lix.

**Peyronny** (Mme de) : *Deux cœurs dévoués*; 4ᵉ édit. 1 vol. avec 53 grav. d'après Devaux.

**Pitray** (Mme de) : *Les enfants des Tuileries*; 4ᵉ édit. 1 vol. avec 29 grav. d'après E. Bayard.
— *Les débuts du gros Philéas*; 4ᵉ édition. 1 vol. avec 57 gravures d'après H. Castelli.
— *Le château de la Pétaudière*; 3ᵉ édition. 1 vol. avec 78 gravures d'après A. Marie.
— *Le fils du maquignon*; 2ᵉ édition. 1 vol. avec 65 gravures d'après Riou.
— *Petit Monstre et Poule Mouillée*; 6ᵉ mille. 1 vol. avec 36 gravures d'après E. Girardet.
— *Robin des Bois*. 1 vol. avec 40 gravures d'après Sirouy.
— *L'usine et le château*. 1 vol. avec 44 grav. d'après Robaudi.
— *L'arche de Noé*. 1 vol. illustré d'après Robaudi.

**Rendu** (V.) : *Mœurs pittoresques des insectes*. 1 vol. avec 49 gravures.

**Sandras** (Mme) : *Mémoires d'un lapin blanc*; 5ᵉ édit. 1 vol. avec 20 grav. d'après E. Bayard.

**Sannois** (Mme de) : *Les soirées à la maison*; 3ᵉ édit. 1 vol. avec 49 grav. d'après E. Bayard.

**Ségur** (Mme de) : *Après la pluie le beau temps*; nouvelle édition. 1 vol. avec 128 gravures d'après E. Bayard.
— *Comédies et proverbes*; nouvelle édition. 1 vol. avec 60 gravures d'après E. Bayard.
— *Diloy le Chemineau*; nouvelle édition. 1 vol. avec 90 gravures d'après H. Castelli.
— *François le Bossu*; nouvelle édition. 1 vol. avec 114 gravures d'après E. Bayard.
— *Jean qui grogne et Jean qui rit*, nouvelle édition. 1 vol. avec 70 grav. d'après H. Castelli.
— *La fortune de Gaspard*; nouvelle édit. 1 vol. avec 32 gravures d'après Gerlier.
— *La sœur de Gribouille*; nouvelle édition. 1 vol. avec 72 gravures d'après Castelli.
— *Pauvre Blaise*; nouvelle édition. 1 vol. avec 96 gravures d'après H. Castelli.
— *Quel amour d'enfant!* nouvelle édition. 1 vol. avec 79 gravures d'après E. Bayard.
— *Un bon petit diable*; nouvelle édition. 1 vol. avec 100 gravures d'après Castelli.
— *Le mauvais génie*; nouvelle édition. 1 vol. avec 90 gravures d'après E. Bayard.
— *L'auberge de l'Ange-Gardien*; nouvelle édition. 1 vol. avec 75 grav. d'après Foulquier.
— *Le général Dourakine*; nouvelle édition. 1 vol. avec 100 gravures d'après E. Bayard.
— *Les bons enfants*; nouvelle édition. 1 vol. avec 70 grav. d'après Ferogio.
— *Les deux nigauds*; nouvelle édition. 1 vol. avec 76 grav. d'après Castelli.
— *Les malheurs de Sophie*; nouvelle édition. 1 vol. avec 48 gravures d'après Castelli.
— *Les petites filles modèles*; nouvelle édition. 1 vol. avec 21 grandes gravures d'après Bertall.
— *Les vacances*; nouvelle édition. 1 vol. avec 36 gravures d'après Bertall.

Ségur (Mme de) (suite) : *Mémoires d'un âne*; nouvelle édition. 1 vol. avec 75 gravures d'après Castelli.

Stolz (Mme de) : *La maison roulante*; 7ᵉ édit. 1 vol. avec 20 gravures d'après E. Bayard.
— *Le trésor de Nanette*; 6ᵉ édition. 1 vol. avec 25 gravures d'après E. Bayard.
— *Blanche et Noire*; 4ᵉ édition. 1 vol. avec 54 gravures d'après E. Bayard.
— *Par-dessus la haie*; 4ᵉ édition. 1 vol. avec 56 gravures d'après A. Marie.
— *Les poches de mon oncle*; 5ᵉ édition. 1 vol. avec 20 gravures d'après Bertall.
— *Les vacances d'un grand-père*; 4ᵉ édition. 1 vol. avec 40 gravures d'après G. Delafosse.
— *Le vieux de la forêt*; 3ᵉ édition. 1 vol. avec 40 gravures d'après Sahib.
— *Les deux reines*; 2ᵉ édit. 1 vol. avec 32 gravures d'après Delort.
— *Les mésaventures de Mlle Thérèse*; 3ᵉ édition. 1 vol. avec 29 gravures d'après Charles.
— *Les frères de lait*; 2ᵉ édition. 1 vol. avec 42 gravures d'après E. Zier.
— *Magali*; 2ᵉ éd. 1 vol. avec 36 grav. d'après Tofani.
— *Deux tantes*. 1 vol. avec 43 grav. d'après Ed. Zier.
— *Violence et bonté*. 1 vol. avec 36 gravures d'après Tofani.

Stolz (Mme de) (suite) : *L'embarras du choix*. 1 vol. avec 40 gravures d'après Tofani.
— *Petit Jacques*. 1 vol. avec 43 gravures d'après Tofani.
— *La famille Coquelicot*. 1 vol. illustré de 30 gravures d'après Jeanniot.

Swift : *Voyages de Gulliver*, traduits de l'anglais et abrégés à l'usage des enfants. 1 vol. avec 57 gravures d'après G. Delafosse.

Tournier : *Les premiers chants*, poésies à l'usage de la jeunesse; 2ᵉ édition. 1 vol. avec 20 gravures d'après Gustave Roux.

Vareppe (Cᵗᵉˢˢᵉ de) : *La chance de Jeanne*. 1 vol. ill. de 42 grav. d'après Zier.

Verley : *Miss Fantaisie*. 1 vol. avec 36 grav. d'après Zier.
— *Tous jeunes*. 1 vol. ill. de 54 grav. d'après Vulliemin.

Vimont (Ch.) : *Histoire d'un navire*; 8ᵉ édit. 1 vol. avec 40 grav. d'après Alex. Vimont.

Witt (Mme de), née Guizot : *Enfants et parents*; 4ᵉ édition. 1 vol. avec 34 gravures d'après A. de Neuville.
— *La petite fille aux grand'mères*; 4ᵉ édit. 1 vol. avec 36 gravures d'après Beau.
— *En quarantaine, jeux et récits*; 2ᵉ édit. 1 vol. avec 48 gravures d'après Ferdinandus.

## 3ᵉ SÉRIE. — POUR LES ADOLESCENTS

### VOYAGES

Agassiz (M. et Mme) : *Voyage au Brésil*, traduit et abrégé par J. Belin-de Launay; 3ᵉ édition. 1 vol. avec 15 gravures et 1 carte.

Aunet (Mme d') : *Voyage d'une femme au Spitzberg*; 6ᵉ édit. 1 vol. avec 34 gravures.

Baines : *Voyages dans le sud-ouest de l'Afrique*, traduits et abrégés par J. Belin-de Launay; 2ᵉ édit. 1 vol. avec 22 grav. et 1 carte.

Baker : *Le lac Albert*. Nouveau voyage aux sources du Nil, abrégé par J. Belin-de Launay; 3ᵉ édit. 1 vol. avec 16 grav. et 1 carte.

Baldwin : *Du Natal au Zambèze*, 1851-1866. Récits de chasses, abrégés par J. Belin-de Launay; 3ᵉ édit. 1 vol. avec 24 grav. et 1 carte.

Catlin : *La vie chez les Indiens*, traduite de l'anglais; 6ᵉ édition. 1 vol. avec 25 gravures.

Fonvielle (W. de) : *Le glaçon du Polaris*, aventures du capitaine Tyson; 3ᵉ édit. 1 vol. avec 10 gravures et 1 carte.

Hayes (Dʳ) : *La mer libre du pôle*, traduite par F. de Lanoye et abrégée par J. Belin-de Launay; 2ᵉ édition. 1 vol. avec 14 gravures et 1 carte.

Hervé et de Lanoye : *Voyage dans les glaces du pôle arctique*; 6ᵉ édition. 1 vol. avec 40 gravures.

Lanoye (F. de) : *Le Nil, son bassin et ses sources*; 4ᵉ édit. 1 vol. avec 32 gravures et cartes.

— *La Sibérie*; 3ᵉ édition. 1 vol. avec 48 gravures d'après Lebreton, etc.

— *Les grandes scènes de la nature*; 5ᵉ édit. 1 vol. avec 40 gravures.

— *La mer polaire*, voyage de l'*Érèbe* et de la *Terreur*; 4ᵉ édit. 1 vol. avec 29 gravures et des cartes.

Livingstone : *Explorations dans l'Afrique australe*, abrégées par J. Belin-de Launay; 5ᵉ édit. 1 vol. avec 20 gravures et 1 carte.

— *Dernier journal*, abrégé par J. Belin-de Launay; 2ᵉ édition. 1 vol. avec 16 gravures et 1 carte.

Mage (L.) : *Voyage dans le Soudan occidental*, abrégé par J. Belin-de Launay; 2ᵉ édit. 1 vol. avec 16 gravures et 1 carte.

Milton et Cheadle : *Voyage de l'Atlantique au Pacifique*, trad. et abrégé par J. Belin-de Launay; 2ᵉ édit. 1 vol. avec 16 grav. et 2 cartes.

Mouhot (Ch.) : *Voyage dans les royaumes de Siam, de Cambodge et de Laos*; 4ᵉ édition. 1 vol. avec 28 gravures et 1 carte.

Palgrave (W. G.) : *Une année dans l'Arabie centrale*, trad. abrégée par J. Belin-de Launay; 2ᵉ édition. 1 vol. avec 12 grav. et 1 carte.

Pfeiffer (Mme) : *Voyages autour du monde*, abrégés par J. Belin-de Launay; 5ᵉ édition. 1 vol. avec 16 gravures et 1 carte.

Piotrowski : *Souvenirs d'un Sibérien*; 3ᵉ édit. 1 vol. avec 10 gravures.

Schweinfurth H. (Dʳ) : *Au cœur de l'Afrique* (1868-1871), traduit par Mme H. Loreau, et abrégé par J. Belin-de Launay; 2ᵉ édition. 1 vol. avec 16 gravures et 1 carte.

Speke : *Les sources du Nil*, édition abrégée par J. Belin-de Launay; 3ᵉ édition. 1 vol. avec 24 gravures et 3 cartes.

Stanley : *Comment j'ai retrouvé Livingstone*, trad. par Mme H. Loreau et abrégé par J. Belin-de Launay; 4ᵉ édit. 1 vol. avec 16 gravures et 1 carte.

Vambery : *Voyages d'un faux derviche dans l'Asie centrale*, traduits par E. Forgues, et abrégés par J. Belin-de Launay; 4ᵉ édit. 1 vol. avec 18 gravures et 1 carte.

## HISTOIRE

Loyal Serviteur (Le) : *Histoire du gentil seigneur de Bayard*, revue et abrégée, à l'usage de la jeunesse, par Alph. Feillet; 4ᵉ éd. 1 vol. avec 36 gravures d'après P. Sellier.

Monnier (M.) : *Pompéi et les Pompéiens*; 3ᵉ édition, à l'usage de la jeunesse. 1 vol. avec 23 gravures d'après Thérond.

Plutarque : *Vies des Grecs illustres*, édition abrégée par Alph. Feillet, 5ᵉ édit. 1 vol. avec 53 gravures d'après P. Sellier.

— *Vies des Romains illustres*, édit. abrégée par Alph. Feillet. 5ᵉ édit. 1 vol. avec 69 grav.

Retz (De) : *Mémoires*, abrégés par Alph. Feillet. 1 vol. avec 35 gravures d'après Gilbert.

## LITTÉRATURE

Bernardin de Saint-Pierre : *Œuvres choisies*. 1 vol. avec 12 gravures d'après E. Bayard.

Cervantes : *Don Quichotte de la Manche*. 1 vol. avec 64 grav. d'après Bertall et Forest.

Homère : *L'Iliade et l'Odyssée*, traduites par P. Giguet, abrégées par Alph. Feillet. 1 vol. avec 33 gravures d'après Olivier.

Le Sage : *Aventures de Gil Blas*, édition destinée à l'adolescence. 1 vol. avec 50 gravures d'après Leroux.

Mac-Intosh (Miss) : *Contes américains*, traduits par Mme Dionis; 2ᵉ édition. 2 vol. avec 120 gravures d'après E. Bayard.

Maistre (X. de) : *Œuvres choisies*, 1 vol. avec 15 gravures d'après E. Bayard.

Molière : *Œuvres choisies*, abrégées à l'usage de la jeunesse, 2 vol. avec 28 gravures d'après Hillemacher.

Virgile : *Œuvres choisies*, traduites et abrégées à l'usage de la jeunesse, par Th. Barrau et Alph. Feillet, 1 vol. avec 20 gravures d'après les grands peintres, par P. Sellier.

## ALBUMS POUR LES PETITS ENFANTS
### FORMAT IN-4
### A 4 fr. le volume cartonné avec couverture en couleurs

Bilhaud (P.) : *Les vacances de Bob et Lisette*. Album illustré de 56 gravures en couleurs d'après Job.

— *Fanfan la Tulipe*. Album illustré de 32 gravures en couleurs d'après Job.

Cim (Albert) : *Spectacles enfantins*. Album illustré de 58 gravures en couleurs et en noir d'après Gerbault et Job.

France (A.) : *Nos enfants*, avec 36 gravures en noir et en couleurs d'après Boutet de Monvel.

— *Filles et garçons*, avec 38 gravures en noir et en couleurs d'après Boutet de Monvel.

Giron (Aimé) : *Trois héros*. Album illustré de 31 gravures en couleurs et en noir d'après Job.

Houdetot (Mme la comtesse de) : *Mémoires d'un parapluie*. Album illustré de 48 gravures en couleurs et en noir d'après Gerbault.

Nanteuil (Mme de) : *Un fils de capitaine*. Album illustré de 24 gravures d'après H. Vogel.

Quatrelles : *Histoire de l'intrépide capitaine Castagnette*, avec les illustrations de Gustave Doré.

— *Croquemitaine*, avec les illustrations de Gustave Doré.

Samary (Mme J.) : *Les gourmandises de Charlotte*, avec les illustrations de Job.

Trim : *Le bon Toto et le méchant Tom*, avec 70 gravures en couleurs et en noir d'Eug. Le Mouel et Semechini.

## MON PREMIER ALPHABET

Album in-4, contenant 250 gravures en noir et 4 gravures en couleurs, cartonné. . . . . . . . . . . . . . . . . . . . . . . . . 2 fr.

## MON HISTOIRE DE FRANCE

Album in-4, contenant plus de 100 gravures en noir et 10 gravures en couleurs, cartonné. . . . . . . . . . . . . . . . . . . . . . . . . 2 fr.

## MON HISTOIRE SAINTE

Album in-4, contenant 100 gravures en noir et 8 planches en couleurs, cartonné. . . . . . . . . . . . . . . . . . . . . . . . . 2 fr.

## MON HISTOIRE NATURELLE

Album in-4, contenant 287 gravures en noir et 4 planches en couleurs. . . . . . . . . . . . . . . . . . . . . . . . . 2 fr.

# PETITE BIBLIOTHÈQUE DE LA FAMILLE

*Format petit in-18*

## A 2 FRANCS LE VOLUME BROCHÉ

LA RELIURE EN PERCALINE GRIS PERLE, TRANCHES ROUGES,
SE PAIE EN SUS 50 C.

---

**Champol (F.)** : *En deux mots.* 1 vol.

**Dombre (R.)** : *La garçonnière.* 1 vol.
— *Un oncle à tout faire.* 1 vol.

**Fleuriot (Mlle Z.)** : *La vie en famille.* 10ᵉ édit. 1 vol.
— *Tombée du nid.* 4ᵉ édit. 1 vol.
— *Raoul Daubry, chef de famille.* 3ᵉ éd. 1 vol.
— *L'héritier de Kerguignon.* 3ᵉ édit. 1 vol.
— *Réséda.* 11ᵉ édit. 1 vol.
— *Ces bons Rosadé.* 3ᵉ édit. 1 vol.
— *Le cœur et la tête.* 3ᵉ édit. 1 vol.
— *Au Galadoc.* 1 vol.
— *Bengale.* 1 vol.
— *Sans Beauté,* 18ᵉ édit. 1 vol.
— *La clef d'or.* 8ᵉ édit. 1 vol.
— *Loyauté.* 2ᵉ édit. 1 vol.
— *De trop.* 3ᵉ édit. 1 vol.
— *La glorieuse.* 1 vol.
— *Un fruit sec.* 1 vol.
— *Les Prévalonnais.* 1 vol.
— *Le théâtre chez soi, comédies et proverbes.* 2ᵉ édit. 1 vol.

**Fleuriot Kérinou** : *De fil en aiguille.* 1 vol.

**Girardin (J.)** : *Les théories du docteur Wurtz.* 1 vol.

**Girardin (J.) (suite)** : *Miss Sans-Cœur.* 5ᵉ édit. 1 vol.
— *Les Braves gens.* 1 vol.
— *Mauviette.* 1 vol.

**Giron (Aimé)** : *Braconnette.* 1 vol.

**Leo-Dex** : *Vers le Tchad.* 1 vol.

**Marcel (Mme J.)** : *Le Clos-Chantereine.* 1 vol.

**Nanteuil (Mme P. de)** : *Les élans d'Élodie.* 1 vol.

**Verley** : *Une perfection.* 1 vol.
  Ouvrage couronné par l'Académie française.
— *Dernier rayon.* 1 vol.

**Wiele (Mme Van de)** : *Filleul du roi.* 1 vol.

**Witt (Mme de), née Guizot** : *Tout simplement.* 2ᵉ édit. 1 vol.
— *Un héritage.* 1 vol.
— *Ceux qui nous aiment et ceux que nous aimons.* 1 vol.
— *Sous tous les cieux.* 1 vol.
— *A travers pays.* 1 vol.
— *Vieux contes de la veillée.* 1 vol.
— *Regain de vie.* 1 vol.
— *Contes et légendes de l'Est.* 1 vol.
— *Les chiens de l'amiral.* 1 vol.
— *Sur quatre roues.* 1 vol.
— *Mont et manoir en Normandie.* 1 vol.

D'AUTRES VOLUMES SONT EN PRÉPARATION